山东社会科学院出版资助

汉代西域行政制度与屯戍体制研究

李楠 著

中国社会科学出版社

图书在版编目(CIP)数据

汉代西域行政制度与屯戍体制研究 / 李楠著. —北京：中国社会科学出版社，2020.10（2022.10重印）

ISBN 978-7-5203-6923-7

Ⅰ.①汉… Ⅱ.①李… Ⅲ.①西域—行政管理—历史—研究—汉代 Ⅳ.①D691.2

中国版本图书馆 CIP 数据核字(2020)第 144245 号

出 版 人	赵剑英	
责任编辑	冯春凤	
责任校对	张爱华	
责任印制	张雪娇	

出　版	中国社会科学出版社	
社　址	北京鼓楼西大街甲 158 号	
邮　编	100720	
网　址	http://www.csspw.cn	
发 行 部	010-84083685	
门 市 部	010-84029450	
经　销	新华书店及其他书店	

印　刷	北京君升印刷有限公司	
装　订	廊坊市广阳区广增装订厂	
版　次	2020 年 10 月第 1 版	
印　次	2022 年 10 月第 2 次印刷	

开　本	710×1000　1/16	
印　张	14.5	
插　页	2	
字　数	234 千字	
定　价	89.00 元	

凡购买中国社会科学出版社图书，如有质量问题请与本社营销中心联系调换
电话：010-84083683
版权所有　侵权必究

目 录

绪 论 …………………………………………………………（1）
第一章　西汉时期的西域经营与行政建设 ……………………（12）
　第一节　西汉西域地缘战略的形成与西域"内属" ……………（12）
　　一　汉初的战略困局与通西域之议 ………………………（12）
　　二　张骞再使西域与汉武帝西域地缘战略之转变 …………（18）
　　三　汉代西域基本地缘战略之形成与西域"内属" …………（24）
　第二节　西汉王朝西域中枢管理系统的建置与运行 …………（31）
　　一　都护领护和地方自治的结合 ……………………………（31）
　　二　西域都护的集权和分权 …………………………………（35）
　　三　西域都护的行政运作 ……………………………………（39）
　　四　小结 ………………………………………………………（43）
　第三节　西汉对西域地方政权的行政建制与管理 ……………（45）
　　一　双轨并行、因俗而治的行政机构建置 …………………（45）
　　二　羁縻为主、适度治理的地方行政管理 …………………（51）
第二章　东汉对西域统治的恢复与变迁 ………………………（63）
　第一节　新莽时期西域边疆管理体系的瓦解 …………………（63）
　　一　王莽时期的西域形势及政策调整 ………………………（63）
　　二　新莽政权边疆危机的爆发与西域统治秩序的崩溃 ……（65）
　　三　新莽西域统治秩序崩溃的原因 …………………………（71）
　第二节　东汉对西域统治的恢复 ………………………………（82）
　　一　"三绝三通"与东汉王朝对西域统治的恢复 ……………（82）
　　二　东汉西域军政机构的新变化 ……………………………（86）
　第三节　两汉西域治理模式变迁的原因分析 …………………（92）
　　一　两汉经济军事实力的差异与统治模式的不同 …………（92）

二　两汉国内政治形势的不同对经略西域的态度不同 ………（102）
　　三　定都地点与西北防御重心的差异对西域经略之影响 ……（105）
第三章　汉代西域屯戍边防机制 ………………………………（112）
　第一节　两汉西域屯田管理系统 ………………………………（112）
　　一　两汉西域屯田行政体制的变革 ……………………………（112）
　　二　汉代西域屯田的职官建制特点 ……………………………（122）
　第二节　汉代西域屯戍人员结构与管理 ………………………（125）
　　一　汉代西域屯戍的人员构成 …………………………………（125）
　　二　对西域屯戍人员的管理 ……………………………………（135）
　　三　外来屯戍人员对西域开发的历史影响 ……………………（139）
　第三节　简牍所见汉代西域屯田与边防拓展 …………………（143）
　　一　汉代西域屯田分布 …………………………………………（144）
　　二　西域屯田网络之建构与边防之拓展 ………………………（152）
　　三　小结 …………………………………………………………（162）
第四章　文化软实力在汉代西域边疆管理中的实践 …………（164）
　第一节　文化软实力在西域治理实践的基础 …………………（164）
　　一　汉代文化软实力在西域实践的政治基础 …………………（164）
　　二　汉王朝文化软实力治边方略实施的物质与安全保证 ……（167）
　　三　汉王朝在西域实施文化软实力治边方略的思想与
　　　　现实基础 ……………………………………………………（168）
　第二节　治边文化软实力的内容 ………………………………（169）
　　一　以农作生产文化为核心的物质文化西传 …………………（170）
　　二　中原礼乐等精神文化在西域的推广 ………………………（171）
　第三节　文化软实力传播的载体 ………………………………（177）
　　一　进入西域的汉移民 …………………………………………（177）
　　二　纳质与和亲 …………………………………………………（183）
　　三　西域东来人员 ………………………………………………（187）
　第四节　汉代文化软实力在西域施用的历史影响 ……………（195）
结　语 ……………………………………………………………（197）
参考文献 …………………………………………………………（202）
后　记 ……………………………………………………………（225）

绪　论

一　缘起

早在汉代之前，中原与西域之间便已有了交流，而真正发生密切关系的则始于张骞"凿空"西域之后。从汉武帝两次命张骞出使西域到汉宣帝时期在西域地区设置官署进行经营管理，中原王朝建立了对西域的统治，双方的关系与交流日益密切。随着汉王朝对西域经营的深入，西域的面貌发生了很大变化。不仅中原与西域的交流开始并逐步加强，而且两汉政府为了加强同西域各国的联系，对西域进行了有效的管理，使西域各国在政治、经济、军事等各个方面都发生了巨大的变化。西汉对西域的经营在中国历史上开了先河，以后历代都在两汉基础上加强对西域的经营，使西域始终是中国领土的一部分，而西汉开始的对西域的经营为后代开发西域树立了典范。

汉初，由于刚刚统一中原地区，国家贫弱，在北方还有匈奴的威胁，尚未能顾及西域。西汉中期以后，特别是汉武帝继位之后，经过汉初六七十年的休养生息，国力有了很大的发展，在军事上也有了解除匈奴威胁的能力，从而在张骞"凿空"后，加强了对西域的经营。西汉王朝通过联络西域各国、发展丝路贸易、驻兵屯田、设立都护等，逐步将西域地区纳入中原王朝的统治体系。西汉末期，由于王莽的新政权对西域采取了错误的政策，中断了中原王朝对西域的开发。东汉王朝建立后，由于国家面临多方面的困难，刘秀对西域采取消极的政策，在某种程度上拒绝了西域各国与汉交通的请求。此后，东汉王朝一度恢复对西域的经营，但较之于西汉表现出了较为消极的态度，导致对西域的经营出现了"三绝三通"的波折。总之，由于两汉政府对西域的长期经营，西域社会有了很大的发展和进步，对后代继续经营西域产生了深刻的影响。

而这些成就的取得，与两汉政府在西域建立起来的有效统治是分不开的。由于西域幅员辽阔，少数民族众多，民族关系极其复杂，两汉政府对西域的管理不同于内地的"郡—县"制，而是在继续沿用西域各国原有统治秩序的基础上，通过"配汉印绶"的方式来任命西域诸国的官吏，使之代表汉政府管理西域事务。同时，出于政治与军事等目的的需要，汉政府又设置了一系列相应的职官，以强化对西域地区的监督管理。通过不断的努力，汉代逐渐巩固和完善了对西域边疆的统治，为后来统治者继续统治西域奠定了基础。其治理边疆的经验与思想也为后世所继承和发展。因此，两汉对西域的经营与职官设置以及边政的研究是一个值得关注的问题。目前，学术界对两汉西域边政的研究，虽然成果丰富，但仍旧存在诸多缺憾，其缺憾主要表现为：两汉西域问题的研究，多侧重于对某一具体问题本身的探讨，缺乏系统性研究，且多集中于对两汉与西域的关系史方面的考察，而对两汉在西域地区的边政建设、屯田开发、边防管理体制以及汉文化传播等方面的研究较少且多以静态考察为主，缺乏横向与纵向的对比，对两汉西域地区边政的历史沿革、管理制度、内部建制、行政运行以及其在两汉边疆管理体系中的位置与意义等诸多方面的研究相对薄弱。此外，对两汉西域地区的屯田问题也尚有探讨的空间。

基于上述背景和条件，笔者利用汉简资料，并结合传世文献和其他出土资料，希望在诸如汉代西域边政的建置和运行、都护制度的历史沿革、西域地方政权的内部建制、文化软实力在西域治理中的应用以及西域屯戍与边防建设等问题的研究上有所突破。

二 学术史回顾

从现代意义的历史学来说，我国西域史的研究起步，当追溯至清朝末期来自西方的探险家与考古学家对中国内陆腹地的考察与文物发掘活动。不过早期对两汉西域史的研究，更多集中于西域考古、中西交通史与民族关系史等主题，对两汉西域边疆治理的理论与实践的研究，尚未能引起学术界足够的重视。老一辈学者如王国维、曾问吾、张星烺、冯承钧、黄文弼以及日本汉学家白鸟库吉、藤田丰八、桑原骘藏、羽田亨等，均对古代西域问题下过不少工夫，但以今日之眼光来看，他们的工作多停留在史料的搜集和烦琐的考证，而一些西方学者，如英人斯坦因、法人伯希和、瑞典人斯文·赫定等,更是直接将其作为中亚史的一部分进行考察,所得结论自然也与史实多有出入。故此,这一阶段的研究,尤其是对中文史料的分类整理方面取得了很大的成绩,但多数论著关注的焦点是中西交通史,对西域的史事只是捎带论及,对出土资料的利用也不足,对西域的研究亦缺乏系统性与全面性。

中华人民共和国成立后,尤其是20世纪80年代以来,与西域史相关的各断代史、专题史、考古学等学科的发展以及大量新资料的发掘,极大地推动了西域史的研究。两汉作为中原王朝经营西域之始,对两汉西域问题的研究,不仅与公元前后西域史研究以及两汉中原王朝边疆经略有着密切的联系,而且其研究对处理今天的民族与边疆问题也有着十分重要的现实意义。正因如此,对两汉西域问题的研究,一直是秦汉学界的热点,吸引了大量学者的目光。20世纪中叶以来出版的汉代西域史研究专著,如安作璋的《两汉与西域关系史》(山东人民出版社,1959年)、伊濑仙太郎的《中国西域经营史研究》(岩南堂,1968年)、张春树的《汉代边疆史论集》(台北食货出版社,1977年)、张维华的《汉史论集》(齐鲁书社,1980年)、邵台新的《汉代对西域的经营》(辅仁大学出版社,1984年)、刘光华的《汉代西北屯田研究》(兰州大学出版社,1988年)、余太山的《两汉魏晋南北朝与西域关系史》(中国社会科学出版社,1995年)、侯丕勋的《历代经营西北边疆研究》(甘肃文化出版社,1997年)等。就研究的整体情况来看,这些著作更多集中于西域考古、中西交通史与民族关系史等主题,对两汉西域边疆治理的理论与实践的研究,尚未能引起学术界足够的重视,虽有零星涉及,但仍缺乏系统性论述。就此而论,加强和推进汉代西域治理理论与实践问题的全面、系统研究,是一项值得尝试的学术探索。近20年来,一些学者已经开始这方面的尝试,并取得不少成果,笔者谨就此间汉代西域治理问题的研究情况作一述评。

(一) 两汉王朝西域治理的理论与策略

作为两汉边疆与民族政策的重要组成部分,两汉王朝之于西域的治理策略,是随着两汉的边疆和民族形势的变化而变化的。马大正的《中国边疆经略史》(中州古籍出版社,2000年),彭建英的《中国古代羁縻政策的演变》(中国社会科学出版社,2004年),齐清顺、田卫疆的《中国历代中央王朝治理新疆政策研究》（新疆人民出版社，2004年）等专著对此均有所涉及。至于论文方面，有的学者在宏观上论述了两汉民族国家边疆思想，如黎小龙、徐难于的《两汉边疆思想观的论争与统一多民族国家边疆思想的形成》（《中国边疆史地研究》2006年第4期）在整体上探讨了包括西域在内的汉代边疆思想观的论争与统一多民族国家边疆思想的形成。有的学者则专门对汉代经营西域的策略和民族政策进行了探讨，其中，侯晓星的《略论西汉武昭宣时期的西域民族政策》（《广西民族大学学报》2006年第1期）对西汉武昭宣时期西域民族政策的发展与变迁作了系统的论述。马智全的《论汉简所见汉代西域归义现象》（《中国边疆史地研究》2012年第4期）整理了20世纪西北出土的汉简中一些关于汉代西域大月氏、乌孙、车师等地民众"归义"现象的记载。胡岩涛等的《论汉武昭宣时期的西域羁縻策略》（《新疆大学学报》2016年第1期）分析了汉武昭宣时期在西域地区实施的羁縻策略，认为其对西域历史发展进程产生了深远的影响。贾文丽的《对东汉时期张珰经营西域之"三策"及相关史实的分析》（《新疆大学学报》2016年第4期）认为敦煌太守张珰上书言"三策"为汉朝政府正确决策及时提供可行方案，阻止了西域事态的进一步恶化。崔明德的《班彪祖孙三代的民族关系思想》（《烟台大学学报》2007年第1期）则系统地考察了班彪、班固、班超和班勇祖孙三代的民族关系思想。

还有一些学者专注于对两汉某些帝王在西域的民族与边疆政策的研究，如陈立柱的《王莽与周边民族关系新论》（《安徽史学》2000年第3期）、马晓丽的《汉宣帝时期的民族关系思想初探》（《烟台大学学报》2007年第2期）、崔明德的《王莽民族关系思想初探》（《东岳论丛》2007年第3期）、陈金凤和张丽君的《汉光武帝西域政策探微》（《咸阳师范学院学报》2009年第1期）、张安福的《汉武帝经略西域的策略研究》（《史林》2009年第6期）等均就这一问题展开了探讨。

（二）两汉王朝对西域的行政管理

两汉于西域设立的军政机构，其核心是西域都护府无疑。作为汉朝中央政府在西域行使国家权力的最高机构，其最高长官西域都护直接由中央任命，行政级别略与内地郡太守相当。西域都护之建号与都护府之设立，是西域史上划时代的重大事件，因此受到学者们的普遍关注。

早在 20 世纪中叶，学界对西域都护问题的研究便已经取得了丰硕的成果，其间发表的著作有安作璋的《西域都护的建置及其作用》（收入安作璋《汉史初探》，上海人民出版社，1957 年）、卢苇的《论两汉西域都护府》（《新疆历史论文集》，新疆人民出版社，1977 年）、贾应逸的《汉代西域都护府的由来——兼谈郑吉的历史功绩》（《新疆大学学报》1977 年第 3 期）、张维华的《西汉都护通考》（张维华《汉史论集》，齐鲁书社，1980 年）、刘锡淦的《关于西域都护与僮仆都尉问题的质疑》（《新疆大学学报》1983 年第 1 期）、刘洪波的《关于西域都护的始置时间》（《中国史研究》1986 年第 3 期）、李大龙的《西汉西域都护略论》（《中国边疆史地研究》1991 年第 2 期）以及日本学者高桥融的《西域都护创设の一考察》（《东洋史苑》第 1 卷，1968 年）等均为研究西域都护问题的代表论著。

2000 年以来，对于西域都护的研究热度虽不似从前，但仍旧是学术界关注的问题，尤其是对西域都护的始置年代及其职责、职称等方面的研究，如洪涛的《汉西域都护府的建立及其历史地位》（《西域研究》1999 年第 3 期）论述了汉代西域都护建立的背景、职权及其历史地位等问题。孟辽阔的《西汉中期西域都护府的设立及其重要意义》（《宁夏大学学报》2015 年第 6 期）指出西域都护府的设立标志着西域正式纳入中国的版图。随着敦煌悬泉汉简尤其是其中部分西域简的公布，学者又开始利用简牍资料来考证一些依靠传世文献难以解决的问题。刘国防的《汉西域都护的始置及其年代》（《西域研究》2002 年第 3 期）将西域都护建号的时间定为地节二年。殷晴的《悬泉汉简与西域史事》（《西域研究》2002 年第 3 期）综合文献资料和新近出土汉简，指出地节、元康年间，汉廷已默认都护职称的存在。李炳泉的《关于汉代西域都护的两个问题》（《民族研究》2003 年第 6 期）对西域都护的称谓和建置时间这两个问题作了探讨；他的《西汉中垒校尉"外掌西域"新证》（《西域研究》2004 年第 3 期）则利用悬泉汉简材料，对西汉中垒校尉"外掌西域"的史实进行了考证。谢彦明也先后发表了《西汉中垒校尉"外掌西域"考辨》（《晋阳学刊》2007 年第 1 期）和《西汉中垒校尉职掌考辨》（《中南民族大学学报》2008 年第 1 期）两篇文章，从文献入手，肯定了李炳泉对中垒校尉外掌西域的考证，并就相关问题作了进一步的分析与阐述。

戊己校尉是汉元帝时期设置的重要职官，秩比二千石与都护相拟。关于其命名、性质、职能、属官以及隶属关系等问题的探讨，长期以来一直是学界关注的焦点。赵贞的《汉代戊己校尉阐释》（《敦煌研究》1999年第4期）认为戊己校尉代表中央行使汉王朝对西域的管理权，其主要职能是屯田。高荣的《汉代戊己校尉述论》（《西域研究》2000年第2期）也持相似观点，认为戊己校尉之设起于车师屯田，故其职以屯田为先。李炳泉的《两汉戊己校尉建制考》（《史学月刊》2002年第6期）考察了戊己校尉的职数情况与隶属关系。孟宪实的《西汉戊己校尉新论》（《广东社会科学》2004年第1期）在利用新出汉简的基础上提出戊己校尉隶属于中央北军而非敦煌郡。王素的《高昌戊己校尉的设置——高昌戊己校尉研究系列之一》（《新疆师范大学学报》2005年第3期）探讨了戊己校尉的建置，认为戊己校尉具有"寄居治理"的性质；他的《高昌戊己校尉的组织——高昌戊己校尉研究系列之二》（《中国历史文物》2005年第4期）则又对戊己校尉的设置员数和组织结构进行详细的研究。

此外，贾丛江的《西汉戊己校尉的名和实》（《中国边疆史地研究》2006年第4期）、周建的《浅谈西汉戊己校尉的命名》（《丝绸之路》2010年第2期）、马智全的《戊己校尉的设立及其属吏秩次论考》（《丝绸之路》2012年第6期）等也都对戊己校尉的命名、性质、职能、秩禄、属官以及隶属关系等问题进行了探讨。

一些学者对两汉设置于西域的其他官职也作了探讨。李炳泉的《两汉"西域副校尉"略考》（《史学月刊》2008年第12期）系统地考证了两汉西域副校尉建置问题。申超的《汉代西域长史略论》（《中国边疆史地研究》2015年第1期）通过对比传世文献与考古资料，发现西域长史的建置始于汉代，原为西域都护的属官，后来才发展成为独立的官僚机构，代行西域都护之职权。薛宗正的《西汉的使者校尉与屯田校尉》（《新疆社会科学》2007年第5期）系统探讨了西汉使者校尉与屯田校尉的职责与隶属关系，并进一步认为西域都护与戊己校尉即脱胎于使者校尉与屯田校尉。贾丛江的《西汉伊循职官考疑》（《西域研究》2008年第4期）结合传世文献和出土简牍，认为西汉所设伊循都尉属于敦煌郡的部都尉。此外，俄琼卓玛的《汉代西域译长》（《西域研究》2006年第2期）对汉朝西域都护所属诸城邦中设置的译长作了研究。

(三) 两汉西域屯田与边疆开发

屯田西域,是两汉管理和经营西域的重要手段,不仅在当时产生了重要的影响,而且对后世也有着很好的借鉴意义。对两汉在西域屯田的研究,早在20世纪80年代便成为学术界关注的热点。彭慧敏的《两汉在西域屯田论述》(《新疆大学学报》1985年第1期)主要论述了两汉王朝在西域屯田的原因及屯田的区域分布。施丁的《汉代轮台屯田的上限问题》,(《中国史研究》1994年第4期)通过对《史记》与《汉书》有关汉代轮台屯田的记载,指出汉代屯田仑头(轮台)的上限是在天汉年间。

随着大量考古资料尤其是汉简的出土,一些学者开始运用传世文献和出土资料相结合的方法来研究西域的屯田问题。张德芳的《从悬泉汉简看两汉西域屯田及其意义》(《敦煌研究》2002年第2期)利用新出土的悬泉汉简,论述了西域屯田的总体面貌,弥补了传世文献记载的不足。张运德的《两汉时期西域屯垦的基本特征》(《西域研究》2007年第3期)亦从屯垦戍边的源流、目的以及文化价值三个方面揭示了两汉时期西域屯垦的基本特征。

与以上对两汉西域屯田之宏观上的研究不同,一些学者则详细考证了西域某一具体地区的屯田问题。李炳泉先后发表了《西汉西域渠犁屯田考论》(《西域研究》2002年第1期)和《西汉西域伊循屯田考论》(《西域研究》2003年第2期)两篇文章,运用传世文献并结合敦煌悬泉简资料,对西汉西域渠犁、伊循屯田组织和管理系统进行了探讨。刘国防的《西汉比胥鞬屯田与戊己校尉的设置》(《西域研究》2006年第4期)考证了比胥鞬屯田的地望与规模,并指出该地屯田最终被戊己校尉所整合。侯灿的《楼兰研究析疑——楼兰问题驳难之二》(《敦煌研究》2002年第1期)利用考古发掘资料考证出两汉王朝的屯戍重地楼兰城,即为西汉元凤四年前楼兰王国的都城。

一些学者就两汉王朝对西域地区开发展开较为宏观的研究,梁安和的《西汉政府对西域的开发》(《西北大学学报》2006年第3期)认为西汉政府在西域屯田为中西经济文化交流及把西域地区纳入中央王朝的版图奠定了基础。

(四) 两汉中原与西域的多元化交流

1. 中西政治互动。两汉王朝与西域诸国的政治互动,历来为学界所关注。刘春雨的《从悬泉汉简中的使者看西域与内地的关系》(《中州学刊》2013 年第 6 期)认为西域使者派遣的主体具有多样性特点，并进一步认为汉朝在西域实施了成功的民族政策，西域与内地在政治、经济等方面的沟通交流程度得以加深。

  由于汉与乌孙之间的关系在两汉与西域关系史上占有重要地位，因此引起了学者们的研究兴趣。早在 20 世纪 40 年代，手冢隆义的《乌孙の国内事情と西域都护の成立》(《史苑》第 14 卷第 1 号，1941 年)就对汉与乌孙的关系给予了极大的关注。大河内隆的《前汉の西域进出と乌孙の动向——汉の乌孙支配に关连して》(《史丛》第 26 卷，1980 年)也对西汉时期的乌孙问题进行了探讨。20 世纪末以来，随着与西汉与乌孙关系有关的敦煌悬泉汉简"长罗侯费用簿"的公布，一些学者们就其年代、性质及相关问题展开了讨论。张德芳的《〈长罗侯费用簿〉及长罗侯与乌孙关系考略》(《文物》2000 年第 9 期)就《费用簿》所反映的内容进行了考证，并结合悬泉出土王莽简所反映的史实，理清了汉与乌孙的关系状况。袁延胜的《也谈〈过长罗侯费用簿〉的史实》(《西域研究》2005 年第 4 期)和《悬泉汉简所见汉代乌孙的几个年代问题》(《西域研究》2005 年第 4 期)两篇论文，利用新出土的悬泉汉简，着重探讨了乌孙历史上的几个重大事件。石少颖的《乌孙归汉与西汉外交》(《湖北大学学报》2006 年第 3 期)梳理了西汉、匈奴与乌孙三者之间微妙的外交关系。何海龙的《从悬泉汉简谈西汉与乌孙的关系》(《求索》2006 年第 3 期)也根据悬泉汉简中几条有关乌孙的史料，结合《汉书》的相关记载，对西汉与乌孙交往关系进行梳理。何双全的《西汉与乌孙交涉史新证——悬泉汉简所见西域关系史之一》(《国际简牍学会会刊》第 4 号，兰台出版社，2002 年)结合汉简材料，考证了常罗侯常惠在西域的活动以及汉与乌孙的关系；他的《汉与楼兰(鄯善)车师交涉史新证——悬泉汉简所见西域关系史之二》(《国际简牍学会会刊》第 4 号，兰台出版社，2002 年)不仅考述了汉与楼兰(鄯善)、车师的关系，而且还就戊己校尉及其属吏构成等问题作了探讨。

  随着敦煌悬泉简相关资料的公布，两汉王朝同其他西域国家的关系也日益受到关注。张德芳的《从悬泉汉简看楼兰"鄯善"同汉朝的关系》(《西域研究》2009 年第 4 期)论述了西汉时期楼兰(鄯善)与汉朝的关系。袁延胜的《悬泉汉简所见康居与西汉的关系》(《西域研究》2009 年第 2 期)结合悬泉汉简的记载,考察了西汉宣元成时期康居与汉王朝的关系。利用悬泉汉简研究两汉王朝与西域诸国关系的还有张德芳的《悬泉汉简和西域诸国》(《中外关系史新史料与新问题》,科学出版社,2004 年)、王素的《悬泉汉简所见康居史料考释》(《中外关系史新史料与新问题》,科学出版社,2004 年)、王旺祥的《敦煌悬泉置汉简所记永光五年西域史事考论》(《西北师大学报》2009 年第 1 期)、郝树声的《简论敦煌悬泉汉简〈康居王使者册〉及西汉与康居的关系》(《敦煌研究》2009 年第 1 期)等。

对两汉通西域人物的研究,仍旧是学界研究的重点。李炳泉的《甘延寿任西域使职年代考——兼及冯嫽在册封乌孙两昆弥事件中的活动》(《西域研究》2013 年第 3 期)运用《汉书·西域传》及目前所见悬泉汉简中的有关史料,对《汉书·甘延寿传》进行补充和考证。郝树声的《浅论李广利伐大宛的功过是非》(《甘肃社会科学》2002 年第 4 期)阐述了李广利伐大宛的动机、经过及其积极意义和消极影响。刘光华的《关于西汉郅支城之战》(《西北第二民族学院学报》2005 年第 1 期)对西汉郅支城之战的原因、过程及重要意义进行了考证,肯定了陈汤在其中所发挥的作用。张俊民的《"北胥鞬"应是"比胥鞬"》(《西域研究》2001 年第 1 期)将《汉书》中的"北胥鞬"考证为"比胥鞬",并指出郑吉封侯的时间不会早于神爵元年。王欣的《常惠综论》(《西北民族论丛》第二辑,中国社会科学出版社,2003 年)高度评价了常惠对西域的贡献。张德芳的《郑吉"数出西域"考论》(《西域研究》2011 年第 2 期)通过对文献的排比分析,认为《汉书·郑吉传》所载郑吉"数出西域",很可能是指他曾参加过太初元年(前 101)击大宛、元凤四年(前 77)刺杀楼兰王、本始二年(前 72)护乌孙击匈奴等事件。

"和亲"与"纳质"也是汉代中原与西域政治互动的重要内容。王嵘的《西汉和亲政策与汉文化的传播》(《新疆大学学报》2000 年第 1 期)分析了西汉基于政治婚姻的和亲政策及其对汉文化在西域传播的影响。葛亮的《论汉代的民族"和亲"并非民族间的政治联姻——释两汉时期民族"和亲"之含义》(《河北学刊》2003 年第 6 期)认为汉代所谓民族之间的"和亲"主旨是实现和平,与民族政治联姻性质不同。汉与西域和亲的实现，离不开细君、解忧、冯嫽三位女性人物的努力。为此，一些学者将关注点集中在这三位女性人物身上。王庆宪的《匈汉争夺中活跃在西域的三位汉家公主》（《云南师范大学学报》2003年第3期）即高度肯定了细君、解忧、冯嫽三位公主在促进中西交流方面所作出的卓越贡献。袁延胜的《尹湾汉简"武库永始四年兵车器集簿"所见西域史事探微》（《西域研究》2008年第1期）结合尹湾汉简《武库永始四年兵车器集簿》中记载的西域史实，探讨了乌孙公主与故乡楚王国的密切联系以及汉朝诛灭郅支单于的重要历史意义。成琳的《两汉时期民族关系中的"质子"现象》（《新疆大学学报》2007年第1期）系统地考证了中原政权与边疆民族之间的"质侍"现象。中村桃子的《前汉时代の"质子"（"侍子"）外交：汉の匈奴、西域诸国との关系を中心に》（《アジアの历史と文化》第19卷，2015年）也就西汉时期与匈奴及西域诸国的质侍问题展开了探讨。

2. 中西经济与文化交流。刘运动的《论西汉对匈奴与西域诸国的经济文化渗透》（《石河子大学学报》2007年第6期）探讨了西汉王朝对西域诸国所进行的经济与文化渗透。王子今、乔松林的《"译人"与汉代西域民族关系》（《西域研究》2013年第1期）认为"译人"在汉王朝与匈奴争夺西域控制权的历史过程中曾经有突出的表现，是考察汉代边疆与民族问题必须予以重视的历史文化现象。王樾的《略说尼雅发现的"仓颉篇"汉简》（《西域研究》1998年第4期）认为精绝城邦当年没有自己的文字，在汉王朝统辖西域时，他们曾经以汉文作为自己的文字工具。张俊民的《敦煌悬泉出土汉简所见人名综述（二）——以少数民族人名为中心的考察》（《西域研究》2006年第4期）探讨了悬泉汉简中出现的少数民族人名问题。贾丛江的《两汉时期西域人汉式姓名探微》（《西域研究》2006年第4期）则指出西域人改用汉式名字的直接原因在于王莽于西汉末年操作的"去二名"改制措施的实施。王泽民的《汉代西域屯田与汉语汉文的传播使用》（《新疆地方志》2003年第3期）认为自汉代在西域屯田始，汉语汉文开始在西域广泛传播与使用，一度成为西域的通行语言。关于汉语言文字在汉代西域传播的论文，还有高列过的《从被动式看东汉西域译经者的翻译风格》（《西域研究》2002年第2期）和廖冬梅的《汉语文在西域的传播使用与民汉双语现象》（《新疆大学学报》2006

年第 4 期) 两文。

3. 中西人口交流。袁延胜的《〈汉书·西域传〉户口资料系年蠡测》(《郑州大学学报》2007 年第 3 期) 对西域一些国家户口资料及人口状况作了分析。贾丛江的《关于西汉时期西域汉人的几个问题》(《西域研究》2004 年第 4 期) 结合传世文献和出土汉简的记载, 全面考察了西汉时期汉人进入西域的不同方式及其留居情况; 他的《关于东汉西域汉人的几个问题》(《西域文史》第二辑, 科学出版社, 2007 年) 则在前文基础上, 详尽论述了东汉时期活动于西域的汉人情况, 并指出在东汉军队构成发生的巨变的历史背景下, 其驻屯西域的汉人士卒社会身份较之于西汉已经有了很大的变化。

第一章　西汉时期的西域经营与行政建设

两汉时期的西域，形势复杂，高山荒漠广布，居住分散，交通不便，两汉中央政权难以将中原地区的郡县制推广至西域，为了实现对西域地区有效管辖，两汉政府创立了极富地域特色的都护羁縻政制。行之于西域地区的都护羁縻政制，较之内地之郡县制存在着明显的差异。目前学术界对两汉西域地区治理理论与民族政策问题作了探讨，但对两汉中央针对西域地区民族政策的特殊性以及与其他民族地区的比较研究方面尚存不足。对西域都护的重要性探讨较多，而对其在整个西域地区的行政建置及其在汉代边疆管理体系中的地位等问题的探讨仍有很大空间。本章拟就西汉中原王朝对西域地缘战略的形成与主权的建立、两汉王朝西域机构的建置与行政运行以及两汉西域治理模式的转变等问题进行探讨，以期能够得出一些新的见解。

第一节　西汉西域地缘战略的形成与西域"内属"

汉王朝对西域的经营，经历了一个漫长的历史时期。张骞通西域之初，西汉经营西域的目的仅仅是为了解决匈奴问题。随着西汉势力在西域逐步深入，针对西域的地缘战略亦随之发生转变，开始试图在西域确立汉的行政主权，将西域地区纳入汉的统治秩序之下，并最终在神爵年间纳降匈奴日逐王，驱走匈奴势力，设置西域都护，实现了"内属"西域的战略企图。本节试就西汉王朝在西域地缘战略的发展和转变以及西域"内属"的实现问题进行阐述。

一　汉初的战略困局与通西域之议

汉初的疆域基本继承自秦代，且较秦时有所收缩。秦时的疆域，据

《史记》记载:"地东至海暨朝鲜,西至临洮、羌中,南至北乡户,北据河为塞,并阴山至辽东。"[1] 即东到大海;东北至今朝鲜南部地区;西到陇西;西南方向,则以今成都平原为基地,向西、北两方向扩张至今大渡河以北和岷江上游,占据邛、筰、冉、駹等部族地区;向南,越过五岭,占有今两广和越南北部地区,又修通了从今四川宜宾至云南曲靖的"五尺道",并于沿线设置据点,建立行政机构;向北,则于秦始皇三十二年(前215)派蒙恬率三十万大军赶走匈奴人,占据河套地区,修筑长城守御,其后,又在黄河以东、阴山南麓设置了九原郡,下辖新设县34个(一说44个)。然而,这一辽阔的疆域版图仅仅维持了数年之久便因各地兴起的反秦起义而土崩瓦解。汉初,由于刚刚经历过农民起义与楚汉战争,中原地区经济一片凋敝,史载:

> 汉兴,接秦之敝,诸侯并起,民失作业而大饥馑。凡米石五千,人相食,死者过半。高祖乃令民得卖子,就食蜀、汉。天下既定,民亡盖臧,自天子不能具醇驷,而将相或乘牛车。[2]

面对如此之社会现实,西汉王朝的首要任务在于恢复社会经济,发展生产,对外则采取收缩的国防政策,即在北方,暂时放弃收复匈奴乘乱夺取的秦河南地,与匈奴界于朝那(今甘肃平凉西北)——肤施(今陕西榆林东南)一线的"中国故塞";在东南方向则默认了闽越、东瓯的独立;在南方,承认了原秦南海郡龙川令赵佗的南越王地位,南越国得以尽有岭南之地;西南方面,不仅放弃了对云南的控制,连同黔中郡也一并废置。这样,汉初的疆域又恢复到了秦统一前诸中原政权大致的疆域范围。

西汉王朝在边疆地区的收缩政策,使汉代的边防长期陷于被动防御的境地,尤其是对北边阴山一线的放弃,给汉初的边防安全造成了极大压迫。阴山山脉是分隔内蒙古高原与黄土高原的重要界限,是历代中原势力控驭北部边疆的桥头堡。汉朝对阴山南麓河南地的放弃,意味着汉王朝对北方匈奴战略主动权的丧失,使汉王朝在对匈奴的军事战略上处于被动位

---

[1] (汉)司马迁:《史记》卷6《秦始皇本纪》,中华书局2014年修订版,第308页。
[2] (汉)班固:《汉书》卷24《食货志》,中华书局1962年版,第1127页。

置。而汉初国内地方封国与中央矛盾的加剧，也对汉朝北边的防务造成了极大地削弱，韩王信、陈豨、燕王卢绾、济北王刘兴居、赵王遂等先后叛逃匈奴，不仅使汉帝国本已捉襟见肘的北边防务更为空虚，匈奴亦得以在降将的指引下往来侵扰，大获其利。①

与西汉王朝的内外交患、惨淡经营不同，作为汉朝最大的敌对势力的匈奴却是另外一番景象。匈奴之冒顿立为单于后，先是破灭东胡王，虏其民众畜产。其后"西击走月氏，南并楼烦、白羊河南王，悉复收秦所使蒙恬所夺匈奴地者，与汉关故河南塞，至朝那、肤施，遂侵燕、代"②。可见此时的匈奴已对汉边产生了严重威胁，尤其是对河南地的占领，不仅使其在漠南地区获得了一块重要的生产生活基地，同时也获得了进攻中原的跳板，取得了对汉的战略优势。史载："阴山东西千余里，草木茂盛，多禽兽，本冒顿单于依阻其中，治作弓矢，来出为寇，是其园囿。"③ 后冒顿又向北征服了浑窳、屈射、丁零、隔昆、薪犁诸国，稳定了冒顿单于在匈奴的地位。在解决了后顾之忧后，冒顿领导下的匈奴开始南下与汉争雄，率精兵三十余万骑围汉高祖于平城白登七日，迫使汉朝罢兵，与匈奴结和亲之约。匈奴虽与汉结约，但并不甚遵守，从《汉书》的《惠帝纪》《高后纪》《文帝纪》《景帝纪》中可以看到，这期间匈奴对汉的边郡地区进行无数次军事骚扰及人、物的掠夺。约在汉文帝三年（前177）前后，匈奴遣右贤王西击月氏，征服楼兰、乌孙、呼揭及其旁二十六国，将西域地区纳入匈奴的统治范围。至此，匈奴就控制了西起葱岭，东达辽东；南至长城，北抵贝加尔湖的广大疆域。冒顿单于在报汉文帝书中更是自诩为"诸引弓之民并为一家，北州以定"④，匈奴成为名副其实的"百蛮大国"⑤。

北方强大匈奴的崛起，不仅对西汉的北边防务形成了巨大的战略压

---

① 史载："孝景帝立，而赵王遂乃阴使人于匈奴。吴楚反，欲与赵合谋入边。汉围破赵，匈奴亦止。"详见《史记》卷110《匈奴列传》，第3510页。另外，张建中对此也有比较详实的研究，详见《西汉前期的"汉人入匈"现象及分析》，《内蒙古大学学报》2000年第2期，第42页。
② 《汉书》卷94上《匈奴传》，第3750页。
③ 同上书，第3769页。
④ 同上书，第3757页。
⑤ 《汉书》卷96上《西域传》，第3893页。

迫，而且对京师长安也构成了极大的威胁。汉文帝三年，匈奴右贤王出河南地入侵上郡，威胁长安，汉文帝一方面发边吏车骑八万人屯高奴，遣丞相灌婴为将击右贤王，一方面亲临太原居中指挥。① 冒顿单于死后，老上单于继位。于文帝十四年（前166），老上单于率骑兵十四万，侵入朝那萧关，随后又攻彭阳，并逼近甘泉，长安为之震动。从中可知，当时汉王朝处于十分被动的战略局面。

经历了这次教训，汉王朝改变了过去消极的被动防御策略，而采纳晁错"徙民实边"的建议，实行更为积极主动的防御战略。然而这种军事战略的改变，并没有打破匈奴对汉王朝所占有的整体战略优势。这其中的原因除了匈奴占有战略先机外，还在于匈奴通过其控制的河西走廊与西部诸羌部落勾结，共同对抗汉王朝，使汉朝的国防安全面临着两面受敌的困境。

不仅如此，汉王朝在内部也面临着很大的困境，即汉王朝的王国问题持续发酵，王国与中央之间渐呈离心力之势。中央为此不得不抽调大批财力与军力，用于弹压诸侯们的异动，维持国内稳定。而很多叛乱的王国为了实现其与中央对抗的目的，甚至于不惜联合匈奴，这无疑令汉中央政府处于内忧外患的双重困境之中，极大削弱了汉王朝对匈奴的防御与反击力量。这种困难局面直到汉景帝才有所转机，此时的西汉政府成功镇压了七国之乱，基本解决了长期困扰西汉中央的王国问题。至汉武帝时代，经过七十多年的休养生息，社会经济已经得到极大恢复，国家日益富足，人口也逐年增加，呈现出繁荣的局面，史载：

> 至武帝之初七十年间，国家亡事，非遇水旱，则民人给家足，都鄙廪庾尽满，而府库余财。京师之钱累百巨万，贯朽而不可校。太仓之粟陈陈相因，充溢露积于外，腐败不可食。众庶街巷有马，阡陌之间成群，乘牸牝者摈而不得会聚。②

可以说此时的汉王朝已经拥有了足够的经济实力来支持汉武帝发动对

---

① 《汉书》卷94上《匈奴传》，第3756页。
② 《汉书》卷24上《食货志》，第1135页。

匈奴的战略反击，以改变多年来被动防御的消极局面。不过，在北有匈奴、西有诸羌的情形下，汉王朝依旧处于匈奴的战略包围之中，虽然此时的匈奴已经不复冒顿之强，但西汉朝野上下，包括汉武帝本人，都没有十足的把握认为以汉一国之力可以对抗战力彪悍的匈奴。于是汉武帝将目光投向遥远的西域，尤其是远在黄沙之后的大月氏，试图通过与其联合夹击匈奴。《汉书》卷61《张骞传》记其事云：

> 时匈奴降者言，匈奴破月氏王，以其头为饮器，月氏遁而怨匈奴，无与共击之。汉方欲事灭胡，闻此言，欲通使，道必更匈奴中，乃募能使者。①

这是有史以来中原王朝第一次试图与西域国家取得官方联系的计划，并且很快得以实施。建元三年（前138）张骞应募出使西域。但由于此时河西与西域尚在匈奴的控制之下，张骞几经辗转方才得以达到大月氏。②但此时国内外形势发生了很大变化，就大月氏的情况来讲，其在西迁之后，"既臣大夏而君之，地肥饶，少寇，志安乐，又自以远于汉，殊无报胡之心"③。

就汉朝的情况来说，张骞回到汉廷时，已是十三年后的元朔四年（前125），此时汉王朝单独实施对匈奴的战略反击已经有数个年头，汉匈双方展开过三次较大的较量：第一次是元光二年（前133）汉军伏兵三十余万于马邑，预将单于所部十余万骑一网打尽，事虽不成，但自此汉匈绝和亲之约，汉匈双方正式处于战争状态，匈奴入侵更甚，西汉王朝也积极准备进攻匈奴。第二次是元光六年（前129），"匈奴入上谷，杀略吏民"，武帝乃发兵攻击。《汉书·武帝纪》"遣车骑将军卫青出上谷，骑将军公孙敖出代，轻车将军公孙贺出云中，骁骑将军李广出雁门。青至龙

---

① 《汉书》卷61《张骞李广利列传》，第2687页。
② 其时，张骞出陇西，经河西西行，途中被匈奴俘虏，扣押十余年。后乘机逃跑，西行到大宛。大宛王"闻汉之饶财，欲通，不得"，见张骞来到，十分喜悦。大宛王款待他多日，并答应张骞的请求，派翻译、向导送张骞至康居，康居又派人送张骞抵大月氏。
③ 《汉书》卷61《张骞传》，第2688页。

城，获首虏七百级。广、敖失师而还"①。这是汉王朝第一次主动出塞寻歼匈奴的军事行动，虽然从效果来看，仅有卫青一路取得成功，但于汉朝而言无疑是巨大的成功，增强了汉武帝对匈奴展开攻势战略的决心，扭转了过去不利的局面。这一年冬季匈奴大入寇，渔阳受害尤甚，武帝遣韩安国屯渔阳，② 元朔元年（前128）匈奴再次以二万骑兵入寇汉边，《史记·匈奴列传》云："匈奴二万骑入汉，杀辽西太守，略二千余人。胡又败渔阳太守千余人，围汉将军安国，安国时千余骑亦且尽，会燕救至，匈奴乃去。匈奴又入雁门，杀略千余人。于是汉使将军卫青将三万骑出雁门，李息出代郡，击胡。得首虏数千人。"③ 第三次是元朔二年（前127）匈奴主力进犯上谷、渔阳。武帝避实就虚，派卫青率大军北上，突袭匈奴，收复久为匈奴占据的河套平原（当时又称河南地）。接着汉廷于该地设朔方、五原郡，为进一步打击匈奴奠定了基础。此后，匈奴不甘于河南地的丢失，屡遣右贤王攻朔方，武帝一方面移民十万屯戍该地，一方面又于元朔五年（前124），再遣卫青率军北出朔方，反击漠南右贤王部。同时又命李息率兵出右北平，牵制匈奴其他诸部，策应卫青。卫青率三万精骑奔袭塞外六七百里，夜袭右贤王庭，击破漠南匈奴主力。次年，卫青率大军十万再出塞北，于定襄大破匈奴，匈奴遭受重大损失，被迫撤往漠北。

可见，此时汉匈双方的攻守之势已经发生逆转，汉朝在对匈奴的战争中已经逐步取得优势，对联络包括大月氏在内的西域诸国夹击匈奴的战略需求已不甚迫切。国内外形势在几年间的重大转换，致使张骞最初背负的战略目标在事实上已然落空。张骞此行虽未能达成西汉朝廷的既定战略目标，但其在西域的经历，对当地的大致情况有了一定的了解，并向武帝建言对西域诸国"可以赂遗设利朝也"。武帝因之"甘心欲通大宛诸国"。④但由于其时河西走廊控制在匈奴和南部诸羌手中，汉武帝的愿望一时难以实现。其间，武帝虽试图通过西南道实现与大夏等西域国家交通的目

---

① 《汉书》卷6《武帝纪》，第165页。
② 《史记》卷110《匈奴列传》，第3511—3512页。
③ 同上书，第3512页。
④ 《汉书》卷96上《西域传》，第3876页。

的，并多次实施"开西南夷"① 的行动，但一直未尝如愿。

二 张骞再使西域与汉武帝西域地缘战略之转变

元狩二年（前121），霍去病于河西两次大败匈奴，继之迫降浑邪诸部，将水草丰美的河西之地纳入版图，实现了隔绝羌胡的战略目标。至此，"金城、河西并南山至盐泽，空无匈奴。匈奴时有候者到，而希矣"②。汉朝在西北地区的边防压力得到极大的缓解，史称："汉既得浑邪王地，陇西、北地、上郡益少胡寇，诏减三郡戍卒之半，以宽天下之徭。"③ 元狩四年（前119），汉军调集10余万骑兵、数十万步兵以及马匹14万，由卫青、霍去病各率骑兵5万，兵分两路，横越大漠，与匈奴大战于漠北，歼灭与俘获匈奴军8万多人，汉军获得了战略决战的巨大胜利。经过此次大战，匈奴军元气大伤，原归附于匈奴诸民族也乘机脱离匈奴而投靠汉朝。在正面战场以及东西侧翼均遭重创的匈奴，只得将王庭迁往漠北，在事实上放弃了对漠南地区的主导权。

这一系列胜利的取得，为汉武帝经营西域创造了条件。于是在元狩四年，命张骞再度出使西域。与前次出使不同的是，这次通往西域的道路基本上为汉所控制，不必担心匈奴的阻截，同时带有大量的财物和使节，对西域以"厚赂"策略为主的经济攻势正式拉开了序幕。

张骞到乌孙后，乌孙王昆莫以单于自居，据《史记·大宛列传》记载：

> 骞既至乌孙，乌孙王昆莫见汉使如单于礼，骞大惭，知蛮夷贪，

---

① 《汉书》卷95《西南夷传》载："当是时，巴、蜀西郡通西南夷道，戴转相饷。数岁，道不通，士罢饿馁，离暑湿，死者甚众。西南夷又数反，发兵兴击，耗费亡功。上患之，使公孙弘往视问焉。还报，言其不便。及弘为御史大人，时方筑朔方，据河逐胡，弘因言西南夷为害，可且罢，专力事匈奴。上许之，罢西夷。"《汉书·张骞李广利传》载："初，汉欲通西南夷，费多，罢之。及骞言可以通大夏，乃复事西南夷。"根据记载可知，这时期汉武帝是希望开通一条由西南夷道而通西域的道路，如此便可绕过匈奴控制下的河西走廊与南部西羌部落，直接实现与西域的交通。

② 《汉书》卷61《张骞李广利传》，第2691页。

③ 司马光：《资治通鉴》卷19《汉武帝元狩三年》，中华书局1956年版，第636页。

乃曰："天子致赐，王不拜则还赐。"昆莫起拜赐，其他如故。①

这段资料，一方面说明西域诸国对汉的了解还不够充分，对汉使持有轻视的态度，另一方面，也说明西域诸国，即便是乌孙这样的大国，都贪恋汉的财货，对其实施"厚赂"的笼络政策是行之有效的。虽然，张骞此行"未能得其决"，但随同张骞回访的乌孙使者见识到了汉的"富厚"，"归其国，其国乃益重汉"②。

张骞回国后，他派往大夏等国的副使也陆续带着大批回访的外国使者回到长安，从此，汉朝逐步与西域诸国建立了联系。以此为契机，每年汉朝都派遣大批使者，携带大量财物出使西域，同时西域使者也频频回访，甚或主动访汉。面对如此形势，武帝更是不失时机地加大经济攻势，"散财帛以赏赐，厚具以饶给之，以览示汉富厚焉"，力图通过经济优势"倾骇"西域诸国。③

汉朝这种"厚赂"的经济策略，尽管在拉拢西域诸国背匈亲汉方面发挥了一定的作用，但远远未达到汉朝预期的效果。《史记·大宛列传》又载：

> 宛以西，皆自以远，尚骄恣晏然，未可诎以礼羁縻而使也。自乌孙以西至安息，以近匈奴，匈奴困月氏也，匈奴使持单于一信，则国国传送食，不敢留苦；及至汉使，非出币帛不得食，不市畜不得骑用。所以然者，远汉，而汉多财物，故必市乃得所欲，然以畏匈奴于汉使焉。④

正是由于西域诸国在地理位置上更接近匈奴，而距离汉朝较远，且西域又是匈奴的传统势力范围，各国服属日久，对汉使的态度自然"骄恣晏然"。同时，随着中原与西域的交往日益频繁，汉朝的财货大量输入，使得西域诸国"饶汉物"，汉朝的物品逐渐失去了吸引力。大量财物的输

---

① 《史记》卷 123《大宛列传》，第 3846 页。
② 同上书，第 3847 页。
③ 同上书，第 3851 页。
④ 同上书，第 3851—3852 页。

出,也在一定程度上造成了汉朝的经济负担。因此这就意味着汉朝对西域的"厚赂"政策是不成功的,这种情况在匈奴势力西移之后,表现尤为明显。自元封六年(前105)乌维单于死后,随着军事力量的削弱,匈奴的统治重心日益西移,其统治格局已由汉初"右王将居西方,直上郡以西……单于庭直代、云中"转变为"左方兵直云中,右方兵直酒泉、敦煌"[①],这一变化对西域形势产生了很大影响。如楼兰、姑师,不仅多次攻劫汉使,而且还充当匈奴的耳目,帮助匈奴遮蔽汉使。

即使是这样,也不能完全否认"厚赂"策略对西域的"凿空"作用。因为汉武帝最初的想法只不过是联合西域夹击匈奴,当西域初通时,汉朝的主要精力正用于对匈奴的反击,没有更多的力量投入到西域方向。另外,在西域与汉朝之间尚有匈奴和西羌的阻隔,汉与西域之间的唯一通道就是汉朝刚刚夺得的河西走廊。而狭长的河西走廊地区很容易受到匈奴或羌人的攻击,加之西域地理形势的复杂和路途的遥远,对西域进行军事征服显然不现实,通过经济渗透"凿空"西域成为当时唯一的选择。事实也证明,这一策略的实施,增进了汉朝对西域的了解,为汉朝进一步经营西域奠定了基础。同时,也证明此一策略无法达到武帝的预期,于是新的策略悄然浮出水面。

从元狩四年(前119)张骞再通西域到元封三年(前108)这段时间内,形势已经发生了很大的变化。首先,汉匈之间的攻守发生了逆转,匈奴的势力被迫西移,西域作为匈奴补给地的重要性更为突出,为了进一步打击匈奴,汉朝就必须加大对西域的控制;其次,西域诸国普遍认为距汉遥远,汉朝兵锋难及,且汉使多数携有巨额的财富而又缺少保护,因此,无论是出于对汉物的贪婪,还是畏于匈奴的势力,攻劫汉使的事件经常发生,而汉使是朝廷的象征,攻杀汉使无疑等同于对汉朝的挑衅,这对于一心希望争取西域对付匈奴的汉武帝而言是不能容忍的;最后,也是最重要一条是元鼎到元封年间,汉匈双方实际上处于停战阶段,使得汉武帝能够腾出手来重新整合国内资源。利用这段时间,汉武帝不光通过新的经济政策积累了大量的财富,还通过对朝鲜和南越的征伐,稳定了边疆,对河西地区的开发也达到了一定的高度,这一切都为汉武帝用兵西域提供了雄厚

---

① 《史记》卷110《匈奴列传》,第3520页。

的物质基础。在以上种种情势下，征伐西域成为汉武帝必然的选择。

自元封三年起，汉朝的兵锋正式指向西域，首当其冲的是地处交通要冲而又亲匈奴的楼兰和姑师两国。《史记》卷123《大宛列传》记其事云：

> 于是天子以故遣从骠侯破奴将属国骑及郡兵数万，至匈河水，欲以击胡，胡皆去。其明年，击姑师，破奴与轻骑七百余先至，虏楼兰王，遂破姑师。因举兵威以困乌孙、大宛之属……于是酒泉列亭障至玉门矣。

可见汉武帝这次对西域亲匈奴势力的军事打击，除了清除匈奴耳目维护进出西域的通道安全外，更重要的一点是为了"因举兵威以困乌孙、大宛之属"，同时"列亭障至玉门"，构建汉朝经营西域的前出基地。这样的态势，无疑对大宛和乌孙等国乃至匈奴形成了有力的军事威慑。正是摄于这种军事存在，一直游离于汉匈之间的乌孙逐渐转变了态度，转而向汉朝求亲以共同对抗匈奴。

作为西域大国的乌孙主动要求与汉和亲，这对于积极经营西域谋求"断匈奴右臂"的武帝来说，是一个很好的机会。于是，汉武帝先后以细君和解忧两位公主下嫁乌孙，使汉朝的影响力辐射到葱岭以西地区。

由于葱岭以西北道诸国的向背，关系到汉匈双方对西域主导权的争夺，因此为了遏制匈奴势力的西移，汉朝也急需将其军事重心向西转移，进而扩大汉朝在西域的影响。而仅仅依靠汉与乌孙之间的联姻而达成的不稳定的同盟关系是远远不够的。于是，该地区的另一个大国大宛进入了汉武帝的视野。先是，汉武帝从使者口中得知大宛有善马，便派壮士车令等持千金及金马向大宛王求取二师城中的善马。关于这次出使，表面上看来是求取大宛的善马，而实际上更多的是为了试探大宛对汉的态度。由于大宛既饶有汉物，又认为汉军道远不能至，便拒绝了汉使，并引发了与汉使的冲突，于是大宛令郁成王攻杀汉使劫掠财物。消息传至长安，朝野震怒，于是将征伐大宛提上日程。其后不久汉廷即以李广利为贰师将军，"发属国六千骑及郡国恶少年数万人以往，期至贰师城取善马，故号'贰师将军'"。但是，由于战前的盲目轻敌，① 导致是役汉军进展频受挫折。在越过盐泽后，西域"当道小国各坚城守，不肯给食，攻之不能下"②，只得撤军，第一次征伐大宛遂告失败。

这次失败，并没有打消汉武帝继续征伐大宛的念头，于太初三年（前102）不顾两万大军新丧于匈奴和大臣的反对，再次命李广利征伐大宛。至太初四年（前101）大宛贵人杀其王毋寡请和，李广利立亲汉的昧蔡为王。历时四年，前后两次征伐，终于臣服大宛。

两次征伐大宛之役，给西汉王朝造成巨大的消耗，元帝时刘向便指责李广利"捐五万之师，靡亿万之费，经四年之劳，而仅获骏马三十匹，虽斩宛王毋寡之首，犹不足以复费，其私罪恶甚多"③。尽管刘向的这种批评有失偏颇，不过确实反映了汉军的整体消耗情况。李广利第一次征伐大宛，便动用数万兵力，结果失败后退回敦煌的兵力不足去时的十分之一二。第二次伐大宛时，鉴于前次道远乏食、士卒饥疲的教训，不仅征调了六万大军，而且特别调集了数以十万计的牛、马、驴以及骆驼来运送军粮和弓矢等兵器，以解决大军的后勤补给。同时，为了掩护李广利的侧后，汉廷还发动边军十八万屯酒泉、张掖北，置居延、休屠以卫酒泉。动用人力之巨，以致"天下骚动，转相奉伐宛，五十余校尉……而发天下七科谪，及载糒给贰师，转车人徒相连属至敦煌"④。而伐宛归来时，生还的士卒不过一万余人，人员损失可谓惨重。至于物质损失，更是不可胜计。但同时也为汉朝带来了巨大的政治收益，最直接的收益是有效地威慑了西域诸国，在此之前，西域诸国由于在地域和民族方面更接近于匈奴，并且长期处于匈奴控制之下，而汉朝势力并未直接达于西域，以致西域诸国自恃"远汉"，汉朝大军途远路险难以到达，故而多持有恃无恐的侥幸心理。对汉朝使者往往百般刁难，对匈奴使者则"不敢留苦"。当李广利进兵西域时，当道小国竟"各坚城守，不肯给食"，在轮台和郁成都遇到了

---

① 由于曾经出使大宛的姚定汉等人声言大宛兵弱，只需3000士卒即可破大宛；加之此前浞野侯赵破奴确曾以700轻骑攻克楼兰并俘获其王，汉武帝对这次远征的部署十分草率，竟"欲侯宠姬李氏"而命李广利为主帅，率领不多的汉军出征，很大程度上导致此次远征的失败。

② 《汉书》卷61《张骞李广利传》，第2699页。

③ 《汉书》卷70《傅常郑甘陈段传》，第3017—3018页。

④ 《汉书》卷61《张骞李广利传》，第2700页。

顽强抵抗，较远的康居更是伺机策应大宛。即便与汉和亲的乌孙，虽然象征性地派出了二千骑支援汉军，但仍"持两端，不敢前"，表现出一种明显的观望态度。汉军迫降大宛后，大宛不仅每年遣使献马，而且派质子入侍，汉朝也"使使赂赐镇抚之"。此后，汉朝派出十多批使者至大宛以西各国，"求奇物，因风览以伐宛之威德"①。在李广利班师东归时，西域诸国"皆使其子弟从入贡献，见天子，因为质焉"。

更深层的收获在于彻底改变了西域地区汉匈力量对比，也使西域诸国切身体会到了汉朝的富厚和强大。以乌孙为例，张骞第二次出使旨在联合乌孙"以制匈奴"，但"乌孙远汉，未知其大小，又近匈奴，服属日久，其大臣皆不欲徙"。与汉和亲后仍与匈奴和亲，并将匈奴女的地位置于汉公主之上。等到汉军攻破大宛后，"乌孙之属骇胆，请为臣妾。匈奴失魄，奔走遁逃。"②至汉昭、宣之际，乌孙屡次上书汉朝，表示"愿发国半精兵，自给人马五万骑，尽力击匈奴"③。乌孙由最初依附匈奴，继而在汉匈之间骑墙观望，到后来主动与汉朝联合，共击匈奴。其间显而易见的态度变化，充分说明了汉朝对西域的影响力已经超越了匈奴。

另一个明显的例子就是楼兰。由于地处西域东陲，距汉最近，扼守南道咽喉，楼兰时常充当匈奴的耳目，在匈奴的指使下出兵遮蔽汉使，劫取财物。元封三年的征伐，虽然迫使楼兰降服汉朝，并遣使贡献，但楼兰仍与匈奴保持着关系，实际上在汉匈之间保持"两属"状态，"遣一子质匈奴，一子质汉"。及至汉伐大宛以后，楼兰为汉朝"候司匈奴，匈奴自是不甚亲信楼兰"④。

乌孙、楼兰针对汉匈双方态度的改变，虽与汉朝长期实施的经济渗透和政治联姻不无关系，但后来的军事打击则产生了更为明显的作用。特别是汉朝出征大宛的胜利，在削弱匈奴西域势力的同时，也将汉朝声威远播西域。自此，西域诸国皆背匈附汉，真正实现了"断匈奴右臂"的战略企图，同时也实现了汉武帝"广地万里，重九译，致殊俗，威德遍于四

---

① 《史记》卷123《大宛列传》，第3857页。
② 王利器：《盐铁论校注》卷8《西域》，中华书局1992年版，第500页。
③ 《汉书》卷70《傅常郑甘陈段传》，第3003页；《汉书》卷94上《匈奴传》、卷96下《西域传》，第3785页、第3905页。
④ 《汉书》卷96上《西域传》，第3877页。

海"的雄心。①

三 汉代西域基本地缘战略之形成与西域"内属"

随着太初年间李广利伐大宛的胜利,汉朝对于西域地区的战略发生了重大转变:一改过去建立外部联盟为主导的战略,开始主动经营西域。过去的战略,以攻击匈奴为唯一目标。现在则目标多种:既有围困匈奴、减少匈奴西部之援,切断羌胡联系的传统战略目的;又外臣西域诸国,谋求建立以汉为主导的反匈奴联盟;更长远的政治目标则是"内属"西域,将其纳入中原王朝的统治体系,实现中国古人"徕远夷"的政治理想。具体来说,主要是通过以下几个步骤实现的:

(一)加强并扩大在西域的军屯,为实现对西域的控制提供必要的物质与军事保障。汉武帝在西域进行的屯田,最初是为了解决西域军事行动和外交活动的后勤补给问题。汉帝国在西域的军事活动所消耗的物资是十分巨大的,据赵充国写给汉宣帝的奏疏中统计,"臣所将吏士马牛食,月用粮谷十九万九千六百三十斛,盐千六百九十三斛,茭槀二十五万二百八十六石"②。赵充国当时所将吏士不过万余人,且屯驻地金城郡的地理自然环境也要好于西域,其物资消耗已为巨大,若在西域地区展开军事行动其消耗更成倍数增长。以前文提到的李广利伐大宛之役为例,是役前后动用兵力不下十余万,战争物资的月消耗量,保守的估计,亦当为赵充国军的3—5倍,即最低月消耗:粮谷五十九万八千八百九十斛,盐五千七十九斛,茭槀七十五万八百五十八石。如此巨大的物资消耗,是西域诸城邦国家难以负担的,如若全部由内地郡县提供,则消耗更为庞大。贾谊《新书》曾言:"输将起海上而来,一钱之赋耳,十钱之费弗能轻致也。"主父偃总结秦代治边得失时亦言:"又使天下蜚刍挽粟,起于黄、腄、琅琊负海之郡,转输北河,率三十钟而致一石。"③ 西域之于秦代北边,距离更远,路途更为艰巨,运输途中的消耗亦更为巨大。以居延汉简相关资料计,西域地区如单纯依靠从内地输入粮食,则消耗十石而致一石大致并

---

① 《史记》卷123《大宛列传》,第3844页。
② 《汉书》卷69《赵充国辛庆忌传》,第2985页。
③ 《史记》卷112《平津侯主父列传》,第3578页。

无夸张,[①] 这无疑会大大增加汉廷的财政负担。因此,必须加大对西域地方的开发,以解决物资供应问题,屯田便成为最好的选择。

汉朝在西域最早的屯田是武帝元封年间（前110—前105）在眩雷的屯田,[②] 随着汉朝在西域经略的深入,特别是大宛降汉后,汉朝在西域的屯田扩展到北道的轮台、渠犁地区,并设置使者校尉领护,辖田卒数百人。这些屯田区的开辟,不仅传播了汉地先进的农业生产技术,推动了当地社会经济的发展,而且由于这些地区多是战略要地,使汉朝在西域的屯田一开始就具有了较多的军事性质,肩负着维护边疆安定统一,保障丝路畅通的任务。这些屯戍虽规模较小,人员有限,但其以强大的汉王朝作为依托,对西域诸国以及域外的匈奴势力都能起到一定的震慑作用。

武帝征和年间,桑弘羊建议进一步扩大西域屯田,要求武帝派遣士卒屯田轮台以东,包括渠犁在内,并置三校尉领护,然而未被批准。直到昭帝继位后,方才采纳桑氏前议,以扜弥太子赖丹为校尉,屯田轮台。后因赖丹被杀,事情也没有结果。宣帝时,西汉与匈奴反复争夺车师,渠犁成为汉军基地,其田卒达到1500多人。在都护设置前,各屯田点均有校尉领护。汉制,校尉均为军职,是掌兵之官,西域地区亦然,其主要职责,不仅仅在于屯垦收获,供给中外使者与商旅,而是借屯田以"积谷",征讨那些亲匈背汉的西域国家。在都护设置以后,对西域的屯田管理,便被纳入了西域的地方军政体系。元帝时,又设戊己校尉专管屯田事务,就其本职而言,仍是"处西域之中,镇抚诸国"的军事长官,而不是一个单纯的屯田组织管理系统。

西汉在西域屯田的人员,除去极小部分的免刑罪人和应募士外,主要是由戍卒构成的,这些戍卒又常被称为"田卒"或"屯田卒"。这些屯田卒除了日常从事农作外,遇有战事往往随军出征,且其本身也是边塞防御的主要力量。他们在西域且耕且战,发挥了重要的战略威慑作用,有效地确立西汉在西域的统治。

西汉在西域的屯田也带来了可观的经济效应。一方面,解决了军队调动及其后勤补给的问题,就地养兵,免去了从内地远道运输粮草的费用,

---

① 刘光华:《汉代西北屯田研究》,兰州大学出版社1988年版,第160页。
② 《史记》卷110《匈奴列传》,第3519页。

减轻了朝廷的军费开支;另一方面,由于屯垦人员多来自内地,为西域地区带来了先进的生产技术和生产经验,推动了西域生产力的发展,改善了当地的社会经济,使西域地区出现了"益垦溉田""多田积谷"[①] 的繁荣景象。社会经济的繁荣,使得西域诸国更为倾心于汉朝的统治,增强了西域诸民族对中央王朝的归属意识。

(二)汉女和亲与遣质入侍并举,强化中央对西域诸国的政治控制与经济文化联系。西汉与西域诸国的和亲,以乌孙最为典型。乌孙作为西域大国,其国内拥有人口63万,户数12万,总兵力达到十八万八千八百人之多[②],其总体国力远超其他西域国家,即使单以人口为论,就已然超过了婼羌、鄯善、疏勒、莎车、于阗、龟兹数国的人口总和。[③]且地处西域北道中段,紧邻西域诸国,统治天山中部及西部的广大地域。[④] 是天山草原上众多游牧群落的霸主,[⑤] 控制着从塔里木盆地通向山北的楚河、塔拉斯河及锡尔河方向的绿洲商路。[⑥] 对于汉匈双方而言,谁控制了乌孙,就意味着控制了西域北道,也即获得了对西域的主导权。由于西域北道诸国与南道诸国间横亘沙漠,西汉势力一旦控制北道即可切断匈奴与南道诸国的联系,故而双方争夺焦点在于对西域北道的控制。是以北道诸国的政治向背直接影响汉匈在西域的形势,西汉要提高在西域的影响力,势必要在西域北道中寻求拥有战略影响力的国家,而乌孙正是符合这一目标的国家。[⑦] 正是这一背景下,武帝于元封三年(前108)以江都公主细君妻乌孙昆莫猎骄靡,后又嫁军须靡,生有一女,不久后便辞世。细君亡后,为了维持与巩固与乌孙的联盟,武帝又以楚王之女解忧为公主妻军须靡,军须靡死又嫁翁归靡,后又嫁狂王。解忧公主在乌孙生活数十年,历武昭宣三朝,在巩固汉与乌孙的关

---

① 《汉书》卷96下《西域传》,第3912页。
② 同上书,第3901页。
③ 王明哲、王炳华:《乌孙研究》,新疆人民出版社1983年版,第47页。
④ [日]松田寿男:《古代天山历史地理学研究》,陈俊谋译,中央民族学院出版社1987年版,第31、43页。
⑤ 同上书,第43页。
⑥ 同上书,第42—43页。
⑦ 韩儒林:《汉代西域屯田与车师伊吾的争夺》,南京大学元史研究室编《韩儒林文集》,江苏古籍出版社1985年版,第725页。

系和内属乌孙的过程中发挥了重要作用。

昭帝末年，匈奴派兵屯田车师，并与车师联兵进犯乌孙，侵夺车延、恶师地，劫掠人民，更使使谓乌孙"趣持公主来"，欲以此断绝乌孙与汉的联系。公主与昆莫不堪其扰，联合上书朝廷，请求汉廷出兵救援，并表示"愿发国半精兵，自给人马五万骑，尽力击匈奴"[1]。宣帝即遣五将军发兵十五万分道并击，乌孙昆莫自帅翕侯以下五万骑兵，与汉夹击匈奴。是役，乌孙获虏四万级，马牛羊驴骆驼七十余万头。此后，匈奴在西域的经营大受挫折，怨恨乌孙，乌孙也不再"持两端"，开始归心于汉，元康二年（前64），乌孙昆莫又上书："愿以汉外孙元贵靡为嗣，得令复尚汉公主，结婚重亲，叛绝匈奴。"[2] 后因乌孙不立元贵靡，使汉乌第三次和亲无果而终。狂王代立后，乌孙政局动荡，解忧公主及其侍者冯嫽积极配合汉朝控制乌孙，成功将乌孙由汉的盟国转变为汉的属国。

质子制度是两汉时期形成的一种处理与边疆少数民族关系的制度，最早起源于先秦时期诸侯之间的"纳质为押"，其实质是中央王朝向与之建立藩属关系的少数民族索取人质，以确立和保障双方之间的宗属关系。[3] 这样，纳质在短期来看，是加强了汉与西域诸国的政治联系，确立了双方宗主国与附属的关系，便于联合西域当地势力遏制匈奴，实施对西域的羁縻；长远来看，西域质子多具有特殊身份，或为本国王子，或为权贵子弟，甚或是未来的部族首领或王位继承人，在其国内有着重要的政治影响力。故此，纳质也是扶植西域亲汉政治势力的重要手段，朝廷往往给予入侍为质者以高规格的礼遇，以示拉拢。同时，汉朝政府还令质子们参加各种礼仪活动，并教授其中国礼仪制度及经典文化，以期加强对西域政治制度与文化产生影响，如宣帝时，乌孙公主遣女来长安学习鼓瑟，后与其夫龟兹王绛宾数来朝贺，学习汉朝制度，"归其国，治宫室，作徼道周卫，出入传呼，撞钟鼓，如汉家仪"[4]。

质子归国后，汉朝往往会有意识地支持他们掌握本国政权，进而影响

---

[1] 《汉书》卷96下《西域传》，第3905页。
[2] 同上书，第3905页。
[3] 张胡玲：《两汉时期质子制度的时代特色》，《华夏文化》2009年第2期，第31页。
[4] 《汉书》卷96下《西域传》，第3916—3917页。

西域未来政治的走向，达到"不动中国，不烦戎士，得远夷之和，同异俗之心"①的效果。最早向汉朝遣质的是楼兰。元封三年（前108），赵破奴攻降楼兰后，楼兰"遣一子质匈奴，一子质汉"②。征和元年（前92），楼兰新王即位，"汉复责其质子，亦遣一子质匈奴"③。李广利伐宛取胜后，大宛更立昧蔡为王，并"遣子入侍，质于汉"④，西域"诸所过小国闻宛破，皆使其子弟从军入献，见天子，因以为质焉"⑤。对于这些入汉的质子，汉朝出于国家战略利益的需要，极力拉拢这些质子，给予他们较高的礼遇。而这些质子长期生活在汉地，受汉文化熏陶，并与汉廷上层相结交，归国后多倾心于汉，为汉朝羁縻西域、平衡各方势力创造了条件。汉武帝征和四年（前89），为了防止车师拦截重合侯马通的军队，汉朝遣开陵侯成娩攻车师时，危须、尉犁、楼兰等六国在京师的子弟纷纷提前归国，发畜食迎汉军，又发兵数万人，由各国王自将，共同围攻车师，即充分利用了诸国质子在西域国家的影响力，维持各力量的平衡，从而使西汉对西域的地缘战略更加稳固。

（三）继续加大对西域的匈奴以及亲匈奴势力的打击，为建政西域扫除障碍。自霍去病攻祁连山与浑邪王降汉以后，西汉已可以直接与西域诸国交通，联络乌孙，征伐楼兰与车师，特别是太初年间李广利伐大宛之役，使匈奴在西域的势力差不多完全丧失了。由于在西汉的打击下匈奴接连败北，被迫向西方迁徙，因此加强了与汉对西域诸国的争夺。汉与匈奴争夺的焦点主要集中在乌孙与车师。乌孙作为西域的头等大国，控制了乌孙，即意味着控制了西域。汉与匈奴对乌孙的争夺由来已久，匈奴受西汉攻击逐渐向西北迁徙，匈奴与乌孙接触日多，争端时起。西汉虽未能说服乌孙迁回敦煌故地，但自张骞出使乌孙之后，乌孙逐渐亲汉。到了武帝元封六年（前105），西汉与乌孙和亲之后，乌孙与汉的关系更加密切。这使匈奴十分不满，匈奴虽然也遣女与乌孙和亲，但是乌孙与匈奴的关系仍不断恶化，终于在昭帝末年联合车师入侵乌孙，取车延、恶师地，夺掠人

---

① 范晔：《后汉书》卷47《班梁列传》，中华书局1962年版，第1582页。
② 《汉书》卷96上《西域传》，第3877页。
③ 同上书，第3877页。
④ 同上书，第3895页。
⑤ 《史记》卷123《大宛列传》，第3856页。

民，更遣使乌孙谋劫解忧公主，隔绝乌孙与汉的联系。① 公主与昆弥同时上书朝廷，请求支援。时值昭帝驾崩，宣帝初即位，未能及时救援。直到本始二年（前72），汉发五将军进攻匈奴，同时派遣常惠使持节护乌孙兵，昆弥自将翕侯以下五万骑从西方入击匈奴。是役，"获单于父行及嫂、居次、名王、犁汙都尉、千长、将以下三万九千余级，虏马牛羊驴骡橐驼七十余万……然匈奴民众死伤而去者，及畜产远移死亡不可胜数。于是匈奴遂衰耗，怨乌孙"②。其后，乌孙与匈奴更为疏远，乌孙完全倒向西汉。期间虽经历了狂王与两昆弥分立事件，但最终乌孙归附于汉，成为汉的属国。

在争乌孙的同时，西汉与匈奴对车师的争夺也日益白热化。车师的前身是姑师，于元封三年（前108）被汉军击破，余众向北依附匈奴形成车师。车师地处交通要冲，且一向亲匈奴。早在武帝天汉二年（前99）和征和三年（前90），为了配合汉军在天山东麓对匈奴的进攻，汉廷发楼兰等国兵击车师。第一次因匈奴右贤王率骑兵数万救援，汉军与战不利退走。第二次虽逼降车师，但未能驻守，汉军退去，车师复降匈奴。自元凤四年（前77）楼兰归汉后，车师对于匈奴更为重要。昭帝末，匈奴即遣骑兵四千人屯田车师。宣帝即位后，遣田广明等于本始三年击匈奴，屯田车师的匈奴人撤走，车师再次降汉。匈奴闻车师通汉，"怒，召其太子军宿，欲以为质"。军宿"不欲质匈奴，亡走焉耆。车师王更立子乌贵为太子。及乌贵立为王，与匈奴结婚姻，教匈奴遮汉道通乌孙者"，车师再次叛汉归附匈奴。③

至地节二年（前68），汉遣侍郎郑吉等屯田渠犁，积蓄力量以图车师。秋收后，郑吉等攻破车师交河城，但车师王乌贵此时在交河城北面的石城，逃过一劫，汉军粮尽，只得退回渠犁。次年，郑吉等再次从渠犁发兵攻乌贵于石城，乌贵逃往匈奴求援，匈奴不肯发兵，不得已又返回车师投降郑吉。是役击降车师，巩固了"西域南道"的安全，郑吉也因功迁卫司马，"使护鄯善以西南道"。匈奴听说车师降

---

① 《汉书》卷96下《西域传》，第3905页。
② 《汉书》卷94上《匈奴传》，第3786页。
③ 《汉书》卷96下《西域传》，第3922页。

汉，发兵来攻，遭到郑吉等引兵反击，匈奴兵不能进。郑吉留下部分士卒守卫车师王，自己回到渠犁。乌贵害怕匈奴报复，逃奔乌孙，郑吉将其妻子安置到渠犁。匈奴令部分车师人东徙，另立兜莫为车师王。地节四年，郑吉遣士卒三百人屯田车师。匈奴对此极为不安，多次派兵攻击车师屯田，将郑吉等围困于车师城中。元康元年（前65），汉大臣以为耗费甚巨，汉廷暂罢车师屯田。次年，宣帝命长罗侯常惠将兵杨威车师旁，匈奴骑兵退却，郑吉等方得出城，回归渠犁，改立原太子军宿为车师王，并徙车师国民于渠犁，放弃了车师故地。直到神爵二年，匈奴日逐王率众归降，汉遣郑吉迎降，并击破车师兜訾城，车师从此归汉，汉廷移屯田至比胥鞬，并将车师分为前后两国。

车师附汉后，自车师前王廷西行的"北道"交通由此畅通，匈奴的势力从此退出西域。

在与匈奴争夺乌孙与车师的同时，西汉王朝也加强了对西域其他国家的控制，尤其是对楼兰、龟兹与莎车诸当道国家的控制。如昭帝元凤四年大将军霍光遣傅介子刺杀楼兰王，另立亲汉的尉屠耆为王，并更其国名为"鄯善"，同时应尉屠耆之求，遣将屯田伊循，后又增设伊循都尉，以镇抚鄯善，"西域南道"从此畅通。本始四年（前70）常惠使乌孙还，又便宜发诸国兵，合五万人攻龟兹，责以前杀校尉赖丹，龟兹从此附汉；元康元年（前65），莎车国诛杀汉所立万年，卫候冯奉世即以便宜发诸国兵击莎车，更立它昆弟子为王，镇服了"南道"反汉势力。经过汉匈双方反复争夺，西汉终于在西域取得了优势，神爵二年（前60），匈奴乖乱，日逐王先贤掸降汉，郑吉发渠犁、龟兹诸国五万人迎日逐王。这意味着匈奴统治西域的时代从此结束，不仅使西域亲匈奴政权难以为继，匈奴设于焉耆、危须与尉犁间的僮仆都尉也因缺乏依托而被罢置，西汉取代西域统治西域。

为了管理西域，宣帝于神爵三年正式任命郑吉为西域都护，从此西域都护成为西域最高军政长官，于乌垒开府施政，西域正式纳入西汉版图，成为中央王朝不可分割的一部分。

第二节　西汉王朝西域中枢管理系统的建置与运行

汉朝统一西域建置都护后，自宣帝神爵年间（前61—前58）以降至王莽末年，采取多种措施乃至战争手段，极力维护西域地区的和平稳定，并多次粉碎西域地方分裂势力引发的边疆危机，[1] 西域边疆版图得到极大拓展。西汉在西域势力最盛时，其版图囊括了玉门关、阳关以西，天山南北，葱岭和巴尔喀什湖以东以南，昆仑山以北，包括乌孙和葱岭以西大宛诸国在内的广大西北内陆地区，传统的边政体制已不能满足此时边疆控制的需要，为适应新形势下西域边疆的发展状况，汉朝在西域地区逐渐建立起了一套以都护为核心，"土流"结合的管理模式，套厄方国瑜先生的观点，可以将这种统治方式视为"土流二重的政权形式"[2]。其实质是通过西汉特设的"流官"管理机构与西域原有但得到汉廷承认的"土官"系统二套子系统，实现对西域管理体制的运转。学界对汉代西域地区的管理体制虽有关注，但多集中于对西域都护组织结构及职能的研究，但对西域整体行政管理体制的运行却鲜有探讨。本节拟就西汉西域地区以都护为核心的中枢管理系统的建置与运行作一番探讨。

一　都护领护和地方自治的结合

如前所述，在西汉管辖下的西域，其管理模式是一种"土流"结合的模式，简单地说，就是都护领护和地方自治相结合的管理模式。西汉王朝所采取的这种管理模式，是其在边疆民族地区所采用的基本管理模式发展而成的。

西汉王朝对边疆诸民族地区的管理大致可以分为三类主要方式：一是由在边地设置的郡县进行管理，西汉王朝在百越、东北边疆地区以及西南

---

[1] 自宣帝神爵二年都护建立后，终西汉王莽之世，与西域地方势力大的冲突凡有四次，即神爵二年都护郑吉降匈奴日逐王并破车师；甘露元年处理乌孙分裂事件；建昭三年远征康居诛杀郅支；天凤三年五威将王骏、西域都护李崇将戊己校尉出西域平焉耆之乱。分别见于《汉书》卷96《西域传》及同卷70《傅常郑甘陈段传》。

[2] 方国瑜先生所指的虽然是西南地区的情况，但同样适用于西域地区。详见方国瑜：《中国西南历史地理考释》，中华书局1987年版，第32页。

夷部分地区即实行此种管理模式。二是设置特殊机构进行管理，如汉廷设立的护羌校尉、护乌桓校尉及属国都尉等。三是不设具体的管理机构，由皇帝派遣使者传达诏令，实施宽松的羁縻统治模式，此种模式主要运用于处理归汉后的匈奴。西汉王朝在西域地区创设的都护制度即为第二类管理模式的变种。

西域不同于其他边疆民族地区，该地土地辽阔，大漠高山广布，邦国民族众多且散布于诸河谷绿洲地区，郡县制难以推行，传统的羁縻手段亦不适用于西域地区的实际情况。西域都护的建置很大程度上适应了汉廷经略西域的需要，其前身是汉武帝在西域设置的"使者校尉"。据《汉书》卷96上《西域传》记载：李广利降服大宛后，"西域震惧，多遣使来贡献。汉使西域者益得职。于是自敦煌西至盐泽，往往起亭，而轮台、渠犁皆有田卒数百人，置使者校尉领护，以给使外国者"[1]。"使者校尉"是西汉中央政府在西域设置的最早官职，其办事机构是最早的军政机构。其后，汉宣帝本始二年（前72）冬季，匈奴讨伐乌孙之时逢天降大雪，匈奴人马大量伤亡，被匈奴控制的西域各国人民纷纷奋起反抗。[2] 西汉亦乘此匈奴虚弱之机，由在西域渠犁屯田积谷的侍郎郑吉于地节二年（前68），调发西域各国的军队，攻下姑师城。随之升任郑吉为卫司马，"使护鄯善以西南道"又称为"使护鄯善以西南道校尉"。[3] 至汉宣帝神爵二年（前60），匈奴在内外交困中陷入分裂，右贤王屠耆堂在故单于颛渠阏氏的配合下夺取了单于位。本应继承单于位的左贤王之子日逐王先贤掸心中不快，又素与新单于不合，唯恐被杀，遂投降汉朝。郑吉征调渠犁、龟兹诸国军队五万人，迎接日远王降汉，并把日逐王在内的一万余人、小王将等多人护送到京师。日逐王降汉后，匈奴原来设置的"僮仆都尉"撤销，匈奴益弱，其势力已不得近西域，汉朝遂授命郑吉"并护车师以西北道"，将郑吉加官为"西域都护"。其后不久，西汉政府在西域设置都护府，治乌垒城。

西域都护府作为汉廷派驻西域的最高军政管理机构，其权力来源于西

---

[1] 《汉书》卷96上《西域传》，第3873页。
[2] 《汉书》卷94上《匈奴传》，第3787页。
[3] 《汉书》卷70《傅常郑甘陈段传》，第3005页。

汉王朝中央政府，由中央派遣的都护直辖管理。"都护"是西域最高行政长官，最初为加官，多以骑都尉、谏大夫担任，后转为实职，秩比二千石。由皇帝任命，代表中央行使对西域的治理权，属官有副校尉一人，丞一人，司马、候、千人各二人。副校尉是都护的副贰，亦由朝廷任命，秩比二千石，职权与都护相当。都护治所在今轮台县境内的乌垒，大致位于西域的中央，且与西汉经营多年的渠犁、轮台屯田区相近。关于西域都护的设置情况，悬泉汉简中也有简文记载：

（1）出西书一封，廷尉章，诣西域骑都尉。二月戊子日下餔时受鱼离啬夫，即时立行。《敦煌悬泉汉简释粹》（Ⅱ0112②：119）[1]

（2）出绿纬书一封，西域都护上，诣行在所公车司马以闻，绿纬孤与缊检皆完，纬长丈一尺。元始五年三月丁卯日入时，遮要马医王竟、奴铁柱付县（悬）泉佐马赏。《释粹》（Ⅱ0114②：206）

（3）五月壬辰，敦煌太守强、长史章、丞敞下使都护西域骑都尉、将田车师戊己校尉、部都尉、小府官县，承书从事下当用者。书到白大扁书乡亭市里高显处，令亡人命者尽知之，上敞者人数太守府别之，如诏书。《释粹》（Ⅱ0115②：16）

（4）使西域□都尉、己校青上书一封。

《释粹》（Ⅴ1311③：222）

简1和简3是朝廷向西域都护下达的文书，简2与简4则是西域都护给朝廷的上书。可见西域都护与中央文书往来十分频繁，为西汉王朝处理西域事务最为紧要的机构。结合传世文献记载来看，自宣帝以郑吉为西域都护始，降至新莽，中央政府连续设置都护，其中姓名见于史册和简牍资料的有十一人。除宣帝时的郑吉外，元帝时有韩宣、甘延寿，成帝时有段会宗、韩立、廉褒、郭舜，平帝时有孙建、但钦，新莽时有李崇，还有简4提到的使西域骑都尉、己校青。都护的任期一般为三年，但特殊情况有短有长，如郑吉在都护任上至少有八年之久，大概是与都护初设，尚无明

---

[1] 胡平生、张德芳：《敦煌悬泉汉简释粹》，上海古籍出版社2001年版，下引该书简称《释粹》。

确任期之故。西域都护府的设置,标志着西汉中央政权对西域统治的确立并将之纳入地方行政区划。

表 1.1　　　　　　　　已知西汉历任西域都护年表

序号	姓名	在职年代
1	郑吉	汉宣帝神爵二年(前60)到汉宣帝黄龙元年(前49)
2	韩宣	汉元帝初元元年(前48)到初元三年(前46)①
3	甘延寿	汉元帝建昭三年(前36)到五年(前34)
4	段会宗	第一任起于汉元帝竟宁元年(前33),讫于汉成帝建始二年(前31);第二任起于汉成帝河平二年(前27),讫于四年(前25);第三任起于汉成帝阳朔四年(前21),讫于鸿嘉二年(前19)
5	廉褒	汉成帝建始三年(前30)到河平元年(前28)②
6	韩立	汉成帝阳朔元年(前24)到阳朔三年(前22)③
7	郭舜	汉成帝元延元年(前12)到元延三年(前10)④
8	孙建	汉成帝绥和二年(前7)到汉哀帝建平元年(前6)⑤
9	青	任职于汉成帝时⑥
10	但钦	汉平帝元始四年(4)到王莽始建国五年(13)⑦
11	李崇	王莽天凤三年(16)到更始元年(23)以后

为了保障中央在西域的权威以及西域地方的实际行政运行,汉廷在向西域派驻以都护为首的特设机构实现对西域的政治领护的同时,还通过册

---

① 据《汉书·段会宗传》如淳注:"边吏三岁一更"之例推测,汉元帝初元四年(前45)至建昭二年(前37)这九年间,当还有二至三任都护,惜姓名未详。

② 自汉成帝河平元年(前28)到四年(前25)期间当有一任都护。

③ 自汉成帝鸿嘉三年(前20)到永始四年(前13)的六年间,或有一到两任都护,其名姓失载。徐松《汉书·西域传补注》谓郭舜于永始中担任都护,但不知何据,未被学术界所共识。

④ 自汉成帝元延四年(前9)到绥和二年(前7),期间三年当有一任都护,缺人名。

⑤ 自汉哀帝建平二年(前5)至汉平帝元始三年(3),中间九年或有二到三任都护,姓名不详。

⑥ 见于敦煌悬泉所出汉简,简号为V1311③:222。

⑦ 王莽于汉初始元年(8)改国号为新,打破"边吏三岁一更"的传统,并且从天凤元年讫二年(14—15)两年中都护之位一度空缺。

封西域诸国的君长和部落首领，利用其原有的统治系统作为西域地区实施统治的基本组织，以致"最凡国五十，自译长、城长、君、监、吏、大禄、百长、千长、都尉、且渠、当户、将、相至侯、王，皆佩汉印绶，凡三百七十六人"①。这些受封的官职并非荣誉性的虚衔，而是真实归附西域都护统辖的实职官僚。西汉政府派驻西域的都护和戊己校尉等高级官僚拥有传召、奖黜甚至逮捕诛杀胡人君长的权力，这在《汉书》的记载中有多起案例，如成帝时段会宗因难栖杀末振将有功，奏请拜为坚守都尉，而大禄、大吏、大监因雌粟靡被杀事件，被夺去金印紫绶，改赐铜印墨绶。这类事件尚有平帝时都护司马杀车师前王、戊己校尉徐普监禁车师后王姑句，王莽诛杀姑句、唐兜。因此赐给他们的印绶就代表着实权，某人一旦印绶被追夺另外授予他人，基本就意味着其政治地位失去合法性，不再具有汉廷授权处置当地事务的权力，可以说，当地的"土官"系统应该是汉朝治理当地所密不可分的重要附属体系。也因此，在新疆地区发掘出诸如"汉归义羌长印""汉龟兹左将军"碑文上面的"汉"字才显得尤为重要，即使汉朝灭亡多年后，一部分当地胡人君长手握的汉赐印绶仍然是统治合法化的重要象征。②这样一来，原来土著政权的首领和官员即通过接受汉廷"印绶"的方式，成为西汉王朝的地方官吏，同时兼有了当地民族政权首领和西汉王朝地方官员的双重身份。当其身份是当地民族政权首领时，他们仍旧享有极大的自治权，汉廷和西域都护很少干涉西域诸国的内政。当其身份是汉廷的地方官长时，则要受到西汉中央和都护的监督和管辖。这种都护领护与地方自治相结合的治理模式，经西汉持续百余年的实践，日渐完善，成为历代中央王朝有效治理西域民族地区的基本手段。

二 西域都护的集权和分权

正如前文所述，西域都护府的设置，标志着西汉中央政权对西域统治的确立并将之纳入地方行政区划，"都护"成为西汉王朝设于西域地区的

---

① 《汉书》卷96下《西域传》，第3928页。
② [英]崔瑞德、鲁惟一编：《剑桥中国秦汉史》，中国社会科学出版社1992年版，第451页。

最高军政长官，代表中央行使对西域的治理权，由于西域距离中央过于遥远，实际上还要受到敦煌郡的节制。① 其主要职权，据《汉书》卷70《郑吉传》记载："吉于是中西域而立莫府，治乌垒城，镇抚诸国，诛伐怀集之。汉之号令班西域矣。"②《汉书·西域传上》亦载："屯田校尉始属都护，都护督察乌孙、康居诸外国动静，有变以闻。可安辑，安辑之；可击，击之。"③ 确切地说，即为代表汉廷处理西域事务，镇抚西域诸国，督察康居等外国动静，④ 必要时能领西域诸屯田士卒、动用指挥各属国的武力维护汉廷在西域的权威。

西域地理本与中原山水相隔，路途遥远，往来多有不便，且西域军情复杂，政局瞬息万变，稍有不慎，则会导致整个西域局势的反复。在这种特殊的地域，中央政府将军政大权在一定程度上下放给西域都护，使其拥有了相对独立处理军务的权威，以便应付西域复杂的军政外交格局。因此，西域都护被赋予了远高于普通的郡太守的权力，不仅可以代表皇帝处理与西域诸国的军政外交事务，而且可以调动西域的军事力量讨伐不臣。《汉书·西域传》谓都护"有变以闻，可安辑，安辑之，可击，击之"，意味着除遇有重大事变奏请中央办理外，都护有权自行处置西域事务，史籍中多有西域地方边吏自行处理西域事务的记载，如甘露元年（前53），都护郑吉"使冯夫人说乌就屠，以汉兵方出，必见灭，不如降"⑤。建昭三年（前36），西域都护甘延寿、副校尉陈汤矫制发兵远征康居，灭郅支。⑥ 平帝元始年间（3—4），都护孙建袭杀乌孙卑爰疐。⑦ 其中尤以建昭三年（前36）陈汤矫制伐郅支事件最为著名。其时，西域都护甘延寿、副校尉陈汤担心郅支与康居勾结，再度威胁汉在西域的统治，矫制发城郭诸国兵、车师戊己校尉屯田吏士攻杀郅支。陈汤等之所以能够调动如此规

---

① 关于敦煌郡代管西域事务的分析，详见谢绍鹢《汉代西北边郡代管边外事务试析》，《西域研究》2015年第2期，第1—5页。
② 《汉书》卷70《郑吉传》，第3006页。
③ 《汉书》卷96上《西域传》，第3874页。
④ 西域都护在甘露元年（前53）前，其对乌孙亦仅有"督察"的职责，但自甘露元年后，乌孙内属，汉廷督察的对象仅限于康居。
⑤ 《汉书》卷96下《西域传》，第3907页。
⑥ 《汉书》卷70《傅常郑甘陈段传》，第3010—3014页。
⑦ 《汉书》卷96下《西域传》，第3910页。

模的军队，当与其持有代表皇权的节符有关。事后，陈汤等虽屡受朝臣诘难，但元帝终未予追究，反论功行封侯之赏，说明朝廷对其行动是持默许态度的。

以上分析可见，西域都护在西域地区有着极大的权威，但从实际运作去考察，都护一方面握有并行使着管理西域的全权；另一方面在权力运行的客观上又不得不受到某些制约。这种制约主要表现为治理制度的多元化。

如同国家对某一地区行使主权是通过建立军政机构来实现的一样，汉代对西域的主权行使，是通过设置西域都护实施对西域地区的军政管理而实现的。但在实际运作中，西域都护与中央北军和凉州刺史部（主要是敦煌郡太守）之间存在着微妙的制衡关系。

汉代在中央，负责管理西域事务的是北军系统，具体而言，是由中垒校尉负责，[①] 因此，在一定意义上，西域都护府是北军的派出机构，其地位类似于将军的幕府。《汉书·郑吉传》记郑吉为西域都护，"中西域而立莫府，治乌垒城，镇抚诸国，诛伐怀集之"[②] 即是此谓。都护幕府的属官多来自于北军，如新出敦煌悬泉汉简云：

（5）建始五年……□车师左部中曲候令史礼调罢将……候行丞……□□为驾诣北军，为驾一封轺传，有请。当……□史。

《释粹》（Ⅱ90DXT0214③:137）

（6）□□渠犁□□丞王常、□忠更终罢，给北军，诏□为驾一封轺传，一人共载，有请。甘露□年……谓……

《释粹》（Ⅱ90DXT0214③:67）

（7）将田渠犁校尉史移安汉□□□送武，军司令田承□□□□。谨长至罢，诣军以传。诏为驾一封轺传，传乘为载。

《释粹》（91DXC:59）

[①] 关于中垒校尉掌西域事详见李炳泉：《西汉中垒校尉"外掌西域"新证》，《西域研究》2004年第3期，第69—71页。

[②] 《汉书》卷70《傅常郑甘陈段传》，第3006页。

以上三简虽有残缺，但其内涵是清楚的，即为驻西域领护屯田的渠犁校尉及戊己校尉的属官奉命调回北军，在经过悬泉置时留下的招待记录。可见，西域基层官吏均属于北军。而一些高级官吏如副校尉、长史等则由皇帝任命。

　　同时，凉州刺史部主要是敦煌郡也因其地利之便，干涉对西域的管理，①而之所以会出现如此状况，主要是西域距离中央政府过于偏远，且道路情况复杂，西域的边报与中央行政文书来往十分不便，东汉时期，甚至因为羌乱导致陇道断绝而与西域"檄书不通"②，敦煌郡作为距离西域最近的边郡，拥有完善的行政建制与边防军力，可在必要时代替中央打理西域事务，加强对西域的控制。

　　上述两大机构与西域都护，在体制上各自独立，又相互制衡。其中，都护及其属吏为中央派驻西域军政机构的行政官员，中垒校尉为北军的管理机构，敦煌郡则为开拓西域的前进基地，三者各成一系统。都护府、中垒校尉与敦煌太守府三大机构互不统率，权力交叉，各自为政，使得汉代在西域的都护管理机构明显的具有了多元化的特点。这样，汉代诸西域的官吏，同时要受到都护与中垒校尉的双重管辖，西域的地方政治也要同时受到都护与敦煌郡的双重治理。如此，使得西域地区尽可能全面的处于严密的监督与控制之下，这对于保障中央对西域的有效管辖起到了积极的效果。但也存在许多问题，主要问题是三大管理机构各成系统，职权重叠，多元而缺乏统一领导。西域都护作为中央派驻西域地区的最高军政长官，按理说，应由其统一领导西域诸军政事务，但由于西域特殊的地缘形势，都护难以兼顾，中央往往另行命置官员协助都护，如元帝之时，于西域北道咽喉车师地区另置戊己校尉，管理屯田事务。戊己校尉虽从属于都护，但其本身却直接由中央任命，秩比二千石，与都护相拟，直属中央管理，都护亦无权擅自调动戊己校尉及其属下吏士。同时，对于西域地区基层士卒与应募民的日常管理以及兵甲器械的储备，则由敦煌太守府负责，如：

---

① 《汉代西北边郡代管边外事务试析》，第1—6页。
② 《后汉书》卷47《班梁列传》，第1591页。

（8）五月壬辰，敦煌太守强、长史章、丞敝下使都护西域骑都尉、将田车师戊己校尉、部都尉、小府官县，承书从事，下当用者。书到，白大扁，书乡亭市里高显处，令亡人命者尽知之，上赦者人数，太守府别之，如诏书。　　　《释粹》（Ⅱ0115②：16）

（9）入铁镡剑，永始三年六月癸卯，郡库掾成受罢己校前曲后……　　　　　　　　　　　　　　《释粹》（Ⅳ0617③：17）

简8是敦煌太守向包括西域都护和戊己校尉在内的诸下属机构下达的朝廷诏令，说明西域的一些日常事务是由敦煌太守管理的。简9是己校尉前曲向郡库上交武器的记录，简文中虽未提到郡名，但可推知当为敦煌郡无疑。

西汉王朝在西域的这种治理模式，是结合西域的实际情况而设置的，虽然存在着权力分散，各自为政，职权重叠等弊端，但整体上有利于巩固汉王朝在西域的统治。

三　西域都护的行政运作

都护权力的运作，是以军管为主，辅以对地方土著政权的羁縻绥靖。这种运作方式很能反映西域政制的特点，主要是：

其一，都护首先运用其属下的幕府机构进行决策与行政运行。"幕府"本是将军出征临时组成的指挥机构，这里被用于管理西域地区的日常行政，表明了对西域地区的军管性质。西域都护幕府的僚属，据《汉书》卷19上《百官公卿表》记载："西域都护，加官，宣帝地节二年初置，以骑都尉、谏大夫使护三十六国，有副校尉，秩比二千石。丞一人，司马、侯、千人各二人。"[①]

西域都护的佐官与属吏中，尤以西域副校尉秩级最高，比二千石，与都护秩级相拟，是都护的副贰，并由中央直接任命，在西域行政体系中占有重要地位，屡见于史书记载。如元帝建昭三年（前36），匈奴郅支单于威胁西域，汉遣西域都护甘延寿与副校尉陈汤并出西域。此事分别见于《汉书》卷70《甘延寿陈汤传》、卷94下《匈奴传》以及卷96

[①]《汉书》卷19上《百官公卿表》，第738页。

上《西域传》等。从史书上关于陈汤力谏甘延寿并矫制发兵诛杀郅支单于的记载来看，西域副校尉的主要职责是协助都护处理西域相关事务，并在其中发挥着关键作用，甚至在军情紧急时可以绕过都护行使其军事职权。

关于西域都护丞、司马、候等属吏，根据《通典》卷36《职官十八》的记载，均为"比六百石"的官员，与校尉所属丞、司马、候等属官秩级相同。史书中亦有都护司马参与西域行政事务的记载，如元始年间（1—5），都护司马曾拘杀车师前王。王莽时，亦有都护司马驻于车师前国。从相关记载看，都护司马常作为都护的代表巡行于西域诸国，参与相关军政事务的处理。关于都护幕府的组织结构，表列如下：

表1.2　　　　　　　　西汉西域都护幕府组织结构表

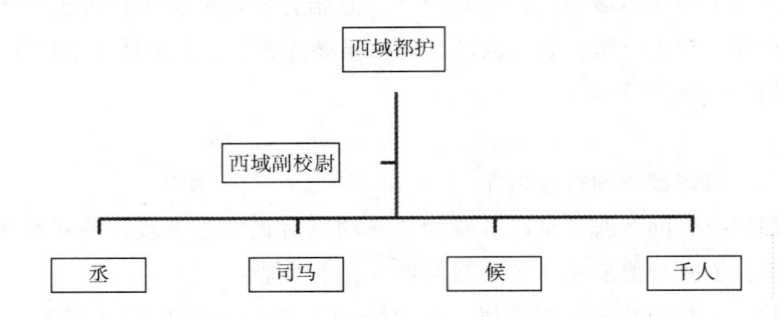

```
                    西域都护
                       │
         西域副校尉────┤
                       │
        ┌──────┬──────┼──────┬──────┐
        丞     司马    候            千人
```

其二，西域都护对西域的行政管理以完善的屯戍体系为依托。西汉王朝在西域的屯戍体系，主要由西域地区的屯田组织构成。屯田是西汉王朝为解决后勤补给问题，以及维持西域稳定所需军事力量而采取的重要措施。屯田机构的设置，据《汉书》卷70《郑吉传》记载，始于"李广利征伐之后，初置校尉，屯田渠犁"。其后屯田的地点逐渐增多，管理屯田的机构也随着增加。由于屯田人员多为军人，而从属屯田的士卒多以校为单位，由校尉统率，故有屯田校尉之称。自设立西域都护后，屯田校尉便成为西域都护的从属机构。各屯田校尉之下均设有管理屯田事务的幕府机构，有"丞""史""军候""司马""千人""令史"等属吏，组织严密、建构完整，且具有浓厚的军事色彩。这一点早已为出土简牍所证实。①

在诸多屯田校尉中,戊己校尉是一个特殊的职官。据《汉书》卷19上《百官公卿表》记载:

> ……戊己校尉,元帝初元元年置,有丞、司马各一人,候五人,秩比六百石。

另据同书卷96下《西域传》记载,王莽时,"戊己校尉史陈良、终带、司马丞韩玄、右曲候任商等见西域颇背叛……劫略吏卒数百人,共杀戊己校尉刁护",可知戊己校尉的机构建置十分完善,其属吏不仅有丞、司马、候,也有史等。可见,戊己校尉虽为屯田校尉之一,但其管理机构远比一般校尉复杂,这与戊己校尉本身秩比二千石,与都护相同,由中央直接任命管理,拥有较高的地位有很大的关系。但从"屯田校尉始属都护"和西域都护甘延寿、副校尉陈汤"发城郭诸国兵,戊己校尉屯田吏士"②的有关记载来看,戊己校尉亦受西域都护的节制。

戊己校尉作为西域地区的主要屯田机构,与该地区其他的屯田机构一样,具有明显的军屯性质,除了其本职的屯田工作以外,更多地参与了汉王朝在西域的军事行动,其参与的最著名的一次军事行动便是前引西域都护甘延寿、副校尉陈汤"发城郭诸国兵,戊己校尉屯田吏士"讨伐匈奴郅支单于。史载,建昭三年(前36),西域都护甘延寿、副校尉陈汤担心郅支与康居勾结,再度威胁汉在西域的统治,遂"矫制发城郭诸国兵、车师戊己校尉屯田吏士,部勒行阵,益置扬威、白虎、合骑之校,汉兵、胡兵合四万余人,延寿、汤上疏自劾奏矫制,陈言兵状。即日引军分行,别为六校,其三校从南道逾葱岭径大宛,其三校都护自将,发温宿国,从北道入赤谷,过乌孙,涉康居界,至阗池西"③。是役,戊己校尉领下的屯田士卒与城郭诸国兵一同构成了西征的主力,戊己校尉的军事职能得以充分发挥。此外,戊己校尉对其屯区附近的诸民族政权亦享有一定的管辖

---

① 张德芳:《从悬泉汉简看两汉西域屯田及其意义》,《敦煌研究》2001年第3期,第113—121页。
② 《汉书》卷70《傅常郑甘陈段传》,第3010页。
③ 同上书,第3010—3014页。

权，一定程度上可以协助都护处理北道诸国事务，如《汉书》卷96下《西域传》记载：

> 元始中，车师后王国有新道，出五船北，通玉门关，往来差近，戊己校尉徐普欲开以省道里半，避白龙堆之阸。车师后王姑句以道当为拄置，心不便也。地又颇与匈奴南将军地接，曾欲分明其界然后奏之，召姑句使证之，不肯，系之。①

同传新莽始建国二年（10）条记载，以广新公甄丰为右伯，当出西域。车师后王须置离闻之，与其右将股鞮、左将尸尼支谋曰："闻甄公为西域太伯，当出，故事给使者牛羊谷刍茭，导译，前五威将过，所给使尚未能备。今太伯复出，国益贫，恐不能称。"欲亡入匈奴。戊己校尉刀护闻之，召置离验问，辞服，乃械至都护但钦在所埒娄城。②

通过这二条史料，可以看到此时的戊己校尉已经开始介入对西域的行政事务，尤其是在处理车师事务中有极大的权力和独立性，虽然在具体事务上，仍旧要受到西域都护的节制。

其三，西域都护利用恩威并施的安辑手段，吸纳西域土著政权上层统治阶层参与并协助都护管理西域。西域都护既是西汉王朝对西域政策的施行者，也是决策者，拥有提名西域诸国官员册封与任免的权力，如"都护韩宣奏，乌孙大吏、大禄、大监皆可以赐金印紫绶，以尊辅大昆弥，汉许之。后都护韩宣复奏，星靡怯弱，可免，更以季父左大将乐代为昆弥，汉不许"③。这说明，都护虽无权直接册封与任免西域官员，但拥有提名权。同时，西域都护还被赋予了镇抚督察诸国的权力，这意味着都护可以遂行对诸国的征讨，如车师后王须置离叛降匈奴，都护但钦"诛斩之"。④可见，西域都护通过恩威并施的手段，在打击西域反汉势力的同时，也拉拢扶持了大批亲汉力量。吸纳利用这些亲汉的土著势力参与西域地方管理，更有助于沟通民意，争取各民族对中央王朝的国家认同，使都护的施

---

① 《汉书》卷96下《西域传》，第3924页。
② 同上书，第3925—3926页。
③ 《汉书》卷96下《西域传》，第3908页。
④ 《汉书》卷94下《匈奴传》，第3822页。

政得以顺利实施。

四　小结

西域地区形势复杂，高山荒漠广布，居住分散，交通不便，难以将中原地区的郡县制推广至西域，而是创立了极富地域特色的都护制度来实现对西域的治理。行之于西域地区的都护制度较之内地之郡县制存在着明显的差异。

其一，经济形态的明显不同和民族传统的浓厚遗存，就决定了难以将施行于中原农耕地区的郡县制直接移植到西域地区。但中央政令的传达、贯彻，又需要一定的行政制度于其中发挥作用。故此，如何寻求二者间的结合点就显得尤为关键。西汉王朝很明智地选择了"以其故俗治"的办法，即在尊重西域原有统治体系的基础上，设立西域都护进行羁縻治理。在都护体制下，西域诸国统治阶层在接受汉廷赐予的印绶以后，依然享有统领其民的权力，实施的是一种"土流二重"的统治模式。由于史料的不足，难以对这种双轨行政模式的细节作具体描述，但两种制度同行于一个地区，其是否能够配合得当、达到预期效果，一直是西汉关心的问题。从武帝时桑弘羊提议募民垦田西域的记载来看，[1] 汉族移民迁入的事实是存在的。其主旨主要是为了扩大屯田，弥补长途运输物资的不足，但另一方面无疑也改变了部分西域的民族构成。在汉族移民较为集中的屯田区，仍旧以郡县制下的乡里之法予以统治，这一点已为出土简牍资料所证明，如在罗布泊北岸土垠遗址中出土的汉简中，有这样的简文："庚戌旦出坐西传日出时三老来坐食归舍。"[2] 这无疑表明西域都护辖下存在着乡里组织，乡里的存在则是以居民聚落为前提的。而由敦煌郡向西域都护和戊己校尉转发的赦免诏书上写到，"书到白大扁书乡亭市里高显处，令亡人命者尽知之，上敢者人数太守府别之，如诏书"[3]，也能证明西域存在着乡里组织。而在当地部族民众聚居的地方，则应当以维持旧有统治体系的羁縻治理为主。西域都护等行政长官的作用，似乎主要侧重于军事方面的掌

---

[1] 《汉书》卷96下《西域传》，第3912页。
[2] 黄文弼：《罗布淖尔考古记》，线装书局2009年版，第189页，简二〇。
[3] 《敦煌悬泉汉简释粹》，第115页，Ⅱ0115②：99。

控和象征性的职官任命上。

其二,在"抚有蛮夷""以属诸夏"① 的统治思维影响下,汉王朝对西域的统治方针,基本上是以怀柔抚慰为主、军事镇守为辅。内属诸国对汉廷的义务有三:1. 纳质称臣;2. 出兵从征;3. 为汉使和汉军提供廪食。② 汉廷驻西域的官吏士卒所需多由当地的屯田区和邻近郡县供给,显然有益于新开辟地区政治上的稳定和经济上的发展,尽管在一定程度上增加了周边郡县的负担。中央派驻的都护多因其故俗而治,如廉褒以恩信称,郭舜以廉平著,孙建用威重显。③ 而一旦形势有变,作为中央政府代表的西域都护、副校尉则果断使用当地与周边武装力量予以征讨,拥有绝对的权力。如建昭三年(前36),西域都护甘延寿、副校尉陈汤矫制发城郭诸国兵、车师戊己校尉屯田吏士远征康居,诛杀郅支单于。④ 平帝元始年间(3—4),都护孙建袭杀乌孙卑瑗。⑤ 天凤三年(16),王莽遣五威将王骏、西域都护李崇将戊己校尉出西域伐焉耆。⑥

由以上分析可见,汉代在西域创立的以都护为核心的管理体制,在将僻远的西域地区纳入汉朝的统治体系的同时,又保留了西域诸国的自治权,这一极具地方特色的管理模式,适应了西域地区民族复杂的情况,可以使诸邦国不同的民族均得到很好的治理,充分显示了汉代民族政策的包容性和灵活性,有益于成就"大一统"的政治理念和实现多元民族文化的融合。但不可否认的是,在当时悬隔万里、交通不便的情况下,朝廷对西域的控制常常会表现出鞭长莫及的窘状,对西域地方统治的巩固与否,主要取决于西域都护等长吏的为政风格与西域诸国的政治向背。如元始年间,戊己校尉徐普预开新道,车师后王姑句以为不便,姑句数以牛羊赂吏求出不得,乃驰突出高昌壁亡入匈奴。⑦ 去胡来王唐兜,国比大种赤水

---

① 见于《左传·襄公十三年》。司马相如在《难蜀父老书》中引缙绅先生之言,谓:"盖闻天子之于夷狄也,其义羁縻毋绝而已"(《史记》卷117《司马相如列传》),堪称当时占据主流的看法。
② 安作璋:《两汉与西域关系史》,山东人民出版社1959年版,第61—62页。
③ 《汉书》卷70《傅常郑甘陈段传》,第3032页。
④ 同上书,第3010—3014页。
⑤ 《汉书》卷96下《西域传》,第3910页。
⑥ 同上书,第3927页。
⑦ 同上书,第3924页。

羌，数相冠，不胜，告急都护。都护但钦不以时救助，唐兜困急，怨钦，东守玉门关。玉门关不内，即将妻子人民千余人亡降匈奴。[①] 至莽篡位，建国二年（10），以广新公甄丰为右伯，当出西域。车师后王须置离闻之，与其右将股鞬、左将尸泥支谋曰："闻甄公为西域太伯，当出，故事给使者牛、羊、谷、刍茭，导译，前五威将过，所给使尚未能备。今太伯复出，国益贫，恐不能称。"欲亡入匈奴。戊己校尉刀护闻之，召置离验问，辞服，乃械致都护但钦在所埒娄城。置离人民知其不还，皆哭而送之。至，钦则斩置离。置离兄辅国侯狐兰支将置离众二千余人，驱畜产，举国亡降匈奴。[②] 其后，王莽无辜贬抑诸国王侯，导致西域人心尽失，匈奴大击北边，而西域亦瓦解。焉耆国以地近匈奴，先叛，攻杀都护但钦，而王莽不能讨。天凤三年（16），王莽遣五威将王骏、西域都护李崇将戊己校尉出西域，诸国皆郊迎，送兵谷，焉耆诈降而聚兵自备。骏等将莎车、龟兹兵七千余人，分为数部入焉耆，焉耆伏兵要遮骏。及姑墨、尉犁、危须国兵为反间，还共袭击骏等，皆杀之。唯戊己校尉郭钦别将兵，后至焉耆。焉耆兵未还，钦击杀其老弱，引兵还。莽封钦为剿胡子。李崇收余士，还保龟兹。数年莽死，崇遂没，西域因绝。[③]

第三节　西汉对西域地方政权的行政建制与管理

汉代对西域地区属国的行政管理与职官建制，是边疆地方政治制度的重要内容。汉代在西域的特殊管理模式，既是该时期当地政治局势的反映，又与该地区自然地理、社会经济与民族成分、风俗习惯以及军事形势息息相关。作为汉代统治疆域的一部分，两汉对西域的统治模式具有很大的地方特色，既是对边疆民族地区管理制度的创新，同时又是对内地传统政治制度的继承，体现了汉代政治制度的灵活性。

一　双轨并行、因俗而治的行政机构建置

汉代对西域的行政管辖具有多制度的特点。西域地处边远，在自然环

---

① 《汉书》卷96下《西域传》，第3925页。
② 同上书，第3925—3926页。
③ 同上书，第3927页。

境、民族成分和社会发展等方面均与内地存在很大的差异性，汉朝政府一方面在西域设置都护府，将西域纳入中原王朝的统治体系；另一方面又根据当地的特点，通过册封诸国部落首领，向诸国地方官员颁赐印绶，实现对诸国的行政管理。这种治理模式既适应了汉朝中央加强对西域地区控制的需要，也基本符合西域地区的实际，为维护西域政局稳定、促进西域诸民族经济与文化的交流发展提供了稳定的政治基础，也是汉朝政府在西域推行以夷制夷、因俗而治的民族政策的题中之义。为此，汉朝除了完善西域都护等中枢管理机构，也对都护辖内的地方政权行政建置进行了一系列的调整。目前学术界对西域都护机构的建置探讨较多，笔者在此主要分析汉朝对西域地方政权行政机构的调整。

汉朝对西域地方政权行政机构的调整，具体而言主要有以下三点：

其一，继承西域诸国固有之官署，颁给印绶，纳入汉朝的行政管理体系，赋予诸国原有统治阶层以政治合法性。据《汉书·西域传》记载，西汉后期，西域"最凡国五十，自译长、城长、君、监、吏、大禄、百长、千长、都尉、且渠、当户、将、相至侯、王皆佩汉印绶"[1]。这些受封的官职并非荣誉性的虚衔，而是真实归附西域都护统辖的实职官僚。一般是由西域都护府提议，报请中央政府批准，被汉朝册封，授"节传"，赐印绶，以管理地方。《两汉书》中明确记载西域都护以及戊己校尉这样的高级官僚可以传召、奖黜甚至逮捕诛杀胡人君长，因此赐给他们的印绶就代表着实权，某人一旦印绶被追夺或另外授予他人，基本就意味着这位官员合法权威的丧失，不再具有汉廷授权处置当地事务的权力，其固有之职官系统因之转化为汉朝治理当地的重要附属体系，是以在新疆地区发掘出诸如"汉归义羌长印""汉龟兹左将军"碑文上面的"汉"字显得尤为重要。《剑桥史》也提到，即使汉朝灭亡多年后，一部分当地胡人君长手握的汉赐印绶仍然是统治合法化的重要象征。[2]

其二，于西域诸国之内别置新官，佩汉印绶，以其国人任职。其性质与前者相类，但与汉之关系则更为紧密，多由其国内亲汉势力为之，以加强汉廷对诸国的制衡。考西域诸国所置官署，有却胡侯、击胡侯、却胡都

---

[1] 《汉书》卷96下《西域传》，第3928页。

[2] 《剑桥中国秦汉史》，第450—451页。

尉、却胡君、击胡都尉、击胡君等诸多以击胡却胡为称的官职，这些官职固非西域诸国所有，其为汉廷在西域所增置新官无疑，其任职者亦当多为当地出兵从征有功之部落首领。此外，鄯善、龟兹有击车师都尉，鄯善、焉耆有击车师君，张维华先生以为此为郑吉击车师时"出兵从征，汉因而立之者"①。而焉耆又有归义车师君，《松注》曰："此称归义车师君，盖车师人之降汉者，封为归义君，而处于焉耆。"② 车师前王国有归汉都尉、通善君、乡善君各一人，《松注》："车师叛服无常，故名官多以降附为义。"③《汉书·西域传·乌孙条》亦载段会宗"以（乌孙）翕侯难栖杀末振将，虽不指为汉，合于讨贼，奏以为坚守都尉"④。此为汉在乌孙所置新官无疑。由于《汉书》对西域官制所载甚简，对于何职为西域之旧有，何职为新置，并未作区分，因此难以详考，但汉廷在西域新设之官职甚多是毋庸置疑的。

其三，建置汉廷直辖管理机构，监察诸国政权。汉廷于西域所设直辖机构，除了设置西域都护与戊己校尉等管理西域的中枢机构外，还于地方诸民族政权设置监察机构，监督诸国日常行政管理。如车师被汉廷分割之后，于原车师地方设有车师都尉国与车师后城长国，徐松认为："此盖汉置都尉监车师者……案《传》车师后国举国降匈奴，匈奴与共寇杀后城长，是知后城长与车师都尉皆汉所置，以有人民名之国耳。"⑤ 可见，此两国虽以国为名，实为汉廷所置官署。除了这类常驻地方的官署之外，史籍中多有都护遣吏巡行诸国的记载，如《汉书·西域传》记载王莽时，匈奴遣兵"寇击车师，杀后城长，伤都护司马"。同传又载："……前车师前王为都护司马所杀。"⑥ 这说明都护司马等属官经常代表都护巡行诸国，监督领护诸国，且并非个案，大概汉之政令颁行诸国以及对诸国户口、胜兵、官制以及道里远近的统计均赖于此。兹将西域内属诸国军政组织建置表列如下：

---

① 张维华：《汉史论集》，齐鲁书社1980年版，第301页。
② 徐松：《汉书西域传补注》，中华书局1985年版，第81页。
③ 《汉书西域传补注》，第87页。
④ 《汉书》卷96下《西域传》，第3909页。
⑤ 《汉书西域传补注》，第88页。
⑥ 《汉书》卷96下《西域传》，第3924、3926页。

表 1.3　　　　　　　　　西域内属诸国政权组织表①

国名	治所	内部组织及官员名称
婼羌		去胡来王
鄯善	扞泥城	鄯善王、辅国侯、却胡侯、鄯善都尉、击车师都尉、左且渠、右且渠、击车师君、译长
且末	且末城	且末王、辅国侯、左将、右将、译长
小宛	扞零城	小宛王、辅国侯、左都尉、右都尉
精绝	精绝城	精绝王、精绝都尉、左将、右将、译长
戎卢	卑品城	戎卢王
扞弥	扞弥城	扞弥王、辅国侯、左都尉、右都尉、左将、右将、左骑君、右骑君、译长
于阗	西城	于阗王、辅国侯、左将、右将、左骑君、右骑君、东城长、西城长
皮山	皮山城	皮山王、左将、右将、左都尉、右都尉、骑君、译长
乌秅	乌秅城	乌秅王
西夜	呼犍城	子合王
蒲犁	蒲犁谷	蒲犁王、侯、都尉
依耐		依耐王
无雷	卢城	无雷王
难兜		难兜王
桃槐		桃槐王
休循	鸟飞谷	休循王
捐毒	衍敦谷	捐毒王
莎车	莎车城	莎车王、辅国侯、左将、右将、左骑君、右骑君、备西夜君、都尉、译长
疏勒	疏勒城	疏勒王、疏勒侯、击胡侯、辅国侯、都尉、左将、右将、左骑君、右骑君、左译长、右译长
尉头	尉头城	尉头王、左都尉、右都尉、左骑君、右骑君
姑墨	南城	姑墨王、姑墨侯、辅国侯、都尉、左将、右将、左骑君、右骑君、译长

---

① 据《汉书》卷 96《西域传》与《后汉书》卷 88《西域传》相关史料汇编。

续表

国名	治所	内部组织及官员名称
温宿	温宿城	温宿王、辅国侯、左将、右将、左都尉、右都尉、左骑君、右骑君、译长
龟兹	延城	龟兹王、大都尉丞、辅国侯、安国侯、击胡侯、却胡都尉、击车师都尉、左将、右将、左都尉、右都尉、左骑君、右骑君、左力辅君、右力辅君、东部千长、西部千长、南部千长、北部千长、却胡君、译长
乌垒		城都尉、译长
渠犁		城都尉
尉犁	尉犁城	尉犁王、尉犁侯、安世侯、左将、右将、左都尉、右都尉、击胡君、译长
危须	危须城	危须王、击胡侯、击胡都尉、左将、右将、左都尉、右都尉、译长
焉耆	员渠城	焉耆王、击胡侯、却胡侯、辅国侯、左将、右将、左都尉、击胡左君、击胡右君、击车师君、归义车师君、译长
乌贪訾离	于娄谷	乌贪訾离王、辅国侯、左都尉、右都尉
卑陆	天山东乾当谷	卑陆王、辅国侯、左将、右将、左都尉、右都尉、左译长、右译长
卑陆后	番渠类谷	卑陆后王、辅国侯、都尉、译长、将
郁立师	内咄谷	郁立师王、辅国侯、左都尉、右都尉、译长
单桓	单桓城	单桓王、辅国侯、将、左都尉、右都尉、译长
蒲类	天山西疏榆谷	蒲类王、辅国侯、左将、右将、左都尉、右都尉
蒲类后		蒲类后王、辅国侯、将、左都尉、右都尉、译长
西且弥	天山东于大谷	西且弥王、西且弥侯、左将、右将、左骑君、右骑君
东且弥	天山东兑虚谷	东且弥王、东且弥侯、左都尉、右都尉
劫国	天山东丹渠谷	劫王、辅国侯、都尉、译长
狐胡	柳谷	狐胡王、辅国侯、左都尉、右都尉
山国		山王、辅国侯、左将、右将、左都尉、右都尉、译长

续表

国名	治所	内部组织及官员名称
车师前国	交河城	车师前王、辅国侯、安国侯、左将、右将、都尉、归汉都尉、左师君、通善君、乡善君、译长
车师后国	务涂谷	车师后王、击胡侯、左将、右将、左都尉、右都尉、导民君、译长
车师都尉		车师都尉
车师后城		车师后城长
乌孙	赤谷城	大昆弥、小昆弥、相、大吏、大禄、大监、侯、左大将、右大将、侯、大将、大使、舍中大使、骑君
大宛	贵山城	大宛王、副王、辅国王

据《汉书·西域传》所载，西汉末年西域最凡五十国。以上所列，不包括不属都护控制的康居、安息、大月氏、乌戈山离、厨宾等国。东汉建武年间之后，各诸侯国之间有所兼并，但在西域都护节制之下的天山南北诸国，基本上仍保持原政治格局。魏晋时期，逐渐合并为二十余国。

从诸国机构建置来看，大体保留了原有的建置，同时也吸收了部分汉代的官制，最明显表现在对其官职的命名上。其官名有沿袭其旧者，如监（大监）、吏（大吏）、大禄、且渠、侯、王、昆弥等；有套用汉朝组织及官员名称者。如译长、城长、千长、都尉等；还有一些是归汉后专设的具有特定职能的组织及官员，如击胡侯、却胡侯、击胡都尉、击胡君、归义羌长等。同时为了与中原王朝的政治接轨，西域各级官吏自译长以至侯、王皆佩汉印绶。汉廷针对西域诸国相应的官职，往往赐予不同的印绶。如《汉书·西域传》记载，"哀帝元寿二年，大昆弥伊秩靡与单于并入朝，汉以为荣"，可见汉朝对乌孙大昆弥的入朝的重视程度不下于匈奴单于，其地位要高于一般内地诸侯王，乌孙大昆弥的主要辅政大臣大吏、大禄、大监等官得比丞相太尉，因此"都护韩宣奏乌孙大吏、大禄、大监，皆可以赐金印紫绶，以尊辅大昆弥，汉许之"。汉制，惟太师、太傅、太保、丞相、太尉、列将军、列侯，得用金印紫绶。后因大昆弥雌栗靡被杀事件，而夺大吏、大禄、大监等职的金印紫绶，更为铜印墨绶，实为降级处理。

二 羁縻为主、适度治理的地方行政管理

对西域地方的管理，由于西域民族构成复杂，政治局势多变，汉王朝并没有将内地的郡县制推至西域，而是采取了因俗而治的多样化治理模式，具体而言可归纳为以下三点：

（一）常驻官员与特遣使者相结合的行政管理

汉代初通西域时，本无常驻官员，西域有事往往临时派遣使者或将领处置，如元封三年（前108），"遣从票侯赵破奴将属国骑及郡兵数万击姑师。王恢数为楼兰所苦，上令恢佐破奴将兵"①。太初元年（前104），以李广利为贰师将军，发属国六千骑及郡国恶少年数万人往攻大宛。太初三年（前102），汉武帝又赦囚徒扞寇盗，发恶少年及边骑六万余人，连同大量粮草辎重，佐助李广利二伐大宛。② 其后，汉廷屯田渠犁地区，遣使者、校尉领护，汉朝在西域地区始有常驻官员。但是此时的使者与校尉仅负责西域的屯田事务，对其他事务少有涉足，西域事务仍旧由皇帝特遣的使者与官员处理，如天汉二年（前100），以匈奴降者介和王为开陵侯，将楼兰国兵击车师。其后征和四年（前89），又遣"开陵侯将楼兰、尉犁、危须凡六国兵别击车师"③。本始三年（前71），遣校尉常惠使持节护乌孙兵。④ 本始四年（前70），"长罗侯常惠使乌孙还，便宜发诸国兵，合五万人攻龟兹，责以前杀校尉赖丹"⑤。地节年间（前69—前66），汉遣侍郎郑吉、校尉司马憙将免刑罪人田渠犁，积谷，经略车师。⑥ 元康元年（前65），"会卫候冯奉世使送大宛客，即以便宜发诸国兵击杀之，更

---

① 《汉书》卷96上《西域传》，第3876页。
② 《汉书》卷61《张骞李广利列传》，第2699页。
③ 《汉书》卷96下《西域传》，第3922页。
④ 同上书，第3905页。
⑤ 同上书，第3916—3917页。
⑥ 同上书，第3922—3923页。

立它昆弟子为莎车王"①。可见，此时西域的事务尚由临时差遣之官员处置。

自神爵二年（前60）都护建立后，西域诸事务始由都护统一管理，具体来说，都护及其属吏的职责有三：

第一，督察诸国动静，独立处理军务。正如前文所述，西域距中原王朝路途遥远，诸国军情又复杂多变，稍有不慎，则局势瞬息倾覆。因此，汉廷设西域都护于乌垒，"督察乌孙康居诸外国动静，有变以闻，可安辑，安辑之，可击，击之"②。在西域这种特殊的地域，中央政府一方面令都护常驻西域，及时向朝廷反馈西域的边情，以便及时对西域地区的事变作出反应；另一方面又适当的将部分军权下放给都护，以在必要时独立应付西域复杂的军政局面，有效维护汉朝在西域的影响力。如甘露元年（前53），乌孙乌就屠作乱，都护郑吉使冯夫人说乌就屠降汉。③ 天凤三年（16），五威将王骏、西域都护李崇将戊己校尉出西域伐焉耆。④ 平帝元始年间（3—4），都护孙建袭杀乌孙卑爰疐。⑤ 东汉以后，都护时置时废，但东汉朝廷仍置长史、副校尉等处理西域事务。班超就曾以西域长史的身份传令西域诸国，展开数次军事行动，为恢复和加强都护对西域的控制发挥了积极作用。延光二年（123）后，东汉以班勇为西域长史，取代都护，成功维护了东汉在西域的影响力。⑥

第二，领护屯戍。屯田是汉代经略西域的重要手段，它不仅为汉朝势力在西域的发展提供了前出基地，而且是汉朝在西域的重要边防要塞，其上的屯田吏士亦为一支重要的军事力量。有学者认为"对于汉帝国用兵北边和驭控西域有重要意义的策略"⑦。西汉王朝自从李广利伐大宛后，便积极拓展西域屯田。西汉在西域的屯田，基本上沿着丝绸之路交通要道

---

① 《汉书》卷96上《西域传》，第3898页。
② 《汉书》卷96上《西域传》，第3874页。
③ 《汉书》卷96下《西域传》，第3907页。
④ 同上书，第3927页。
⑤ 同上书，第3910页。
⑥ 关于东汉西域长史事，详见申超：《汉代西域长史略论》，《中国边疆史地研究》2015年第1期，第50—55页。
⑦ 王子今：《两汉时期的北边军屯论议》，吉林大学古籍研究所编：《"1—6世纪中国北方边疆·民族·社会国际学术研讨会"论文集》，科学出版社2009年版，第100—111页。

分布，主要集中于伊犁河谷、渠犁、轮台、比胥鞬、焉耆、姑墨、车师、伊循等地。西域都护建置后，屯田事务统由都护管理。其后，屯田重心北移至车师，元帝元始元年（前48），汉廷设戊己校尉专理车师地区的屯田事务，分屯于交河城与高昌壁，西向可辅弼都护，影响焉耆、龟兹等国，南向则可翼护鄯善、于阗等南道亲汉势力，北向亦能抵御匈奴势力对西域的侵扰，兼之东近于敦煌，可为车师屯田士卒提供充足的后勤保障。戊己校尉地位虽相对独立，但仍受都护节制，必要时可征调戊己校尉所领士卒，如建昭三年（前36），西域副校尉陈汤发戊己校尉兵诛杀郅支；天凤三年（16），西域都护李崇将戊己校尉出西域。不过从都护甘延寿、副校尉陈汤"上疏自劾奏矫制，陈言兵状"① 来看，一般情况下戊己校尉的调动要受朝廷命令，然在特殊情况下，似可由都护自行调动。东汉在西域的屯田则远不及西汉，且时断时续，屯田重心也东移至楼兰地区，由长史领护。②

第三，代表朝廷处理西域内属诸国军政事务。西域内属诸国作为汉朝的属国，据《汉书·西域传》记载，西汉后期，西域"最凡国五十，自译长、城长、君、监、吏、大禄、百长、千长、都尉、且渠、当户、将、相至侯、王皆佩汉印绶"③。即西域基层各级官吏，均由汉朝册封，授"节传"，赐印绶，以管理地方。对西域属国官员的册封与任免的最终决策权虽属中央，在日常管理上则由都护负责，史书中多有关于西域都护擅行废立诸国王侯的记载，如前文所提到的都护郑吉使冯夫人说乌就屠降汉，都护孙建袭杀卑爰疐，以及西汉末都护司马诛杀车师前王，④ 新莽时都护但钦斩杀车师后王须置离，⑤ 这些均为都护干涉西域诸国内政之事例。据张维华先生研究，都护亦遣吏士分行各国，监督诸国事务，得知西域诸国之户口数目、胜兵数目以及道里远近、官职名称等。⑥

可见，以西域都护为首的汉廷西域常驻官员，在处理西域日常事务方

---

① 《汉书》卷70《傅常郑甘陈段传》，第3010—3014页。
② 《汉代西域长史略论》，第53页。
③ 《汉书》卷96下《西域传》，第3928页。
④ 同上书，第3924页
⑤ 同上书，第3926页。
⑥ 《汉史论集》，第307页。

面发挥着重要作用，都护作为常驻西域的最高军政长官，虽有领护西域之权，然并无处理西域诸国之全权。对于西域诸国事务，汉朝中央往往派遣专使处理，这些使者因代表中央，其权威甚至高于都护。汉代遣专使处理西域事务的事例，尤以西汉时期处理乌孙两昆弥分立事件最为显著。都护建立不久，乌孙狂王与楚主解忧不和，汉使卫司马魏和意、副候任昌与解忧密谋诛杀狂王，事败，狂王子细沈瘦发兵围汉使及公主于赤谷城。数月，都护郑吉发诸国兵救之，乃解去。汉遣中郎将张遵持医药治狂王，并赐黄金采缯。其后，乌就屠杀狂王，汉立元贵靡为大昆弥，乌就屠为小昆弥，后乌就屠不尽归诸翕侯民众，汉复遣长罗侯惠将三校屯赤谷，为其分别其人民地界。再其后，小昆弥乌就屠死。子拊离代立，为弟日贰所杀。汉遣使者立拊离子安日为小昆弥。又其后，安日为降民所杀，汉遣使立其弟末振将代为小昆弥。其时大昆弥雌栗靡健颇得民心，翕侯皆畏服，小昆弥末振将恐为所并，遂使贵人乌日领诈降刺杀雌栗靡。汉欲以兵讨之而未能，遣中郎将段会宗持金币与都护图方略，立雌栗靡季父公主孙伊秩靡为大昆弥。其后，大昆弥翕侯难栖杀末振将，末振将兄安日子安犁靡代为小昆弥。汉恨不自诛末振将，复使段会宗即斩其太子番丘。再其后，小昆弥季父卑爰疐拥众欲害昆弥，汉复遣会宗使安辑，与都护孙建并力。由此可知，当西域诸国遇有重大变故，汉廷往往遣特使前往处理，都护实无专断之权，仅得参与意见、协助办理，前文提到小昆弥末振将使人刺杀雌栗靡，汉欲出兵征讨而未能，遣中郎将段会宗持金币与都护图方略；小昆弥季父卑爰疐拥众欲害昆弥，汉复遣段会宗为特使与都护孙建并力安辑乌孙；《汉书·段会宗传》亦载康居太子保苏匿率众归降，都护段会宗与使者发戊己校尉兵俱往受降，[1] 三处事例均表明，凡西域诸国遇有重大事变，都护不得独专，当由汉廷遣特使处理，都护仅得参与协助之权。这种常驻官员与特遣使者相结合的治理模式，一方面可以发挥常驻官员的主动性，及时处理西域事务，加强对诸国的控制。一方面又通过派遣特使的方式处理西域诸国事务，将西域的最终控制权掌握在中央手中，既可以防止都护等西域地方势力做大，又可以减少因前线官员的贪功冒进而带来的不必要损失，是有效治理西域的一剂良方。

---

① 《汉书》卷70《傅常郑甘陈段传》，第3030页。

（二）羁縻为主，恩威并施的执政手段

"羁縻"一词，亦作"羁靡"，《史记·司马相如传·索隐》解释说："羁，马络头也；縻，牛靷也。"① 原为系联之义，如《史记·孝武本纪》云："天子益怠厌方士之怪迂语矣，然终羁縻弗绝，冀遇其真。"② 《汉书·郊祀志下》亦云："方士之候神入海求蓬莱者终无验，公孙卿犹以大人之迹为解。天子犹羁縻不绝，几遇其真。"颜师古注："羁縻，系联之意。马络头曰羁也。牛靷曰縻。"③ 后引申为笼络控制，如西汉司马相如《难蜀父老》："盖闻天子之牧夷狄也，其义羁縻勿绝而已。"④《汉书·匈奴传下》："其慕义而贡献，则接之以礼让，羁縻不绝，使曲在彼，盖圣王制御蛮夷之常道也。"⑤《旧唐书·徐坚传》："坚以蛮夷生梗，可以羁縻属之，未得同华夏之制，劳师远涉。"⑥ 所谓"羁縻"，就是一方面要"羁"，用军事手段和政治压力加以控制；另一方面用"縻"，以经济和物质的利益给予抚慰。两汉王朝对西域的羁縻治理主要表现在两个方面，一是利用怀柔手段安辑地方势力，二是通过政治手段与军事打击削弱反叛势力。

汉王朝对西域地方势力的安辑，主要有三个方面：

其一，政治层面上，汉朝中央政府承认当地土著贵族的统治权威，并对其封以王侯，赐以印绶，纳入朝廷的管理体系，进而通过控制这些土著贵族实现对西域诸属国的间接统治。

其二，物质层面上，汉王朝对西域诸国施以"财赂怀诱"之策。这一政策早在汉武帝初通西域时便已实施，其时每年汉朝都派遣大批使者，携带大量财物出使西域，并对西域来汉贡献者厚往薄来，"散财帛以赏赐，厚具以饶给之，以览示汉富厚焉"，力图通过经济优势"倾骇"西域诸国⑦。西域归汉后，这一政策并未废止，反而得到了更广泛的实施。

---

① 《史记》卷117《司马相如列传》，第3695页。
② 《史记》卷12《孝武本纪》，第614页。
③ 《汉书》卷25下《郊祀志》，第1247—1248页。
④ 清严可均辑：《全上古三代秦汉三国六朝文》卷22《司马相如》，中华书局1958年版，第247页。
⑤ 《汉书》卷94下《匈奴传》，第3834页。
⑥ 刘昫等著：《旧唐书》卷102《徐坚传》，中华书局1975年版，第3176页。
⑦ 《史记》卷123《大宛列传》，第3851页；《汉书》卷61《张骞李广利传》，第2697页。

1995年东汉精绝王陵3号墓中出土了大量漆器、藤器、铜镜、丝绸锦绣等，均为当年官营手工作坊的上品。其中，出土丝质衣物达到31件，匹值万钱，贵可与黄金等价的锦质衣服竟达17件，占一半以上，从花式到吉祥文字，均为以往所未见。精绝作为西域南道一小城邦，所得之汉物既如此之厚，可见，汉王朝在"怀诱"西域诸国统治上层时，确实是倾府库之所有而不遗余力，对当地土著贵族产生了强烈的吸引力。

其三，是精神文化层面。在物质利诱的同时，是精神文化的推行与渗透，尤其是汉语言文字与礼仪制度的西渐，对西域诸国产生了深远的影响。以精绝为例，在公元前2世纪，精绝尚无自己的文字。随着西汉统治在西域的深入，为适应统治的需要，西汉王朝在西域极力推行汉文字的学习、教育，不久，汉文字便成为精绝上层贵族所掌握和使用的文字工具。这一结论已为多方面的考古资料所证明，如精绝遗址上出土的"仓颉篇"木牍，隶书精妙，具有早期特点。[①] 斯坦因在精绝王宫所在的N14遗址上，发现了八件精绝王室成员间相互馈赠礼物的木简，据王国维判定其时间最晚在东汉晚期[②]。其出土的汉文、佉卢文简牍的封缄形式，也都明显来自中原大地[③]。可见，汉文字已成为精绝贵族学习和利用的交流工具，即便是在佉卢文传入以后，在精绝的政治生活中仍旧是汉文、佉卢文并用，汉语言文字对精绝社会生活影响之深，可见一斑。对汉礼仪制度的引进与实施，尤以龟兹为著。史载："（龟兹王绛宾）上书言得尚汉外孙为昆弟，愿与公主女俱入朝。元康元年，遂来朝贺。王及夫人皆赐印绶。夫人号称公主，赐以车骑旗鼓，歌吹数十人，绮绣杂缯琦珍凡数千万。留且一年，厚赠送之。后数来朝贺，乐汉衣服制度，归其国，治宫室，作檄道周卫，出入传呼，撞钟鼓，如汉家仪。外国胡人皆曰：'驴非驴，马非马，若龟兹王，所谓骡也。'"[④] 龟兹王绛宾所举，虽为胡人所笑，但也表明了龟兹在礼仪制度方面受到了中原汉文化的影响，是龟兹上层集团接受汉王朝礼制的表现。精绝与龟兹的情况，当可视之为其时西域的缩影，中

---

① 王樾：《略说尼雅发现"仓颉篇"汉简》，《西域研究》1998年第4期，第55—56页。
② 罗振玉、王国维：《流沙坠简》，中华书局1993年影印本，图版见第69页，考释见第223—225页。
③ 王炳华：《西域考古文存》，兰州大学出版社2009年版，第332页。
④ 《汉书》卷96下《西域传》，第3917页。

原汉文化已深入影响西域社会生活的许多方面，一定程度上加强了西域诸国对汉王朝的文化认同。

两汉对西域属国的治理，除了应用怀柔手段安辑诸国之外，对西域地区的反汉势力的叛乱，往往擅行政治之废黜乃至武力征讨，以维护西域地区政局的稳定。

两汉王朝对西域诸国的管理，往往遵循因俗而治的原则，一般情况不干涉西域诸国的王位继承与官员的任免，只要求诸国承认中央的权威即可。而一旦汉朝认为新王会影响到中央在西域的统治，汉朝也会对王位问题进行干涉。如汉武帝太初年间，李广利征伐大宛，斩宛王毋寡，立大宛贵人昧蔡为王；昭帝时，傅介子刺杀楼兰王，立其弟在汉者尉屠耆为王。冯奉世击莎车，杀其王，另立其昆弟为莎车王。此三次废立事件，发生在西域都护施政之前，自西域都护立政西域后，汉王朝对西域诸王废立事件时有发生。以乌孙为例，宣帝甘露元年（前53），乌就屠为乱乌孙，汉一方面遣破羌将军辛武贤屯兵敦煌，作出讨伐乌就屠之势，一方面都护郑吉遣解忧侍者冯嫽，劝降乌就屠。迫于形势，乌就屠降汉，汉派长罗侯常惠立元贵靡为大昆弥，乌就屠为小昆弥，皆赐印绶，其后，又为大、小昆弥分别人民、地界，大昆弥六万户，小昆弥四万户。

元贵靡死后，其子星靡立为大昆弥。星靡懦弱无能，汉遣冯嫽率百人往乌孙镇抚之，又允都护韩宣的奏请，赐乌孙辅政大臣大吏、大禄、大监以金印紫绶，尊辅大昆弥。后韩宣曾打算罢黜星靡另立大昆弥，为元帝不许。后段会宗为都护，为星靡招还叛众，使其部众得以安宁。其后，小昆弥乌就屠死，子拊离代立，为弟日贰所杀，汉再遣使者立拊离子安日为小昆弥。再后，安日又被降民所杀，汉又遣使立其弟末振将为小昆弥。末振将为小昆弥后，遣人刺杀大昆弥雌栗靡，汉遣曾任都护的中郎将段会宗持金币，与都护立雌栗靡季父公主孙伊秩靡为大昆弥。此外，汉在车师也有废立之事。宣帝地节年间，汉与匈奴争车师，车师王乌贵惧怕为匈奴所杀，轻骑逃往乌孙，汉扶立原车师太子军宿为车师王。

东汉时，废立西域诸王之事亦多见于史册，如永平十七年，班超至疏勒，派力士田虑活捉龟兹人所立疏勒王，另立疏勒故王子为王；永元三年，东汉政府从班超之请，拜侍子白霸为龟兹王，遣司马姚光护送回国，班超和姚光一起迫使龟兹人废其王尤利，改立白霸为王；永元六年，班超发兵讨伐焉耆等国，斩焉耆、尉犁二王，传首洛阳，另立元孟为焉耆王，并为尉犁、危须和山国册立了新王；永元九年，汉发兵攻杀叛乱的车师后部王涿鞮，另立其弟农奇为车师后部王；桓帝永兴元年（157），车师后部王阿罗多与戊部候严皓不和，怒而反叛，发兵攻打汉在后部的屯田区，杀伤吏士。由于后部候倒戈降汉，阿罗多率妻儿逃往北匈奴，敦煌太守宋亮上书请立后部故王军就的质子卑君为后部王。后阿罗多自北匈奴返回，与卑君争国，戊己校尉阎详怕其招来北匈奴，扰乱西域，于是收夺所赐卑君印绶，复立阿罗多为后部王；灵帝熹平四年（175），戊己校尉、西域长史各发兵辅立拘弥侍子定兴为拘弥王。

关于两汉对西域诸国的武力征讨，可以将之归纳为以下几点：一为征讨归附或勾连匈奴的行为，武帝时数伐楼兰、车师，昭帝时傅介子刺杀楼兰王，宣帝时郑吉之讨车师，即为此类。二为征讨羞辱杀戮汉使者的行为，贰师将军征伐大宛则是此类事件之著者。宣帝时，常惠以龟兹杀汉所置校尉赖丹而征伐之亦属此类。三为征伐危害亲汉政权之行为，此类事例有宣帝初年冯奉世之征伐莎车。其时，莎车为表示亲汉，欲立乌孙楚主小子万年为王。万年在汉，汉遣使者奚充国送其就国。不久万年被杀，充国亦被害，冯奉世便以此为由讨伐莎车。[①] 此外，乌孙自狂王立后，政局多变，国内分裂，多有威胁汉所立乌孙政权者，汉廷对这些反叛势力多采取征伐的态度。宣帝甘露元年（前53），翁归靡与匈奴女所生子乌就屠杀死狂王，汉遂派辛武贤率兵至敦煌，欲行征讨之事，后因乌就屠降汉而罢兵。汉成帝元延二年（前11），小昆弥末振将使贵人乌日领诈降刺杀大昆弥雌栗靡，汉欲以出兵讨之而不能，于是没入小昆弥侍子在京城者，其后，又遣段会宗斩杀其太子番丘，立其兄安日子安犁靡代为小昆弥。平帝时，卑爰疐不断侵扰两昆弥，被都护孙建袭杀。东汉时，灵帝建宁元年（168），"疏勒王汉大都尉于猎中为其季父和得所杀，和得自立为王"[②]。建宁三年（170），凉州刺史派从事任涉将敦煌兵五百人，与戊部司马曹宽、西域长史张晏将焉耆、龟兹、车师前后部共三万多人征讨疏勒，围攻四十余天，和得请降，汉兵退去。四为征讨抗阻汉廷之重要命令者。关于

---

① 《汉书》卷96上《西域传》，第3897—3898页。
② 《后汉书》卷88《西域传》，第2927页。

此类征讨行为,可由李广利屠灭轮台一事推之。据《史记·大宛列传》记载:"于是贰师后复行,兵多,而所至小国,莫不迎,出食给军。至仑头,仑头不下。攻数日,屠之。"① 从前文可知,为汉军供给廪食、从征伐是西域属国应有之役,违此,则为抗阻命令,得征讨之。轮台被灭,很大的原因在于不为汉军提供廪食。此外,针对西域属国的地方官吏,其若不能有效履行汉廷赋予之职责,其地位亦会遭到贬损,如乌孙的大吏、大禄、大监因大昆弥雌栗靡被杀事件,而被夺去金印紫绶,改赐铜印墨绶。

(三)和亲纳质,培植亲汉政权

汉王朝对西域亲汉势力的扶植则表现为两个方面,即对汉和亲公主后裔的扶植与对质侍于汉者的培植。

对汉和亲公主后裔的扶持,尤以西汉时对乌孙大昆弥一系的扶植最为典型。关于此,《汉书·西域传》中有详细叙述,今将其摘录如下:

> 初,肥王翁归靡胡妇子乌就屠,狂王伤时惊,与诸翕侯俱去,居北山中,扬言母家匈奴兵来,故众归之。后遂袭杀狂王,自立为昆弥。汉遣破羌将军辛武贤将兵万五千人至敦煌,遣使者案行表,穿卑鞮侯井以西,欲通渠转谷,积居庐仓以讨之。

初,楚主侍者冯嫽能史书,习事,尝持汉书为公主使,行赏赐于城郭诸国,敬信之,号曰冯夫人。为乌孙右大将妻,右大将与乌就屠相爱,都护郑吉使冯夫人说乌就屠,以汉兵方出,必见灭,不如降。乌就屠恐,曰:"愿得小号。"宣帝征冯夫人,自问状。遣谒者竺次、期门甘延寿为副,送冯夫人。冯夫人锦车持节,诏乌就屠诣长罗侯赤谷城,立元贵靡为大昆弥,乌就屠为小昆弥,皆赐印绶。破羌将军不出塞还。后乌就屠不尽归诸翕侯民众,汉复遣长罗侯惠将三校屯赤谷,因为分别其人民地界,大昆弥户六万余,小昆弥户四万余,然众心皆附小昆弥。

元贵靡、鸱靡皆病死,公主上书言年老土思,愿得归骸骨,葬汉地。天子闵而迎之,公主与乌孙男女三人俱来至京师。是岁,甘露三年也。时年且七十,赐以公主田宅、奴婢,奉养甚厚,朝见仪比公主。后二岁卒,

---

① 《汉书》卷61《张骞李广利传》,第2701页。

三孙因留守坟墓云。

元贵靡子星靡代为大昆弥，弱，冯夫人上书，愿使乌孙镇抚星靡。汉遣之，卒百人送焉。都护韩宣奏，乌孙大吏、大禄、大监皆可以赐金印紫绶，以尊辅大昆弥，汉许之。后都护韩宣复奏，星靡怯弱，可免，更以季父左大将乐代为昆弥，汉不许。后段会宗为都护，招还亡畔，安定之。

星靡死，子雌栗靡代。小昆弥乌就屠死。子拊离代立，为弟日贰所杀。汉遣使者立拊离子安日为小昆弥。日贰亡，阻康居。汉徙已校屯姑墨，欲候便讨焉。安日使贵人姑莫匿等三人诈亡从日贰，刺杀之。都护廉褒赐姑莫匿等金人二十斤、缯三百匹。

后安日为降民所杀，汉立其弟末振将代。时大昆弥雌栗靡健，翕侯皆畏服之，告民牧马畜无使人牧，国中大安和翁归靡时。小昆弥末振将恐为所并，使贵人乌日领诈降刺杀雌栗靡。汉欲以兵讨之而未能，遣中郎将段会宗持金币与都护图方略，立雌栗靡季父公主孙伊秩靡为大昆弥。汉没入小昆弥侍子在京师者。久之，大昆弥翕侯难栖杀末振将，末振将兄安日子安犁靡代为小昆弥。汉恨不自诛末振将，复使段会宗即斩其太子番丘。还，赐爵关内侯。是岁，元延二年也。

会宗以翕侯难栖杀末振将，虽不指为汉，合于讨贼，奏以为坚守都尉。责大禄、大吏、大监以雌栗靡见杀状，夺金印紫绶，更与铜墨云。末振将弟卑爰疐本共谋杀大昆弥，将众八万余口北附康居，谋欲借兵兼并两昆弥。两昆弥畏之，亲倚都护。

哀帝元寿二年，大昆弥伊秩靡与单于并入朝，汉以为荣。至元始中，卑爰疐杀乌日领以自效，汉封为归义侯。两昆弥皆弱，卑爰疐侵陵，都护孙建袭杀之。自乌孙分立两昆弥后，汉用忧劳，且无宁岁。[①]

从以上这段叙述可知，西汉王朝为了维护与巩固乌孙大昆弥在国中的地位，可谓不辞忧劳，全力施为，终得以将乌孙大部保持在亲汉政权的治理之下。

除了直接扶植西域汉公主的后裔，两汉王朝还通过培植诸国质侍于汉的质子，并助其夺取王权，以实现扩张西域亲汉政权的目的。

"质侍"是汉代外交的主要方式之一。汉代于西域所行的质侍制度，

---

① 《汉书》卷96下《西域传》，第3907—3910页。

其目的在于确立汉中央与西域属国之君臣关系。派遣侍子，于西域诸国而言，是表示其归顺之诚心，于汉朝而言，则纳质以为要挟，借此以巩固双方之关系。见于史籍记载的西域诸国遣子入侍之事，最早始自楼兰，时在武帝元封年间赵破奴虏楼兰王后，据《西域传》载，"楼兰降服贡献，匈奴闻，发兵击之。于是楼兰遣一子质匈奴，一子质汉"[1]。太初年间，李广利伐大宛，降其国，后又纳其质，《史记·大宛列传》记载，"立毋寡弟蝉封为宛王，而遣其子入质于汉"[2]。自此而后，西域诸国纷纷遣子入侍，渐成定制。《西域传》在武帝轮台诏中回忆征和四年开陵侯击车师之事时提到"前开陵侯击车师时，危须、尉犁、楼兰六国子弟在京师者皆先归，发畜食迎汉军，又自发兵，凡数万人，王各自将，共围车师，降其王"[3]，可见，武帝之时，遣子入侍者已有多国，纳质已为常例。都护建后，西域诸国内属，诸国与汉之君臣关系已然确立，遣子入侍，成为诸国表示臣属的应有之义务。

汉王朝之所以以此为手段确立与西域属国间的君臣关系，扩大西域亲汉政权的力量，原因有二：其一，西域诸国质侍于汉者，往往为诸国之王族宗室，甚或是诸国的王太子与子弟，有机会或有资格继位为君；其二，作为汉廷之质侍，其在汉时间较长，且又多以青少年为主，这意味着这些质子有条件和可能全面的学习和接触汉文化，从而得以受到汉文化的深刻熏陶，两汉政府也十分重视对其的引导。汉方不仅将质子们视为贵宾给予高规格礼遇，被邀请参加各种官方隆重的节庆、典礼与集会，而且还会被邀约各种官场宴饮和文化娱乐活动，[4] 这无疑为西域质子们深入了解和学习中原典章制度及官方高雅的汉文化提供了便利。此外，由于这些侍子多为少年郎，在他们质侍其间有条件和可能过汉人的世俗生活，甚至妻汉女生子，组织家庭，"比较深入地接触和享受汉的物质和精神文明，在接受汉方宫廷文化的同时，学习、接纳汉方民间的世俗文化"[5]。长期在汉地的生活体验，使质子们充分认识到了汉的富厚与强大，往往会对汉文化产

---

① 《汉书》卷 96 上《西域传》，第 3877 页。
② 同上书，第 3895 页。
③ 《汉书》卷 96 下《西域传》，第 3913 页。
④ 黎虎：《汉代外交体制研究》，商务印书馆 2014 年版，第 562 页。
⑤ 《汉代外交体制研究》，第 562 页。

生强烈的认同感，其执政后更易在政治上形成对汉产生向心力，亦不会因为误判形势而对汉作出鲁莽的举动，前引莎车王延之事迹便充分说明了这一点。正是基于此，汉王朝极力将质侍扶立为其母国之君主，史籍之中亦多有记载。如西汉昭帝元凤四年（前77），傅介子刺杀楼兰王，立质于汉者尉屠耆为鄯善王。东汉和帝永元三年（91），"以（班）超为都护，徐幹为长史。拜白霸为龟兹王，遣司马姚光送之。超与光共胁龟兹废其王尤利多而立白霸，使光将尤利多还诣京师"[①]。东汉灵帝熹平四年（175）于阗王安国攻拘弥，"大破之，杀其王，死者甚众。戊己校尉、西域长史各发兵辅立拘弥侍子定兴为王"[②]。此三例均为汉廷扶立质子继承王位之行为。

汉代对西域地区属国的行政管理与职官建制，是边疆地方政治制度的重要内容。汉代在西域的特殊管理模式，既是该时期当地政治局势的反映，又与该地区自然地理、社会经济与民族成分、风俗习惯以及军事形势息息相关。作为汉代统治疆域的一部分，两汉对西域的统治模式具有很大的地方特色，既是对边疆民族地区管理制度的创新，同时又是对内地传统政治制度的继承，体现了汉代政治制度的灵活性。两汉在西域实施的这种多制度、多层次的治理模式，适应了西域诸国的政治、军事形势的需要与经济、文化发展的要求，对于巩固汉王朝在西域的统治，稳定西域乃至整个西北局势，都发挥了重要作用，在客观上也有利于西域经济与文化的进步，并对后世产生了巨大影响，后世历代对西域等边疆民族地区的行政管理也多因袭或借鉴汉代的经验。因此在此意义上可以说，汉代对西域治理模式的探索，是边疆政治制度发展史上的一个里程碑。

---

① 《后汉书》卷47《班梁列传》，第1581页。
② 《后汉书》卷88《西域传》，第2915页。

第二章 东汉对西域统治的恢复与变迁

第一节 新莽时期西域边疆管理体系的瓦解

王莽当政时期的西域政策基本延续了西汉的羁縻政策，但也有不同，面对西汉哀平以来日渐恶化的西域局面，王莽试图通过以"改王为侯"为中心的政治手段和更为激进的军事冒险行动，来达到贬抑西域地方政治力量，加强中央集权的目的。虽然西域诸国最终接受了"改王为侯"的政治安排，但并不意味着这些国家心甘情愿地忍受王莽的摆布，反而由于王莽对西域诸国擅行贬抑，丧失了西汉数十年来在西域积累的威信，加之匈奴的挑拨，西域一些亲匈奴的国家，如焉耆，纷纷举起反叛的大旗。针对西域诸国的反叛，新莽政府不仅没有给予适当的安抚，而是采取粗暴的军事进攻，使西域诸国与新莽政权离心离德，最终导致了西域边疆管理体系的瓦解。

一 王莽时期的西域形势及政策调整

王莽执掌政权以来，为缓和西汉末年日益加剧的社会矛盾，树立自己的威信，巩固统治，托古改制，采取了一系列的改革措施。这些措施涉及政治体制、土地制度、奴婢制度、商业与币制等多项改革，由于内容多不切实际，结果引发了更大的危机，新莽政权也在绿林、赤眉的打击下迅速垮台。中央政权的衰弱腐朽乃至最终崩溃，势必影响到西域地区的稳定，从西汉末年开始，西域发生了多起不利于中央王朝统治的事件：

一是平帝元始二年（2），戊己校尉徐普打算开辟一条经车师后国直通玉门关的新道。这条道路的开通，可使里程较原先缩短一半，又避开了白龙堆戈壁。但车师后王姑句担心新道开通后，迎来送往，会加重自己的负担，因而采取了不合作的态度。于是，徐普将姑句监禁了起来。由于不久前都护司马曾杀车师前王，姑句害怕自己会步其后尘，便逃出高昌壁，投奔匈奴。

二是大约姑句事件发生后不久，去胡来王唐兜因屡受临近的大种赤水羌侵凌，向都护但钦告急，但钦未能及时救援，唐兜只得东入玉门关求救，又为守关军将所阻，于是唐兜率领妻子、人民一千余人投奔匈奴。

三是始建国二年（10），王莽派广新公甄丰出使西域。车师后王须置离得到消息后，与其左将尸泥支、右将股鞮商量认为，甄丰当了西域太伯，并且即将到来，按例要提供牛羊、粮食与向导，联想到以前五威将军经过时，供应尚嫌不足，如今是太伯，恐怕以车师贫困的国力再难以承担，于是打算逃往匈奴。消息走漏后，戊己校尉刁护随即询问须置离，须置离对其行为供认不讳，于是，刁护将其槛送至都护所，被但钦斩首，须置离之兄狐兰支率车师后国两千多人投奔匈奴。

这几件事情的发生，表明西汉王朝以及代汉而起的新莽政权在西域的统治面临着崩溃的危险，为了阻止这种情况发生，王莽对西域政策进行了调整，主要是着手调整西汉王朝与西域诸国的藩属关系，其核心内容是改西域诸王为侯。王莽始建国元年（9）正式开始了对藩属关系的改革，对此相关史籍有明确记载："始建国元年，五威将军奉《符命》，赍印绶，王侯以下及吏官名更者，外及匈奴、西域、徼外蛮夷，皆即授新室印绶，因收故汉印绶……其东出者，至玄菟、乐浪、高句骊、夫余；南出者，逾徼外，历益州，贬钩町王为侯；西出者，至西域，尽改其王为侯；北出者，至匈奴庭，授单于印，改汉印文，去'玺'曰：'章。'"[①] 相同的记载也见于《资治通鉴》卷三十七《汉纪二十九》等其他史书。

由上述记载看，王莽"改王为侯"政策并不仅仅针对西域，而是对包括匈奴在内的整个西汉藩属体系进行的改革。这一改革，虽引起匈奴、钩町王与西域诸国的不满，但除钩町王起兵反叛外，其他地区和国家都接受了这一既成事实。[②] 然而，这种接受并非出于情愿，王莽试图通过变换诸王名称的手段以达到贬抑其政治地位、加强中央政权对周边民族控制的

---

① 《汉书》卷99中《王莽传》，第4114—4115页。
② 李大龙：《汉代中国边疆史》，黑龙江教育出版社2012年版，第151页。

目的，没有真正实现，仅仅浮于表面，此后稍有利益冲突，新莽政权与周边民族的矛盾便会爆发，以致"三边蛮夷愁扰尽反"，特别是新莽政权与匈奴的冲突加剧，直接导致了边疆形势的恶化，进而冲击中原王朝对西域的统治秩序。

二 新莽政权边疆危机的爆发与西域统治秩序的崩溃

上文已述及随着王莽"改王为侯"政策在四夷地区的推行，引起了边疆民族的普遍不满，尤其是匈奴的不满，导致了新莽政权边疆危机的全面爆发，进而引起了中原王朝对西域统治秩序的崩溃。

匈奴虽然自呼韩邪单于时便已归附汉朝，但不同于西域诸国归附汉朝。汉朝不仅在西域设立西域都护与戊己校尉等军政机构，而且对西域诸国的内政与外交亦多加干涉，必要时还会动用其人力与兵员。而汉朝之于匈奴，除了接受其称臣、时时奉献朝见之外，便是利用馈赠财物的方式予以拉拢和羁縻，对其内政外交并无太多的干涉权，西汉与匈奴间的关系更多是一种盟国的关系。当汉朝强盛时，双方尚能维持名义上的君臣关系，而一旦汉朝衰弱，双方的关系就会倒退，甚至恢复到敌对状态。早在成帝绥和元年（前8），当汉遣中郎将夏侯藩向匈奴索要伸入西汉的斗地时，匈奴便有了拒汉之意，① 其后，随着西汉国势的衰微，匈奴对汉益发不尊，先是接受乌孙卑援疐的质子，后又接受车师后王姑句及去胡来王唐兜的归降，虽在西汉强烈要求下将其遣还，但匈奴的不臣之心日益昭著。这一点，对于追求大一统理想的王莽来说，是不能忍受的。因此，自王莽执政以来，一直谋求削弱匈奴的势力和影响，加强对匈奴的控制。围绕这一目的，王莽先是诛杀叛逃匈奴的边疆民族首领，向诸边疆民族展示新莽政权的实力和权威，断绝其对匈奴的依赖；二是收回宣帝时与匈奴达成的约束，颁行新的"四条"约束，极力削弱匈奴对周边民族的影响，断绝其恢复旧日臣属关系的可能；三是挑拨乌桓拒绝向匈奴缴纳"皮布税"，利用乌桓牵制、孤立匈奴；四是易"玺"为"章"，贬抑单于的政治地位，使其与臣下无别。

这一系列政策的实施，不仅没有达到削弱匈奴的目的，而且激化了汉

---

① 汉求匈奴地始末见于《汉书》卷94下《匈奴传》，第3810页。

匈间的矛盾，使汉匈之间数十年来的和平关系转入战争状态，即如《汉书·匈奴传》所载：

> 单于始用夏侯藩求地有距汉语，后以求税乌桓不得，因寇略其人民，衅由是生，重以印文改易，故怨恨。乃遣右大且渠蒲呼卢訾等十余人将兵众万骑，以护送乌桓为名，勒兵朔方塞下。朔方太守以闻。
>
> 明年，西域车师后王须置离谋降匈奴，都护但钦诛斩之。置离兄狐兰支将人众二千余人，驱畜产，举国亡降匈奴，单于受之。狐兰支与匈奴共入寇，击车师，杀后成长，伤都护司马，复还入匈奴。①

与匈奴的战事，并没有使王莽改变弱化甚至分解匈奴的初衷，当得知匈奴举兵进犯边境及西域地区以后，王莽没有给予安抚，反而用财物去分化单于的弟侄们，史载：

> ……西域都护但钦上书言匈奴南将军右伊秩訾将人众寇击诸国。莽于是大分匈奴为十五单于，遣中郎将蔺苞、副校尉戴级将兵万骑，多赍珍宝至云中塞下，招诱呼韩邪单于诸子，欲以次拜之。使译出塞诱呼右犁汗王咸、咸子登、助三人，至则胁拜咸为孝单于，赐安车鼓车各一，黄金千斤，杂缯千匹，戈戟十；拜助为顺单于，赐黄金五百斤；传送助、登长安。莽封苞为宣威公，拜为虎牙将军；封级为扬威公，拜为虎贲将军。②

这无疑使本已恶化的汉匈关系更为雪上加霜，单于在听闻这一消息后，宣称不再承认新莽的合法地位，派遣左骨都侯、右伊秩訾王呼卢訾及左贤王乐率兵入犯云中益寿塞，大肆杀伤吏民。是后，据《汉书·匈奴传》说："单于历告左右部都尉、诸边王，入塞寇盗，大辈万余，中辈数千，少者数百，杀雁门、朔方太守、都尉，略吏民畜产不可胜数，缘边

---

① 《汉书》卷94下《匈奴传》，第3822页。
② 同上书，第3823页。

虚耗。"①

　　王莽所为的出发点是试图通过削弱匈奴的势力来加强中央王朝对其控制力，本身并没有错，然而却忽略了一个事实，即此时中央王朝的实力已大不如前，而匈奴经过数十年的恢复，实力开始上升，中原王朝对匈奴不再占有绝对的优势，于是就导致了匈奴对边境与西域地区的大规模频繁侵扰。这种情况下，王莽本应审时度势，给予安抚，但事实上却相反，王莽采取了更为激进的政策，即先武力征服，再实施分裂匈奴为十五部的既定目标："莽新即位，怙府库之富欲立威，乃拜十二部将率，发郡国勇士，武库精兵，各有所屯守，转委输于边。议满三十万众，赍三百日粮，同时十道并出，穷追匈奴，内之于丁令，因分其地，立呼韩邪十五子。"②

　　王莽这一政策的推出，遭到了许多公卿大臣的反对，特别是严尤以"五难"谏止，其文如下：

　　　　臣闻匈奴为害，所从来久矣，未闻上世有必征之者也。后世三家周、秦、汉征之，然皆未有得上策者也。周得中策，汉得下策，秦无策焉。当周宣王时，猃允内侵，至于泾阳，命将征之，尽境而还。其视戎狄之侵，譬犹蚊虻之螫，驱之而已。故天下称明，是为中策。汉武帝选将练兵，约赍轻粮，深入远戍，虽有克获之功，胡辄报之，兵连祸结三十余年，中国罢耗，匈奴亦创艾，而天下称武，是为下策。秦始皇不忍小耻而轻民力，筑长城之固，延袤万里，转输之行，起于负海，疆境既完，中国内竭，以丧社稷，是为无策。今天下遭阳九之厄，比年饥馑，西北边犹甚。发三十万众，具三百日粮，东援海代，南取江淮，然后乃备。计其道里，一年尚未集合，兵先至者聚居暴露，师老械弊，势不可用，此一难也。边既空虚，不能奉军粮，内调郡国，不相及属，此二难也。计一人三百日食，用备十八斛，非牛力不能胜；牛又当自赍食，加二十斛，重矣。胡地沙卤，多乏水草，以往事揆之，军出未满百日，牛必物故且尽，余粮尚多，人不能负，此三难也。胡地秋冬甚寒，春夏甚风，多赍釜鍑薪炭，重不可胜，食备

---

① 《汉书》卷94下《匈奴传》，第3824页。
② 同上书，第3824页。

饮水，以历四时，师有疾疫之忧，是故前世伐胡，不过百日，非不欲久，势力不能，此四难也。辎重自随，则轻锐者少，不得疾行，虏徐遁逃，势不能及，幸而逢虏，又累辎重，如遇险阻，衔尾相随，虏要遮前后，危殆不测，此五难也。大用民力，功不可必立，臣伏忧之。今既发兵，宜纵先至者，令臣尤等深入霆击，且以创艾胡虏。①

遗憾的是，王莽并没有接受严尤的谏言，"转兵谷如故，天下骚动"。打破了"自宣帝以来，数世不见烟火之警"的和平景象，造成"边民死亡系获，十二部兵久屯而不出，吏士罢弊，数年之间，北边虚空，野有暴骨"的局面。新莽与匈奴长期的军事对峙，不仅造成中央王朝边郡的空虚，而且由于王莽在征讨和防御匈奴的过程中，先后调动了乌桓、丁零、高句丽等众多边疆民族的军队，久屯于边地，给这些民族造成了极重的负担，"遂自亡畔，还为抄盗"，郡县官吏为了反制，则斩杀其为质的亲属，② 从而加剧新莽政权与诸边疆民族的矛盾冲突，边疆地区自此陷入全面危机。

当整个北部边境全面陷入危机之时，西域地区也受到波及，先是匈奴单于因恼恨王莽易玺为章，接纳了狐兰支，并联合狐兰支进攻车师，杀死后城长，打伤都护司马。后戊己校尉刀护有病，委派其史陈良、终带领兵防御匈奴。陈良与终带不满王莽篡汉，又见匈奴即将大举入犯，且西域诸国人心浮动，多有叛乱之相。陈良、终带等人自知实力不敌，认为不如投降匈奴以图保全，于是相约杀死刀护，自称"废汉大将军"，裹挟戊己校尉吏士及男女两千余人投奔匈奴，匈奴单于拜陈良、终带为乌贲都尉。

陈良、终带叛乱的发生，一方面说明王莽的政策不得人心；另一方面则说明此时西域的形势已经相当不稳定，陈、终的叛逃更进一步动摇了中央王朝在西域的统治。由于戊己校尉刀护被杀，其所属的屯戍士卒也被陈、终等人裹挟投降匈奴，匈奴再次取得了对西域的力量优势，开始大举攻略西域，西域北道诸临近匈奴的国家，如焉耆感受到了来自匈奴的巨大威胁，而此时的新莽政权正忙于应付匈奴对北部边郡的侵扰，无暇顾及西

---

① 《汉书》卷94下《匈奴传》，第3824页。

② 《汉代中国边疆史》，第164页。

第二章 东汉对西域统治的恢复与变迁

域,于是在始建国五年(13),焉耆首举叛旗,攻杀西域都护但钦,而王莽竟不能讨,预示着中央王朝在西域的统治秩序开始走向崩溃。

天凤元年(14),王莽与匈奴和亲,与匈奴的关系得以和缓,陈良、终带被引渡回长安烧杀。天凤三年(16),王莽为了恢复在西域的统治秩序,派遣五威将王骏、西域都护李崇率戊己校尉讨焉耆。① 关于这场战争,《汉书·西域传》《王莽传》以及《资治通鉴·汉纪》中均有记载,尤以《资治通鉴·汉纪》最为详细:

> 是岁(天凤三年),遣大使五威将王骏、西域都护李崇、戊己校尉郭钦出西域,诸国皆郊迎,送兵谷。骏欲袭击之,焉耆诈降而聚兵自备。骏等将莎车、龟兹兵七千余人,分为数部,命郭钦及佐帅何封别将居后。骏等入焉耆,焉耆伏兵要遮骏,及姑墨、尉犁、危须国兵反间,还共袭骏,皆杀之。钦后至焉耆,焉耆兵未还,钦袭击,杀其老弱,从车师还入塞。莽拜钦为填外将军,封剿胡子;何封为集胡男。李崇收余士,还保龟兹。及莽败,崇没,西域遂绝。②

可见,传世文献对这场战争的记载相对简略,幸赖地下资料的出土,弥补了文献的不足。1979 年,甘肃省文物工作队在敦煌马圈湾汉代烽燧遗址掘获 1200 余枚西汉、新莽时期木简,其中第五号探方所出 100 余枚简文内容与这场战争有关,引起了学界的关注。如吴礽骧的《敦煌马圈湾汉代烽燧遗址发掘报告》③,裘锡圭的《读汉简札记》④,胡平生的《敦煌马圈湾汉简中关于西域史料的辩证》⑤,张德芳、李永良的《关于敦煌

---

① 关于王骏等人进击焉耆时间的推定大致有两种意见,吴礽骧、张德芳、李永良等认为在天凤四年(17)六月,胡平生、饶宗颐、李均明等认为在天凤三年(16)六月。详见孙占宇:《敦煌汉简王莽征伐西域战争史料研究综述》,《西域研究》2006 年第 3 期,第 109 页。
② 《资治通鉴》卷 38《汉纪三十》,第 1212—1213 页。
③ 吴礽骧:《敦煌马圈湾汉代烽燧遗址发掘报告·伍·简牍》,甘肃省文物考古研究所编:《敦煌汉简》(下册),中华书局 1991 年版,第 67—89 页。
④ 裘锡圭:《读汉简札记》,中国社会科学院简帛研究中心编:《简帛研究》(第二辑),法律出版社 1996 年版,第 211—225 页。
⑤ 胡平生:《敦煌马圈湾汉简中关于西域史料的辩证》,大庭脩:《汉简研究的现状与展望》,日本关西大学出版部 1992 年版,第 251—270 页。

汉简中西域史料的几个问题》[1],饶宗颐、李均明的《新莽简辑证·天凤三年西域战役》[2] 等文章中先后对这批史料进行了深入的研究,在人物考证、文字释读以及史实考订等方面取得了较大进展,解决了许多关键性的问题,特别是李均明对这场战争经过的考证甚详。结合传世文献记载及李均明的考证,王莽伐西域战争的基本进程,大体上可以分为三个阶段,兹表列如下:

战争进程	战争态势	战争结局
第一阶段	新莽军兵分数路长驱直入,兵临焉耆城下,焉耆诈降而聚兵自备,伏击王骏等。	五威将军王骏率主力先行,中焉耆伏兵,姑墨、尉犁、危须国兵亦倒戈来攻,王骏军覆没。西域都护李崇收拾残军退保龟兹。戊己校尉郭钦率兵后至,乘虚击杀焉耆老弱,退保车师。
第二阶段	焉耆联合匈奴南将军扫荡亲附新莽的车师诸国,企图切断新莽军队的后路和补给线。李崇、郭钦上书请求援兵,死战待援,王莽亦发河西精兵救之,战争进入相持阶段。	新莽军队的救援行动未能奏效,战争局势持续恶化。
第三阶段	新莽军及车师等国部分贵族撤入敦煌,西域都护李崇所部孤守西域。	李崇没于西域,西域再无中原王朝的军事势力,西域道绝。

此战的失利,不仅更进一步削弱了新莽政权在西域的军事力量,还导致了匈奴势力在西域的再度崛起,这可以在敦煌出土的汉简中窥见一斑,如《敦煌汉简》第69简:"寇车师,杀略人民,未知审,警当备者,如

---

[1] 张德芳、李永良:《关于敦煌汉简中西域史料的几个问题》,《汉简研究的现状与展望》,第150—163页。

[2] 饶宗颐、李均明:《新莽简辑证·天凤三年西域战役》,台北:台北新文丰出版公司1995年版,第200—207页。

律令。"第72简："(寇)车师，略诸侯，欲以威西域，贪狼桀黠，狂狡左，为诸国城乱戎部众。"第73简："暴深人民，素惠共奴，尚隐匿深山危谷。"第74简："孤弱殆不战，自东西即虏取，等党成结固，车师必惧。"第108简："南将军徼其勇以坏龟兹、车师诸国□□□，大煎都候部近于西域。"此消彼长之下，新莽政权在西域的势力已处于弱势，在西域事务中不复占有主导权，西域诸国除莎车王"率傍国拒匈奴，拥护故都护（李崇）吏士妻子千余口"外，大部分国家重为匈奴所奴役，中央王朝在西域的统治秩序也随着新莽政权的覆灭和李崇的故去而崩溃，以至于东汉初年，朝廷一度打算借助莎车的力量来维护西域的秩序。①

三 新莽西域统治秩序崩溃的原因

综合上文的分析来看，王莽在西域统治秩序的崩溃，与其民族政策的失误，有很大关系，尤其是对匈奴政策失误，引起了边疆危机的全面爆发，最终波及西域，导致中央王朝在西域统治秩序的崩溃。而除了这条最为直接的原因以外，还有几条原因值得关注：

其一，王莽对国内政治改革的失败，引起了国内各阶层的不满，反莽起义此起彼伏，大大削弱了新莽的国力，为边疆各民族的反叛和侵扰提供了便利。西汉后期，朝廷面临着严重的社会问题，统治阶级"多畜奴婢，田宅无限"，奢侈挥霍，导致赋税、劳役日益严重，民穷国虚，尤其是土地兼并以及由此引发的奴婢、流民数量恶性膨胀，成为当时政府亟须解决的问题。王莽代汉称帝建立新朝后，一方面为了缓和社会矛盾；另一方面也是为了与西汉王朝划清界限，树立自己的正统地位，巩固自己的皇位，就在公元9年下令实行改制。王莽为了平息反对声音，遂打出了《周礼》的旗号，实施托古改制。新政包括对政治体制和经济体制两大方面的改制。在政治体制方面的改革，主要有以下几点：

1. 改变官制和官名。王莽对中央和地方的官名、官制屡加改变，连国号也多次变更，且多与《周礼》中的名称相一致，目的是恢复古代官制。如改大司农为羲和，后改为纳言，改少府为共工，大理改作士，太常改秩宗，光禄勋改司中，太仆改太御，卫尉改太卫等。地方官制上，改郡

---

① 《后汉书》卷88《西域传》，第2923—2924页。

太守为大尹、都尉为太尉、县令为宰、御史为执法。又于天凤元年，置卒正、连率、州牧、部监等官，边郡则置竟尉。

这些变革以周朝的官制为准，存有浓厚的复古意味，官名虽改，工作却不变，徒生由简变繁之弊。斤斤计较于名目之复古，迂腐琐碎，食古不化，不切实际。一般认为王莽是"托古改制"，他的真正目的是改制、篡权，"古"只是一个幌子，只是假托，实际上只求复古，并没革新。

2. 改革秩禄制度与重划行政区。始建国元年，王莽以《王制》及《周官》为据，改秩禄之号，更定官位为公、卿、大夫及士。最低级的庶士为百石，最高级的卿则为中二千石。又按照周朝的制度将官吏的选任制改为世袭制。此外，又以武帝以来之13州不合经籍，遂依《尧典》改为12州。同年又大肆更易宫殿之名，如长乐宫改常乐室、前殿改王路堂；地名和行政区划方面，先据《尧典》正十二州名分界，后又据《禹贡》改为九州。改长安为常安，改洛阳为雒邑等。又把汉时的州、郡、县三级制，改为州、部、郡、县四级，有一个郡甚至五易其名，官民记不清楚还得在公文上附上旧名。始建国四年又分天下为九州岛，九州岛内有2203县。并依畿服之说，以京畿为中心，自近至远把四夷分为"六服"，目的是令天下恢复昔日的"万国"。

由于行政区划的随意改制导致部、郡、县的数量大增，仅县的数量就增加了两倍，官吏的数量也相应成倍地增长，官吏的俸禄和衙门的办公费用也随之增长，这极大地加重了国家的财政负担。为了应付迅猛增长的财政开支，王莽创行了许多新税，租税名目繁多，又取之过急，使人民骤然感到租税的负担加重。新朝末年，对人民征敛更甚。史载："作货布后六年，匈奴侵寇甚。莽大募天下囚徒人奴，名曰猪突豨勇，一切税吏民，皆三十而取一，又令公卿以下至郡县黄绶吏，皆保养军马，吏尽复以与民，民摇手触禁，不得耕桑，繇役烦剧，而枯旱蝗虫相因。"令"愁苦死者什六七"①。

虽然为了增加财政收入对人民横征暴敛，但由于官吏数量增加太多太快，因此财政仍然入不敷出，不得已只好减少官吏的俸禄。王莽登位前，除三公月俸为40000至60000外，九卿、州牧、太守等原官阶在二千石以上者，

---

① 《汉书》卷24下《食货志》，第1184—1185页。

月俸为 16000 至 20000。但王莽即位后，官俸皆改为数千，令官吏生活困难。加之新定的吏禄制度又极为烦碎，常年反复计算也难以核定，官吏往往长时间领不到俸禄而收取贿赂以自供给。各级官吏对老百姓挖空心思地千般敲诈，百般勒索，这又加重了百姓的灾难，下级官吏则更甚。据《资治通鉴》记载"莽以制作未定，上自公侯，下至小吏，皆不得俸禄"①，"莽之制度烦琐如此，课计不可理，吏终不得禄"②，以至"上自公侯，下至小吏，皆不得俸禄，而私赋敛，货赂上流，狱讼不决"③。这固然影响变法的推行，亦使官吏对王莽政权极为反感，更严重的是"天下吏以不得禄，并为奸利，郡尹、县宰家累千金"④，大大加剧了官场腐败。

3. 重行封建，削去王号。据传周代有诸侯 1800，王莽遂依此重行封建，颁行五等爵，滥加封赏，并从中笼络人心。他下诏说"爵从周氏为五。诸侯之员千有八百，附城之数亦如之，以俟有功"⑤。他封其子王临为太子，王安为新嘉辟，孺子婴为安定公。又按哀章的《金柜图》及《金策书》封辅臣 11 人为公，并封古圣贤之后，如封姚恂为初睦侯。此外，又据"天无二日，民无二王"的观念，认为四夷君长称王有违于经典、缪于一统，遂削其王号，改"玺"为"章"，如"匈奴单于"改"降奴服于"⑥，"高句丽"改"下句丽"⑦。

王莽之分封，以《尚书》及《诗经》为据，复古之念高于革新之图，这种分封与民无益，徒生滋扰。到始建国四年已经封"公侯以下七百六十九人，附城千五百五十一人"。但"以图簿未定，未授图邑"⑧，有些诸侯只是虚封，结果吏治更加腐败。

削去四夷君长王号实属多此一举，毫无必要地引起四夷君长极大的不满，先后作叛，刺杀汉使。始建国三年匈奴作叛，王莽派 12 将，率兵 30

---

① 《资治通鉴》卷 38《汉纪三十·王莽下》，第 1207 页。
② 同上书，第 1208 页。
③ 《汉书》卷 24 下《食货志》，第 1185 页。
④ 《资治通鉴》卷 38《汉纪三十·王莽下》，第 1216 页。
⑤ 《汉书》卷 99 中《王莽传》，第 4128 页。
⑥ 同上书，第 4121 页。
⑦ 同上书，第 4130 页。
⑧ 《资治通鉴》卷 37《汉纪三十·王莽中》，第 1197 页。

万，分十道讨伐匈奴；高句丽亦因征发问题而作乱；西南夷的句町也因贬号致叛，王莽又出兵讨伐。由于长期用兵，军队长驻于边地，加上管理不善，军队扰民极甚，《汉书·王莽传》载："是时诸将在边，须大众集，吏士放纵，而内郡愁于征发，民弃城郭，流亡为盗贼……大都督、大奸猾、擅弄兵权者，皆便为奸于外，扰乱州郡，货赇于市，侵渔百姓。"①如此一来，内地、边疆皆成乱局，改革固然无法推行，对社会经济的打击亦大。

其二，王莽经济改革所造成的经济动荡与灾荒的频发，新莽政权面临严峻的财政状况，致使边境地区物资供应十分紧张，严重影响了包括西域在内的边疆屯戍人员的军心士气和战斗力，加速了边疆统治秩序的崩溃。

王莽变法自称是"奉古改制"，但从具体政策上看，其改革的目标是"汉武帝——桑弘羊"模式。他的改革基本上紧紧地围绕财政、货币和土地而展开，具体而言有以下几点：

1. 王田制。始建国元年（9），王莽正式颁布诏书实施王田制。"更名天下田曰王田"②，私人不得买卖，试图通过恢复井田制的办法来解决土地问题。

2. 私属制。改奴婢为"私属"，亦不得买卖。西汉末年，买卖奴婢是一普遍现象，《居延汉简》载："小奴二人，值三万，大婢一人，值二万。"始建国元年，王莽在实施王田制的同时，亦对奴婢制度实施了改革，主要内容是将奴婢更名为私属，以法令强制禁止买卖，其实质是在承认奴婢为人的前提下，通过禁止买卖而加以限制。

3. 实行"五均六筦"，即在国都长安及五大城市设立五均官，政府管理五均赊贷及管理物价，征收商税，由政府经营盐、铁、酒、铸钱和征收山泽税。

4. 改革币制。王莽对货币的改革，先后经历了四次。第一次，在通行五铢钱的同时，又增铸了三种新币，分别为错刀，一值五千；契刀，一值五百；大钱，一值五十，各类货币之间比值混乱，严重影响了正常的经济秩序。第二次，王莽正式废止了五铢钱及前次所铸错刀、契刀等币，另

---

① 《汉书》卷99中《王莽传》，第4125页。
② 同上书，第4110—4111页。

铸小钱，与大钱并行，但这两种货币的重量与币值关系也不合理，盗铸的现象十分严重，故民间多私用五铢钱。第三次，王莽重新发行货币，总名"宝货"，分六种货币，然后又细分为二十八个品种。因品种繁多，换算比值更为混乱，造成"百姓愦乱，其货不行"的后果。王莽强制推行，于是"农商失业，食货俱废"，犯法者众，最后只好恢复小钱、大钱二品。第四次，废止大、小钱，发行"货布""货泉"两种货币。①

　　王莽实施的一系列经济改革，其出发点是为了解决汉末以来日趋严重的社会经济问题，增加政府的财政收入，巩固统治，但其实施的具体措施却带有很大的主观性和局限性。

　　首先，所谓王田制，实质上是以王田制为名恢复井田制。是针对土地兼并和贫富分化，缓和阶级矛盾的土地改革方案。然而在具体实施上却表现出了很大的空想性，名曰新政，其实纯粹就是复古倒退，即按照历史典籍上记载的那样实行土地政策，如《周礼·地官·小司徒》所云，"九夫为井，四井为邑"②，又如《孟子·滕文公上》，"方里而井，井九百亩，其中为公田，八家皆私百亩，同养公田"③，根本不考虑当时的实际情况。根据梁方仲的《中国历代户口、田地、田赋统计》，当时全国共有耕地8270536顷，人口59594978人，丁男约2000万，人均耕地约14亩，平均每个丁男约40亩，④ 即使把全国的土地都拿来平均分配也绝不可能达到一个丁男100亩。而且这个政策虽然一定程度上抑制了汉末土地兼并带来的危机，但严重损害了大地主豪强的利益，使他们开始厌恶王莽的统治。由于没有切实的强制措施，同时又允许丁男一人可以保有九百亩土地，而当时大地主家庭通常都有数百口家庭成员和更多的家奴，通过在每个丁男名下划九百亩耕地的办法，使分家析产化整为零成为大二地所有者大量保留土地的办法，根本就不可能有多少多余的土地交出来。只是迫于朝廷的压力象征性地上缴一点点，这对于无地少地的农民来说仅仅是杯水车薪而已。加之朝廷官吏腐败，在王田政策推行过程中，各级官吏上下其手，贪赃枉法、营私舞弊，为了得到这少得可怜的一点点土地，广大穷苦农民不

---

① 《汉书》卷24下《食货志》，第1177—1179页。
② （清）孙诒让：《周礼正义》，王文锦、陈玉霞点校，中华书局1987年版，第786页。
③ 杨伯峻：《孟子译注》卷5《滕文公章句上》，中华书局1960年版，第119页。
④ 梁方仲：《中国历代户口、田地、田赋统计》，上海人民出版社1980年版，第4—5页。

得不倾家荡产甚至借高利贷争相向官吏们行贿。王田政策对于广大农民而言，只是一张画饼。结果造成"农商失业，食货俱废"，引起了社会的极大混乱。迫于诸种压力，王莽不得已于始建国四年（12）下令："诸名食王田，皆得卖之，勿拘以法。"就这样，王田制被废除了。而那些曾经倾家荡产借高利贷向官吏们行贿的穷苦农民分到的一点点土地又被原来的田主收回，于是纷纷破产，许多人被债主掠卖为奴。一场名义上的均田运动最终变成了对广大穷苦农民的无耻掠夺。

其次，实施"私属制"，禁止奴婢买卖。但就其本质而言，"私属制"并非完全禁止占有和使用，而是在维持私人占有奴婢的情况下，减少或避免更多的人沦为私人奴婢，进而对国家的政治和经济利益产生不良影响。

然而，奴婢问题在本质上与土地问题有着密不可分的联系，大地主购买和蓄养奴婢主要是为了耕种田地，只要大量土地仍然掌握在大地主的手中，他们就必然想要继续蓄养奴婢，而那些原来的奴婢如果不能分到田地也就只能继续做奴婢，否则连活路都没有了。所以说王田制和私属制是相辅相成的政策，在土地问题不能得到有效解决的前提下，妄图解决奴婢问题绝无可能。由于"私属制"限制和妨碍了地主阶级的利益，自然引起了他们强烈的不满、反对和抵制。对底层民众而言，虽然奴婢的地位低下，生活几与牲畜无异。但是，卖身为奴毕竟为其提供了一条借以为生的出路。王莽的改革不仅未能改变奴婢的身份，而且把他们唯一的生路也给堵死了，迫使他们不得不起而造反。事实上在实施"私属制"的过程中，大地主们纷纷借口响应朝廷的号召解放奴婢，"复其身"，把那些为他们辛苦劳作了几十年，已经年老体弱不能继续劳动的奴婢赶出了家门，任其冻饿而死。许多被"解放"了的奴婢成群结队地跑到官府门前，跪地不起，扣头流血，请求重新回去做奴婢，以求一条活路。"私属制"也如同"王田制"一样走进了死胡同。在朝野一致反对下，王莽不得不在宣布土地可以买卖的同时，也令"犯私买卖庶人者，且一切勿治"[①]，奴婢政策也废止了。稍后，王莽下令："三公以下，诸有奴婢者，率一口出钱三千六百。"[②] 这纯粹是为了搜刮钱财。

---

① 《汉书》卷99中《王莽传》，第4130页。
② 《汉书》卷99下《王莽传》，第4150页。

再次，为了抑制商人对农民的过度盘剥，制止高利贷，控制物价，改善财政，王莽在始建国二年（10）下诏实行五均六筦。所谓五均，即在长安、洛阳、邯郸、临淄、宛、成都等城市设五均司市师，管理市场。各城设交易丞五人。钱府丞一人。工商各业，向市中申报经营，由钱府按时征税。每季度的中月由司市官评定本地物价，称为市平。物价高于市平，司市官照市平出售；低于市平则听民买卖；五谷布帛等生活必需品滞销时，由司市官按本价收买。百姓因祭祀或丧葬无钱时，可向钱府借贷，不收利息，但分别应在十天或三个月内归还。因生产需要也可贷款，年利不超过十分之一。所谓六筦，是由国家对盐、铁、酒、铸钱、五均赊贷实行管制，不许私人经营；控制名山大泽，向采集者征收一定数额的税款。

从五均六筦政策的内容看，如果认真推行是可以得到"齐众庶，抑兼并"的社会效果的。但五均的前提是政府必须掌握相当数量的商品和货币，并且有强有力的管理手段。由于没有这两方面的条件，王莽只能依靠富商大贾来推行，这些人在获取了特权以后，便乘机收贱卖贵，投机倒把，大发横财，与郡县官吏狼狈为奸，形成危害更大的官商垄断性经营。这些官商一方面利用手中的定价权和垄断经营权拼命地盘剥农民；另一方面又利用自己的垄断经营地位肆无忌惮地排挤手工业者和中小商人，以至"工商失业"，大批的手工业者和中小商人破产。至于由国营对盐铁等实行统管统制，早已被实践证明是行不通的，再次实施自然不会有好结果，而由国家控制名山大泽，实际只是给主管官员增加了财源。最终，国家没有增加收入，百姓却加重了负担，正当的商人和手工业者也受到打击。不过它确给王莽政权搜刮了大量的财富，尽管遇到了强烈的反对，王莽还是坚持执行下去，直到垮台的前一年才宣布废除。

最后一点，王莽实施的币制改革，不切实际地废除了五铢钱，盲目推行各种新币制，使货币的流通和信用受到了严重的削弱，使财政经济陷于瘫痪。王莽的币制改革本意是削弱豪强大族的经济实力，但由于币制复杂混乱，导致民间交易很不顺畅，造成了民间物价的不稳定。并且每次改制的钱币大小不断缩小，价却越来越高，实质上剥削了普通民众的财富。于是"民多盗铸"，造成货币混乱，最终王莽只得实行诸如"以私铸钱死"，

"一家铸钱，五家坐之，没入为奴婢"① 等严刑酷法来强行禁止。以至"民犯盗铸，伍人相坐，没入为官奴婢。其男子槛车，儿女子步，以铁锁琅当其颈，传诣钟官，以十万数。到者易其夫妇，愁苦死者什六七"②。由于触犯法禁者太多，甚至出现了"徒隶殷积，数十万人，工匠饥死，长安皆臭"的惨状。

由于王莽推行的经济政策摇摆不定，朝令夕改，给社会经济造成极大混乱，通货膨胀严重，每改革一次，就是对人民的一次大搜刮大掠夺，"民涕泣于市道""愁苦死者什六七"，终演为政治上的危机。

在经济改革遭遇失败的同时，王莽还面临着频发的自然灾害的困扰，今将自王莽执政以来所发生的自然灾害及王莽的应对措施表列如下：

年代	灾情	赈灾情况	备注
（平帝）元始二年（2）	郡国大旱，蝗，青州尤甚，民流亡。	赐田宅什器，假与犁、牛、种、粮。	《汉书·平帝纪》
元始四年（4）	冬，大风吹长安城东门屋瓦且尽。		《汉书·王莽传》（上）
（子婴）居摄三年（8）	春，地震。	大赦天下	《汉书·王莽传》（上）
（王莽）建国元年（9）	真定、常山大雨雹。		《汉书·王莽传》（中）
建国三年（11）	濒河郡蝗生，河决魏郡，泛清河以东数郡。		《汉书·王莽传》（中）
天凤元年（14）	四月，陨霜，杀草木，海濒尤甚。七月，大风拔树，雨雹，杀牛羊，缘边大饥，人相食。		《汉书·王莽传》（中）
天凤二年（15）	邯郸以北大雨雾，水出，深者数丈，流杀数千人。		《汉书·王莽传》（中）

---

① 《汉书》卷99中《王莽传》，第4122页。
② 《汉书》卷99下《王莽传》，第4167页。

续表

年代	灾情	赈灾情况	备注
天凤三年（16）	二月乙酉，地震，大雨雪。		《汉书·王莽传》（中）
天凤六年（19）	是时，关东饥旱数年。		《汉书·王莽传》（下）
地皇元年（20）	是月，大雨六十余日	令民入米六百斛为郎，其郎吏增秩赐爵至附城	《汉书·王莽传》（下）
地皇二年（21）	秋，陨霜杀菽，关东大饥，蝗。		《汉书·王莽传》（下）
地皇三年（22）	是月，关东人相食。	令使东岳太师特进褒新侯开东方诸仓，赈贷穷乏，太师公所不过道，分遣大夫谒者并开诸仓，以全元元	《汉书·王莽传》（下）
地皇三年（22）	夏，蝗从东方来，蜚蔽天。	莽发吏民设购赏捕击，流民入关者数十万人，乃置养赡官，禀食之	《汉书·王莽传》（下）
地皇四年（23）	是日，大风发屋折木。		《汉书·王莽传》（下）

天灾人祸，使得新莽政权的经济形势大坏，可谓"农商失业，食货俱废"。面对国内经济混乱的局势，王莽不思休息，反而盲目加兵于外，"是时诸将在边，须大众集，吏士放纵，而内郡愁于征发，民弃城郭，流亡为贼盗"[①]，军事征伐的负担已远远超出了新莽政权及国内民众的承受能力，而临近西域、匈奴的边郡经济大多残破，物资供给十分匮乏。尤其是西域地区，因距离本土遥远，从内地调发物资人力、物力损耗过大，就

---

① 《汉书》卷99中《王莽传》，第4125页。

近从边郡与西域诸国补给，则有很大的局限性。据《汉书·西域传》记载：

> 前开陵侯击车师时，危须、尉犁、楼兰六国子弟在京师者皆先归，发畜食迎汉军，又自发兵，凡数万人，王各自将，共围车师，降其王。诸国兵便罢，力不能复至道上食汉军。汉军破城，食至多，然士自载不足以竟师，强者尽食畜产，羸者道死数千人。朕发酒泉驴、橐驼负食，出玉门迎军。吏辛起张掖，不甚远，然尚厮留其众……匈奴常言：汉极大，然不能饥渴，失一狼，走千羊。①

此可充分说明，由于西域诸国国小民弱，后勤供应能力有限，而西域地区自然环境十分恶劣，地形险阻，乏水草，人员和随军牲畜的粮草供给和饮水均难以保障，就地补给亦相对困难，以武帝时国力之盛，尚不能有效保障前线将士的后勤补给，以王莽时期疲敝的经济状况，在西域屯戍的将士的后勤补给更是堪忧。王莽时期西域屯戍人员物资供应贫乏的情况，在敦煌汉简中得到了充分反映：

(1) 送食逾常，道不以时到，吏士困俄，毋所假贷。（102号简）
(2) 羸瘦困亟，间以当与第一辈兵俱去，以私泉独为籴谷。
（41号简）
(3) 粮食孚尽，吏士饥倭，马畜物故什五。人以食为命，兵
（135号简）
(4) 间以戍部饿乏，求至省减吏士，橐分振罢羸，闲县
（971号简）
(5) 兵皇张，兵以马为本，马以食为命，马不得食，前郡
（123号简）
(6) 少罢，马但食枯霞饮水，恐尽死。欲还，又迫策上责
（43号简）
(7) 促信第一辈兵天灭，往令戍部，吏士饥倭，复处千里，艰

---

① 《汉书》卷96下《西域传》，第3913页。

水草,食死畜,因(148号简)谷气,以故多病物故,今菱又尽,校
☑ (169号简)

(8) 前大司马以兵出,未知审,所之有之不从,寒,唯为乞衣
(126号简)

(9) ☑□煌郡素少谷,今校部众使到,前遣人 (154号简)①

从以上简文记载的情况来看,在新莽征伐西域中后期驻守西域军队的后勤供给已经十分困难,整个部队缺衣少粮,更为严重的是粮草的短缺,不仅造成了军心士气的低落,而且导致随军战马和牲畜的大量死亡,许多作战辎重与武器因此无法随军机动,这给新莽屯驻西域的军队带来了灾难性的后果,使其进不能攻,退无以守,进退失据,战斗力逐渐丧失,全面的溃败也就只是时间的问题。

最后一点,由于新莽政权边吏的腐败和不作为,为政过于严苛,导致中央王朝在西域地区建立的威信不复存在,丧失了西域各国的民心。而离开西域各国的支持,中央王朝在西域的统治秩序自然难以维持。以西域都护但钦为首的驻西域地方官吏,不仅对西域国家索取无度,导致像车师后王国这样的小国因负担太重,举国亡降匈奴,而且也不能有效调节向去胡来王唐兜与赤水羌之间的矛盾冲突,事后又以酷法诛杀须置离、唐兜等西域地方首领,诛非其罪,非但没能起到弹压西域的政治目的,反而加深了西域诸国对中央王朝的不满,新莽政权也因得不到当地政治势力的支持,其在西域的统治秩序也难以为继。

综上,王莽在西域统治秩序的崩溃,是由多方面的原因引起的,既有地方官吏腐败、不作为和为政严苛等因素的影响,也有如进攻匈奴而引发的边疆危机等因素的影响,尤其是后者,直接导致了西域诸国的反叛以及新莽政权在西域统治秩序的崩溃,但归根到底,是新莽的国力此时已极度虚弱,无论是在军事层面上,还是在经济层面上,均无法维持西域统治体系运转,最终导致王莽政权在西域统治秩序的全面崩溃。

---

① 甘肃省文物考古研究所编:《敦煌汉简》,中华书局1991年版。

第二节　东汉对西域统治的恢复

自西汉宣帝神爵二年（前60）设立西域都护府，西域正式列入汉朝版图，成为中国统一的多民族国家领土不可分割的一部分。由于两汉的统治时强时弱，中央政府对西域地区的管辖也时强时弱。和内地地区不同，两汉在西域实行的是官署合一的行政体制，因官而设署、官员的职称亦是行政组织的名称。军事组织兼管行政，军事、行政组织合二为一、形成一体，这种管理制度亦被称为"都护制"。自安帝延光二年以班勇为西域长史起，汉朝便不再设置西域都护，而以西域长史为西域最高长官，长史府成为西域的军政中枢。

从西域都护到西域长史，两汉在西域的核心统治机构发生了很大的变迁，其原因是由多种因素导致的，笔者文中将就两汉西域军政机构的变迁过程、变化的特点以及发生这种变化的原因作进一步论述。

一　"三绝三通"与东汉王朝对西域统治的恢复

东汉对西域的统治远不像西汉后期那样稳定持久，而是几经波折。史称"自建武至于延光，西域三绝三通"[①]。从政治而言，这是东汉政府施行的政策所致。

（一）绝而复通

王莽代汉立新后，政治腐败，社会经济凋敝，政局不稳，社会动荡。王莽对于边疆地区少数民族实行歧视压迫政策，"贬易侯王"，激化了民族矛盾，"西域怨叛，与中国遂绝"[②]。这就是中原与西域关系"一绝"的开始。在此后的三十九年间，西域完全为匈奴所控制。

东汉初期，国力很弱，对匈奴控制西域采取全然不管的态度。建武二十一年（45），西域北道诸国不堪忍受匈奴的沉重赋敛，鄯善、车师等十八国相继遣子入侍，贡献珍宝奇物，愿请都护，光武帝以中国初定、未遑外事为由，拒绝了请求，不愿意立即派遣官吏和军队镇抚。建武二十二年

[①]《后汉书》卷88《西域传》，第2912页。
[②] 同上书，第2909页。

(46),鄯善等国又上书请求东汉朝廷派遣都护,光武帝更是干脆地回答说:"今使者大兵未能得出,如诸国力不从心,东西南北自在也。"① 意即东汉的都护和军队都不能派驻,诸国如果无力对付匈奴,何去何从,附汉附匈,就自行决定吧。这是东汉初期,因汉王朝无力顾及西域,对匈奴控制西域推行的是妥协让步的政策。

经过三十几年的恢复发展后,东汉国力渐强,面对匈奴的侵扰,改用进攻的策略。东汉王朝用耿秉之策,先攻打天山,夺取伊吾卢与车师等地,联络乌孙及其他地方,以断北匈奴之右臂。经过两年争战,匈奴势力退出天山东麓地方,东汉王朝与西域,"自绝六十五载,乃复通焉"②。这是一绝一通。

西域绝而复通后,东汉王朝先后采取了下列治理措施:

其一,屯田西域。设置宜禾都尉,由窦固、耿秉率领讨伐匈奴留下的一部分官兵就地进行屯田。先在伊吾卢,继在金满城(一名"全满城")和柳中城,每屯数百人。

其二,重置西域都护、戊己校尉。东汉朝廷以陈睦为都护,司马耿恭为戊己校尉,以建立东汉对西域的统治。

其三,班超等人在西域实行恩威并重策略。班超与郭恂带着三十六人到鄯善,开始受到很好接待,后来由于匈奴使者的到来,鄯善的态度冷淡了。班超断然决定:"手格杀三人,吏兵斩其使及从士三十余级,余众百许人悉烧死。"③ 鄯善王广即表示臣属。班超等三十六人到于阗,巫师阻止于阗王臣属东汉。班超用计杀掉巫师,于阗王广德即臣属于汉。班超等人又到疏勒,疏勒王兜题是龟兹人,是匈奴强加于疏勒的。班超派人把兜题抓了起来,立原疏勒王侄为王,疏勒人大悦。这样,东汉王朝就把西域南道诸国置于统治之下了。

(二)再绝再通

东汉王朝恢复了对西域的统治,匈奴贵族不甘心自己的失败。汉明帝永平十八年(75),匈奴借机袭杀西域都护陈睦、副校尉郭恂。这时,汉

---

① 《后汉书》卷88《西域传》,第2924页。
② 同上书,第2909页。
③ 《后汉书》卷47《班梁列传》,第1573页。

章帝即位不久，由于连年灾荒，流民失所，社会不安，东汉朝廷放弃西域，令班超回朝。建初二年（77），又撤出伊吾卢的屯田吏卒。于是，东汉朝廷又断绝了与西域的关系。

但班超从疏勒到于阗时，在于阗人的竭力挽留下，又返回疏勒。建初三年（78），班超率领疏勒、康居、于阗、拘弥兵一万人攻打姑墨石城，大破匈奴，斩首七百级。在肃清南道之后，班超又发于阗等诸国兵二万五千人，大破莎车，斩首五千余级，威震西域。西域二次摆脱匈奴统治。

和帝永元元年（89），汉廷派窦宪率军大破北匈奴，次年，汉将阎盘率领二千骑占领伊吾卢，为后来的班超开拓西域起了重要作用。永元六年（94），班超率领龟兹、鄯善等八国兵共七万人，大举讨伐焉耆，斩首五千余级，降服了焉耆、尉犁、危须三国。顽固反汉的焉耆被降服后，"西域五十余国悉皆纳质内属"。至此，东汉与西域又绝而复通。

东汉朝廷与西域再绝再通后，再度委官设治，建初三年（78），班超留兵疏勒，提出"以夷制夷"之策。建初八年（83），东汉朝廷任命班超为将兵长史；永元三年（91）任命班超为西域都护，都护府设于龟兹；任命徐干为长史，驻疏勒。又重新设立戊己校尉于车师之高昌壁，设置戊部侯于车师后部之侯城。至此，东汉完全恢复了对西域的统辖。需指出的是，班超在西域三十一年，运用"以夷制夷"之策，政治、军事并举，安抚与处罚并用，合小以攻大，宽于附汉者，严于反复者，从而"不动中国，不烦戎士，得远夷之和，同异俗之心"①。

（三）三绝三通

东汉和帝永元十四年（102），班超任西域都护十余年，因年老奉命返回洛阳。永初元年（107），朝廷派王弘率河西羌族骑兵增援西域，由于将吏的贪暴，引起了大规模的羌族起义，使陇道断绝，檄书不通：于是朝廷下令撤回西域都护等机构，撤回了伊吾卢、柳中的屯田士卒，"遂弃西域"②。东汉与西域的关系即第三次断绝，北匈奴贵族又重新统治了西域。

汉安帝元初五年（118），羌族起义被镇压下去。第二年，敦煌太守

---

① 《后汉书》卷47《班梁列传》，第1582页。
② 《后汉书》卷88《西域传》，第2911页。

曹宗眼见北匈奴暴虐西域，就上书请求派行长史索班率领一千多人出屯伊吾来招降安抚西域，这样，车师前王和鄯善王前来投降。几个月后，北匈奴又率领车师后部王一起进攻杀害了索班等人，并击走车师前王。鄯善危急，求救于曹宗。曹宗想予以回击，但无足够兵力，于是上书朝廷请求发兵救援。朝廷在如何对待西域的问题上展开了争论。一些执政大臣认为经略西域会耗费巨资，主张关闭玉门，放弃西域。班超的儿子班勇主张设副校尉于敦煌以统辖西域。班勇的主张虽被朝廷采纳，但仍然没有阻止北单于挟同车师王对河西的侵扰。

延光二年（123），敦煌太守张珰上书，奏陈三策：上策，北匈奴"呼衍王常展转蒲类、秦海之间，专制西域，共为寇钞"，今宜出兵二千余人，"先击呼衍王，绝其根本"，然后"发鄯善兵五千人胁车师后部"；中策，"若不能出兵，可置军司马；将士五百人"，"出据柳中"，河西"四郡供其犁牛、谷食"；下策，收抚鄯善诸国人民，徙入塞内。尚书陈忠上疏说："敦煌宜置校尉，案旧增四郡屯兵，以西抚诸国。庶足折冲万里，震怖匈奴。"①

安帝接受了经略西域的建议，采取了张珰的中策，乃"以班勇为西域长史，将弛刑士五百人，西屯柳中"②。

班勇为西域长史，自安帝延光三年至顺帝永建二年（124—127），经过不断斗争，基本上控制了西域，东汉王朝再一次恢复了对西域各国的统治。依然在西域设官置吏，驻兵屯田，还增设了伊吾司马以加强防御力量。此后，东汉统治日趋腐朽，其对西北边疆的经营也进一步放松，对西域只派长史，不再设都护。特别是阳嘉四年（135）汉军救援车师后部的失败，使东汉在西域的政治影响大为削弱。兼领西域事务的敦煌太守裴岑遂于永和二年（137）率本郡兵三千人击北匈奴。传世的《裴岑碑》记其事云：

> 惟汉永和二年八月，敦煌太守云中裴岑将郡兵三千人诛呼衍王等，斩馘部众，克敌全师，除西域之灾，蠲四郡之害，边境艾安，振

---

① 《后汉书》88《西域传》，第2911—2912页。
② 同上书，第2912页。

威到此，立海祠以表万世。

碑文称此役"除西域之灾，蠲四郡之害，边境乂安"，足见其影响之大。此后十多年间，确实未见有北匈奴进犯河西的记载，直到汉桓帝元嘉二年（152），西域长史王敬被于阗所杀，说明当时东汉的势力虽已大为削弱，但其并未失去对西域的控制。从《后汉书·西域传》载汉灵帝熹平四年（175），于阗王安国攻杀拘弥王后，汉朝立即派戊己校尉及西域长史发兵，辅立拘弥侍子定兴为王之事和《三国志·董卓传》所记董卓曾于汉灵帝时任西域戊己校尉的史实来看，汉朝在西域的统治至少维持到灵帝后期甚至更晚一些。

二　东汉西域军政机构的新变化

（一）东汉西域军政机构的变迁

东汉初，即建武五年（29），河西大将军窦融承制立莎车王贤为建功怀德王、西域大都尉。建武十七年（41），莎车王贤派使者到洛阳请求委派都护治理西域各地。汉光武帝以其"父子兄弟相约事汉，款诚又至。宜加号位以镇安之"①，遂委任贤为西域都护。但熟谙西域情况的敦煌太守裴遵闻讯后阻之，认为不可假莎车王如此大权，光武帝即派人追回都护印绶，改授贤为汉大将军。贤知道后不满，便自任西域都护。贤为人骄横，重求赋税，尽失人心。建武二十一年（45），车师前部王、鄯善王等西域十八国惧遣子入侍。诸王子在汉宫廷中"皆流涕稽首愿得都护"②，东汉王朝以内务未定而不允，莎车王更加肆无忌惮，西域各国尽归其所属。不久，北匈奴势力南下，莎车及所属各地便为匈奴控制。

永平十六年（73），东汉将领窦固、耿忠等率大军进击白山东部，破匈奴呼衍王，追至蒲类海，在伊吾卢留兵屯田，设置宜禾都尉。同时，派假司马班超和从事郭恂领吏士36人西出南道，陆续招抚鄯善、于阗、疏勒等国。永平十七年（74），窦固率军又平定了车师前后部。东汉设置西域都护府，任命陈睦为都护，郭恂为副校尉。次年，匈奴围

---

① 《后汉书》卷88《西域传》，第2923页。
② 同上书，第2924页。

困戊己校尉驻地，并唆使焉耆、龟兹攻杀西域都护和副校尉。汉章帝初立，下令撤回西域都护、戊己校尉及其所属士卒。然而驻守疏勒城的军司马班超，因疏勒、于阗当地官民热情挽留，坚守西域，并征调周邻各国兵士攻下莎车等城，使丝路南道复通于汉。东汉王朝在永元年间发兵数征匈奴，大破之，匈奴主力被迫西迁。中亚大月氏人在其东进途中又被班超击败。永元三年（91），东汉王朝遂以班超平定西域之功，"以超为都护，居龟兹"，"徐干为长史，屯疏勒"，西域都护府再次建立。永元十四年（102），班超奉旨东返故里，任尚接任都护一职。任尚对下属及西域各国苛刻严厉，引起不满和反抗。延平元年（106），西域发生动乱，东汉王朝以段禧替换任尚。汉安帝永初九年（107）下诏罢西域都护。元初六年（119），敦煌太守曹宗派行长史索班率千余人屯田伊吾，招抚诸国，车师前王与鄯善王归附。数月后，索班被北匈奴率车师后王军就等攻杀，曹宗请兵"报索班之耻，复欲进取西域"，邓太后不许，仅置护西域副校尉，领兵三百屯敦煌，负责处理西域事务。延光二年（123），安帝采纳敦煌太守张珰的建议，以班勇为西域长史驻屯柳中，其后，班勇再次统一西域，西域长史取代西域都护，成为中央政府在西域设置的最高军政长官。

（二）东汉西域军政机构变化的特点

通过前面的分析，结合《后汉书·西域传》的相关记载，可以将东汉以来西域军政机构的变迁归纳为两个方面：一是西域都护仍然是西域最高军政长官，但其对西域的控制力由于受到东汉西域政策时断时续的影响，大大不及西汉；二是东汉管理西域的机构级别降低，西域长史逐步代替西域都护行使西域最高职权。

首先来看第一点，从史书记载看，东汉西域都护的设置时断时续，前后不过二十年的时间，其对西域的控御和影响远不及西汉西域都护对西域近七十余年的统治，最主要的表现就是凉州地方对西域事务干涉的广度与深度远超西汉，尤其是敦煌太守，已然在行使着一些本应由西域都护行使的职能。在东汉的相关史籍中，记载着大量敦煌太守参与西域事务管理的案例，仅《后汉书》卷88《西域传》中就有多条记载，兹将其表列如下：

表 2.1　　　　东汉敦煌太守（凉州刺史）干预西域事务表①

时间	在任太守 （凉州刺史）	事件
建武十七年 （41）	裴遵	贤复遣使奉献，请都护。天子以问大司空窦融，以为贤父子兄弟相约事汉，款诚又至，宜加号位以镇安之。帝乃因其使，赐贤西域都护印绶，及车旗黄金锦绣。敦煌太守裴遵上言："夷狄不可假以大权，又令诸国失望。"诏书收还都护印绶，更赐贤以汉大将军印绶。其使不肯易，遵迫夺之，贤由是始恨。而犹诈称大都护，移书诸国，诸国悉服属焉，号贤为单于。
元初六年 （119）	曹宗	敦煌太守曹宗患其暴害，乃上遣行长史索班，将千余人屯伊吾，以招抚之。于是车师前王及鄯善王来降。数月，北匈奴复率车师后部王共攻没班等，遂击走其前王。鄯善逼急，求救于曹宗。宗因此请出兵击匈奴，报索班之耻，复欲进取西域。邓太后不许，但令置护西域副校尉，居敦煌，复部营兵三百人，羁縻而已。
永宁元年 （120）		后王军就及母沙麻反畔，杀后部司马及敦煌行事。
延光二年 （123）	张珰	敦煌太守张珰上书，奏陈三策：上策，北匈奴"呼衍王常展转蒲类、秦海之间，专制西域，共为寇钞"，今宜出兵二千余人，"先击呼衍王，绝其根本"，然后"发鄯善兵五千人胁车师后部"；中策，"若不能出兵，可置军司马；将士五百人"，"出据柳中"，河西"四郡供其犁牛、谷食"；下策，收抚鄯善诸国人民，徙入塞内。
永建二年 （127）	张朗	勇与敦煌太守张朗击破之，元孟乃遣子诣阙贡献。
永建四年 （129）	徐由	于寘王放前杀拘弥王兴，自立其子为拘弥王，而遣使者贡献于汉。敦煌太守徐由上求讨之，帝赦于寘罪，令归拘弥国，放前不肯。阳嘉元年，徐由遣疏勒王臣槃发二万人击于寘，破之，斩首数百级，放兵大掠，更立兴宗人成国为拘弥王而还。

---

① 该表据《后汉书》卷88《西域传》相关史料汇编。

续表

时间	在任太守（凉州刺史）	事件
永建四年春	司马达	北匈奴呼衍王率兵侵后部，帝以车师六国接近北房，为西域蔽扞，乃令敦煌太守发诸国兵，及玉门关候、伊吾司马，合六千三百骑救之，掩击北房于勒山，汉军不利。秋，呼衍王复将二千人攻后部，破之。桓帝元嘉元年，呼衍王将三千余骑寇伊吾，伊吾司马毛恺遣吏兵五百人于蒲类海东与呼衍王战，悉为所没，呼衍王遂攻伊吾屯城。夏，遣敦煌太守司马达将敦煌、酒泉，张掖属国吏士四千余人救之，出塞至蒲类海，呼衍王闻而引去，汉军无功而还。
永和二年（137）	裴岑	敦煌太守云中裴岑将郡兵三千人诛呼衍王等，斩馘部众，克敌全师，除西域之灾，蠲四郡之害。
元嘉元年（151）	马达 宋亮	长史赵评在于寘病痈死，以王敬代为长史。王敬贪功又受拘弥王成国挑唆，诛杀于阗王建。于寘侯将输僰等遂会兵攻杀王敬。输僰欲自立为王，为国人所杀，前王建子安国被立为王。马达闻之，欲将诸郡兵出塞击于寘，桓帝不听，征达还，而以宋亮代为敦煌太守。亮到，开募于寘，令自斩输僰。
建宁三年（170）	凉州刺史孟佗	疏勒王汉大都尉于猎中为其季父和得所射杀，和得自立为王。凉州刺史孟佗遣从事任涉将敦煌兵五百人，与戊司马曹宽、西域长史张晏，将焉耆、龟兹、车师前后部，合三万余人，讨疏勒，攻桢中城，四十余日不能下，引去。其后疏勒王连相杀害，朝廷亦不能禁。

从上表所列事例可以发现，东汉时的敦煌太守，因地近西域，已经事实上承担了一部分西域都护的职责，后期还曾一度将西域副校尉设置于敦煌，这是西汉时期所没有的情况。东汉敦煌太守对西域事务干涉程度的加深，也在一定程度上反映了西域都护在西域权威的下降，并不能充分行使其职权，这也与东汉时断时续的西域政策有较大的关系。

第二点便是西域军政机构级别的下降,西域长史代替西域都护成为西域最高军政长官。长史是战国时期秦国始置的官员,掌顾问参谋。西汉继承了这一官职,诸如三公、将军等官府均设有长史,在地方,一些边郡亦设有长史辅助郡守。此外,还设有西域长史、将兵长史、属国长史等。西域长史作为众多长史中职能较为特殊的职官,在汉王朝经营西域的过程中发挥了积极的作用。据申超研究,西域长史最初作为西域都护的属官之一,更多是从辅助西域都护处理都护府内外事务的角度发挥作用,以便提高行政效率。[①] 东汉以降,西域长史在西域经营中发挥了更多的作用,特别是安帝延光二年(123)以后,东汉不再设立西域都护、西域副校尉等职,代之以西域长史履行西域都护的职责,并一直延续到魏晋时期。

随着西域长史代替西域都护成为西域最高军政长官,其职能也发生了较大的变化,被赋予了等同都护的职权,以应付西域复杂多变的局面,最大程度上维护东汉王朝在西域的统治秩序。其最重要的职能可以归纳为以下几点:

其一,以西域长史的名义管辖西域事务,行使原西域都护的职权,代表中央政府招抚诸国。班勇在奏请朝廷复立西域长史时曾提到:"设长史以招怀诸国,若弃而不立,则西域望绝。望绝之后,屈就北虏,缘边之郡将受困害,恐河西城门必复有昼闭之儆矣。"[②] 这从侧面说明招抚诸国是西域长史的重要职能,朝廷若不能设立西域长史有效招抚诸国,西域诸国就会因失去汉廷的支持而为匈奴所驱使,进而与匈奴勾结侵扰河西缘边诸郡,使城门昼闭,兵祸联结。由此,为避免西域诸国沦为匈奴的势力范围,保障河西诸郡的安定,于西域设长史镇抚诸国,是东汉王朝的必然选择。

其二,掌管西域驻军,指挥和征调西域诸国军队,抵御匈奴侵扰,平定叛乱。由于西域地区局势复杂,军情多变,且远离中原王朝行政中枢,稍有不慎,就会导致西域整体局势的反复。考虑到这一特殊的地域情况,中央政府便将一定的军事独断权授予西域长史,以应付复杂多变的政治、军事形势,班勇便多次以西域长史的身份号令西域诸国,展开多次军事行

---

① 申超:《汉代西域长史略论》,《中国边疆史地研究》2015年第1期,第50—55页。
② 《后汉书》卷47《班梁列传》,第1588页。

动,成功维护了东汉王朝在西域的统治。如延光二年（123），班勇始被拜为西域长史，领兵五百人，屯柳中。延光三年（124），班勇至鄯善国楼兰城，鄯善王、龟兹王以及姑墨、温宿王先后归降，班勇发动这几国步、骑兵一万多人攻车师前王庭，击走北匈奴伊蠡王，收降前部五千余人，车师前部重被打通。延光四年（125）秋，班勇又率敦煌、张掖、酒泉六千骑以及鄯善、疏勒、车师前部打破车师后部，活捉军就与匈奴持节使者。永建元年（126），班勇立车师后部故王子加特奴为车师后王，并遣将斩杀北匈奴所立东且弥国王，另立其国人为王。同年冬，班勇发诸国兵击走匈奴呼衍王，得其部众两万余人。后北匈奴单于亲率万余骑入侵车师后部，班勇遣假司马曹俊救援。单于退去，汉军追斩其贵人。永建二年（127），班勇发西域诸国兵四万多征焉耆，焉耆王元孟战败，遣使乞降。班勇之后的西域长史，仍多有遣兵维持西域秩序的记载，如《后汉书·西域传》载："至灵帝熹平四年，于寘王安国攻拘弥，大破之，杀其王，死者甚众，戊己校尉、西域长史各发兵辅立拘弥侍子定兴为王"①。以上资料说明，自西域长史代替西域都护行使职权后，其军事职能较之前更为强化，对维护东汉王朝对西域的统治影响深远。

其三，组织屯田，发展生产，保障西域交通的畅通。屯田之于汉代的西域经略有着重大意义，不仅为汉朝势力在西域的拓展提供了前出基地，而且也是汉帝国控御西域的重要策略，亦是汉朝西域政策变化的风向标。东汉安帝时曾一度放弃经营西域，遭到朝中有识之士的反对，班勇在朝廷廷议上就将恢复屯田作为恢复东汉对西域控制的第一步，认为"宜遣西域长史将五百人屯楼兰，西当焉耆、龟兹径路，南强鄯善、于阗心胆，北扦匈奴，东近敦煌。如此诚便"②。其后，安帝采纳了这一建议，遣班勇率五百弛刑士屯田柳中，这说明组织屯田也是西域长史的一项重要职掌。

此外，西域长史尚有颁布推行东汉中央之政令，排解西域各国的矛盾纠纷，维护西域治安等多种职能，谅不限于以上三点，惜文献有阙，不能备举。整体来看，西域长史长期代行西域都护的职权，是一种颇具弹性的政治手段，成为东汉后期西域统治机构变迁的最大特点。这一情况的出

---

① 《后汉书》卷88《西域传》，第2515页。
② 《后汉书》卷47《班梁列传》，第1588页。

现,说明东汉无力也无意恢复西汉时期对西域强大的控制力与影响力,其经营西域的目的更多是为了确保拥有一个稳定的西部边疆。

表 2.2　　　　　　　已知东汉历任西域长史年表①

序号	姓名	任职年代
1	班超	汉章帝建初八年（83）为"将兵长史",元和三年（86）始见称为"西域长史",至汉章帝章和元年（87）
2	徐干	汉章帝章和元年（87）至?
3	王林	汉和帝永元九年（97）至?
4	赵博	?至汉和帝延平元年（106）
5	索班	?至汉安帝元初六年（119）
6	班勇	汉安帝延光二年（123）至汉顺帝永建二年（127）
7	赵评	?至汉桓帝元嘉元年（151）
8	王敬	汉桓帝元嘉二年（152）
9	张晏	汉灵帝建宁三年（170）至?

第三节　两汉西域治理模式变迁的原因分析

两汉在西域的军政机构均是针对西域诸国而设置的,其主要职责在于镇抚西域诸国,妥善治理西域民族事务,其建置与职能的诸多变迁,都是围绕着这一点展开的,同时又与国家政策、两汉国力的强弱变化息息相关,笔者将其原因归纳为以下几点。

一　两汉经济军事实力的差异与统治模式的不同

西汉对西域的经营,肇始于武帝,而大成于宣元二帝,为了适应对匈奴战争以及西域经略的需要,汉武帝对西汉王朝包括政治、经济与军事等诸多方面的改革,尤其是在经济方面的改革,不仅恢复了因战争而造成的经济动荡,而且也为昭宣时期在西域的开拓,奠定了雄厚的物质基础。

---

① 本表据《后汉书》卷88《西域传》及相关人物本传汇编。

汉武帝对西汉财政经济的改革与政策调整，主要是为了扩大财源，缓解经济拮据的局面。汉代兴起60余年，天下相安无事，不遇水旱等自然灾害，老百姓人给家足，都城和边邑米谷粮仓充裕。汉武帝即位之初，国家仍十分富庶。此后，连年对北方匈奴和南方两越进行战争，粮饷等耗费巨大，加上皇室的奢侈挥霍，国家储备殆尽，财源日渐枯竭。这时战争仍在继续，为了确保战争的胜利，汉武帝设法扩大财政收入，缓解经济拮据的局面。汉初对社会经济的发展采取了放任政策，有利于调动各方面的生产积极性，经济迅速恢复和发展。同时也产生了一些严重的弊病，不少富商大贾、豪强地主往往把持重要经济部门，聚敛财富，控制物价，甚至操纵国家的经济命脉，不利于国家对财政的集中管理。汉武帝认为，将财权集中起来，由国家掌握，这是解决财政困难的重要途径。元狩四年（前119），汉武帝选用大商人桑弘羊、东郭咸阳、孔仅作理财官，在他们的佐助下，进行了一系列的卓有成效的财政改革：一是改革币制，由国家统一铸钱。二是官营盐铁和实行均输平准政策，财经大权归属中央。三是颁布算缗和告缗命令，削弱富商大贾、高利贷者的经济实力。通过这些卓有成效的财政改革，增加了国家的经济收入，解决了财政困难，巩固了中央集权的统治，为击败匈奴，经略西域，提供了丰厚的物质条件。

在雄厚的财政支持下，西汉王朝对军制进行了一系列改革，以适应长期拓边战争的需要。汉初的军制，承袭秦代。初期的军队编制分为中央军和地方军。中央军建有南军和北军，分别由卫尉和中尉统领，主要任务是守卫皇宫和保卫京城，并赴外作战。地方军即郡国兵，其组成有骑士、材官和楼船，骑士是骑兵和车兵，材官是步兵，楼船为水军。郡国兵的主管，在郡是都尉，封国是中尉，其主要任务是平时维护地方治安，战时听候中央征调。中期武帝为适应战争需要，对军队编制进行了改革，主要是大大加强了中央军的力量，并将其平时主要镇守京师的任务改为战时主要赴边疆征战。同时在中央军和地方军都组建了大量骑兵。此外还新建了边境屯田部队。

西汉中期的兵员补充，重在实行两种方式：刑徒当兵和募兵。刑徒当兵又称"七科谪"，凡有罪的官吏（有罪吏）、犯法逃亡者（亡命）、被招赘的女婿（赘婿）、在籍商人（贾人）、曾经有过商贾市籍的（故有市籍）、父母有商贾市籍的（父母有市籍）、祖父母有商贾市籍的（大父母有市籍),或由于有罪、或由于社会地位低下的人,都可能随时被谪发为兵。这样武帝时期就将发刑徒为兵这一历史上早已实行的方法进一步推而广之。募兵是武帝时期始行的一种新方法。它的兴起,一是因为中期经济的发展为召募兵员提供了财力条件,二是由于用兵日甚而民又多买复造成了征集对象的减少,这些就使募兵具有了必要和可能。武帝曾多次实行募兵,昭、宣二帝时期募兵次数更多,规模更大,选募的士卒有"奔命""伉健""应募""私从"等各种称号。

由于西汉中期对盐铁实行官营政策,大大促进了冶铁规模的扩大和冶炼技术的提高。从已发掘的西汉中期官营冶铁作坊遗址来看,冶铁炉和化铁炉都十分高大,一般冶铁炉直径在 1.5 米左右,大者可达 3—4 米,高达 5—6 米,有效容积 50 立方米左右。化铁炉直径也有 1.5 米左右,高约 3—4 米。当时既能铸造大型铁锹也能成批浇铸各种小型铸件。这时期的生铁柔化技术也达到成熟阶段,已能够生产出优质韧性铸器。冶铁业的发展,不仅推动了农业生产工具的改良,也为兵器制造创造了条件。在此基础上,西汉中期的兵器制造已盛用铁,铁兵已基本取代铜兵而完全居于主导地位。为发展铁兵,政府在全国各地设立了许多炼铁工场,由大量徒、卒、工匠在工场提炼,边炼边制造兵器。中央王朝里设有掌管兵器制造的职官——少府所属的考工和尚方,具体组织和督导全国铁兵器制造。铁兵的盛造,使陈旧兵器和战时所损失的兵器能够及时替换或补充,士卒在战场上得以披坚持锐,提高了战斗力。可见,西汉中期为了适应战争需要,对其经济与军事进行了广泛的改革,使西汉经济与军事力量在这一时期达到了鼎盛,有效支撑了西汉王朝对西域的开拓。

反观东汉,其内外战争十分频繁,仅见于记载的较大规模的战争就有 278 次之多,平均每年近 1.5 次[①],在五代十国以前的历史中,东汉时期的战争总次数仅少于纷争的春秋时期而居于第二位。光武帝从安抚河北到最后消灭公孙述统一全国,前后共进行了长达十三年的统一战争,连续大规模的战争造成了巨额物力财力消耗。战争初期刘秀曾仿照刘邦使萧何镇关中的经验,任寇恂为河内太守,经营河内基地,"坚守转运,给足军

---

① 《中国军事史》编写组:《中国军事史》附卷《历代战争年表上》"作战次数统计表",解放军出版社 1983 年版,第 243—322 页。

粮。"冠恂"伐樊园之竹，为矢百余万，养马二千匹，收租四百万斛，转以给军"①。此外，征发郡县，动则输粮数百万斛。尽管如此，汉军在征战中，仍往往田供给不足而面临"军食急乏"的困境。全国统一以后，汉章帝以前，东汉统治阶级力避对外战争，对境外少数民族采取了和亲怀柔政策，为此而支付了数量相当大的安抚费。据史载，建武二十六年（50），南匈奴移入蒙古，助汉守边，东汉王朝常以财物相赠送，供给之费每年达一亿九十余万钱，另给西域七千四百八十万。②自汉和帝以后，外戚开始当政，标志着统治阶级内部豪强势力的兴起，征伐复起，重点是对羌、匈奴和鲜卑等少数民族用兵。这些战争并非出于对外防止侵略的需要，而纯粹是为了豪强立功扬名，或借口战争趁机聚敛民财，中饱私囊。安帝永初期间，东汉对羌用兵十二年，"兵连师老，不暂停息，军费之资，转运委输，用二百四十余亿"③。顺帝永和元年（135）以后，对凉、并二州和关中羌人继续作战，十年间又耗军费八十余亿④；桓帝时，汉将段颎等"征兵会众，驰骋东西"，与东西羌在边境一带往复作战，"日耗千金之资"，"凡百八十战……费用四十四亿"⑤。大致统计起来，在对羌的全部战争中，东汉前后共花军费达三百七十八亿之多。此外对东夷、西南夷、匈奴和鲜卑的用兵也花去了不少的费用。至于战争中车马器械的损失、运输的耗费以及给人民带来的沉重人力物力负担，更是无法统计。

军费作为国家物力财力的一部分，其产生根源是国民经济。庞大的军费开支，客观上要求社会经济必须拥有强大的实力和巩固的军事经济基础。东汉前期全国统一战争结束以后，统治阶级推行了休养生息政策。在国内采取措施招抚战争流亡，释放官私奴婢，解放劳动力，对贫民实施生活救济，减轻劳动者的赋税负担，设法调动劳动者发展生产的积极性。在恢复和发展农业生产方面，推行度田、限田制，缓解自西汉末年以来日益剧烈的土地兼并。虽然这一政策由于遭到了大地主阶级的激烈反对未能坚持实施下去，因而未取得明显的实际效果，但在限制中小地主对农民的剥

---

① 《后汉书》卷16《邓寇列传》，第621页。
② 《后汉书》卷45《袁张韩周列传》，第1521页。
③ 《后汉书》卷87《西羌传》，第2891页。
④ 同上书，第2897页。
⑤ 《后汉书》卷65《皇甫张段列传》，第2153页。

削方面还是起到了一定的作用。同时又积极鼓励农民开垦荒地，扩大经营规模。章帝年间，全国已开垦农田即达七百万顷。为发展生产，还重视了新式农具的制造和使用，在全国普遍推广了讲求精耕细作的区种法和牛耕先进技术，大规模开展了农田水利建设。农业生产率和发展水平较之前代都有所提高，在集中力量发展国内经济的同时，在对外关系方面推行了与西汉前期大体相同的绥靖政策，采取多种睦边措施争取实现与周围各少数民族政权的和睦相处，为国内经济的恢复和发展创造安定的外部条件，避免战争引起对经济的重新破坏。经过几十年的休养生息，东汉前期因长期战争破坏造成的土地荒芜、经济衰竭的状况得到了扭转，经济获得迅速恢复和发展，到汉明帝时出现了"天下安平、百姓殷富"的景象。社会经济的发展，为军费提供了充足的物力财力资源。进入东汉后期，在政治和经济上一直受着国家政权保护的大地主豪强势力迅速崛起。这一社会势力出于自身利益的需要违背广大劳动者的愿望，破坏前期对外关系上的和亲政策，连续发动了对羌、匈奴等少数民族的长达近百年之久的频繁战争造成了巨额军费消耗，给社会经济造成了沉重负担。当时的实际情况是，"重之以大军，疲之于远戍，农功消于转运，资源竭于征发，田畴不得垦辟，禾稼不得收入"①。边郡之地，经济遭受战争破坏的程度则更为严重，如与羌接连的并、凉二州，被战争搞得"府帑空竭"，"遂至虚耗"，千里一片荒芜。到了东汉末期，对外战争虽然逐渐减少，但豪强势力之间的矛盾斗争，又引起了各派军阀势力在国内的激烈混战，对社会经济也是造成了空前的大浩劫。当时遭受战火摧残的黄河流域，大量人口死于战火之中，"积尸相比"，许多地方已无复行迹，不闻鸡犬之声，建安时曾为尚书郎的仲长统在他所著的《昌言》中陈说："以及今日，名城空而不居，百里绝无民者，不可胜数。"② 战争迫使大批劳动者逃亡四散，土地大面积荒芜，生产急剧下降，国家财政十分拮据，陈蕃当时就指出国家已经面临着"三空之厄"，即"田野空，朝廷空，仓库空"③。经济的严重衰退，直接导致了军费资源的枯萎，军费筹措和保障都产生了极大的困难。东汉

---

① 《后汉书》卷51《李陈庞陈桥列传》，第1687页。
② 《后汉书》卷49《王充王符仲长统传》，第1649页。
③ 《后汉书》卷66《陈王列传》，第2162页。

时期曾经在一定程度上受到抑制的土地兼并之风,又盛行起来,大地主豪强通过皇帝赏赐,低价向农民购买和暴力剥夺等途径霸占了大量土地。崔实在《政论》中指出当时的"上家累巨亿之货,斥地侔封君之土"①。荀悦说"今豪民占田或至数百千顷"②,仲长统也说豪强地主"膏田满野""田亩连于方国"③。汉桓帝时外戚梁冀,广占田苑土地,据《后汉书·梁冀传》载:梁氏所占之地"西至弘农,东界荥阳,南及鲁阳,北达河、淇,包含山薮,远带丘荒,周旋封域,殆将千里",占地之多,几近无量。大小豪强在各自兼并的土地上,招抹大批徒附,豢养大批奴婢,为其进行农业生产,畜养成群的牛马羊豕,并就地开办手工作坊,进行小商品生产,还有的凭借实力,贩运奇货宝物。依靠土地兼并基础上的这些活动,豪强们聚敛了大量的社会财富,"琦赂宝货,巨宝不能容;马牛羊豕,谷不能受;三牲之肉,臭而不可食;清醇之酎,败而不可饮"④。大豪强士孙奋有钱达一亿七千余万⑤,折国有钱达二亿⑥,外戚梁冀的财富被朝廷没收后,官吏得钱三十万万⑦。豪强兼并土地,聚敛财富,给社会经济造成严重危害,一方面它进一步加深了对广大劳动者的剥削压榨,使人民生活更加贫困,这不仅直接降低了劳动者发展生产的积极性,也使国家无法从人民身上获得更多的财物榨取。另一方面,它又造成了一股强大的与统一的国家经济相对抗的豪强私人经济力量。在被兼并之地,豪强地主隐瞒土地,抗拒国家的赋税征收,收敛的财富统统落入豪强私囊,而国家由于断绝了被兼并土地的物力财力收入,经济力量遭到严重削弱。这些影响,必然地导致了东汉后期军费的日益贫薄及军费保障的日甚困难。东汉后期,吏治日趋腐败,贪污军费的现象广泛发生,官僚作弊于朝廷,将领索财于战场。《后汉书·西羌传》载,"自永和羌叛……十余年间,费用八十余亿。诸将多断盗牢廪,私自润入,皆以珍宝货赂左右,上下放

---

① (唐)杜佑:《通典》卷1《食货一》,中华书局1988年版,第13页。
② (汉)荀悦著、张烈点校:《汉纪》卷8《孝文皇帝纪下》中华书局2002年版,第114页。
③ 《后汉书》卷49《王充王符仲长统传》,第1651页。
④ 同上书,第1648页。
⑤ 《后汉书》卷34《梁统列传》,第1181页。
⑥ 《后汉书》卷82上《方术列传》,第2720页。
⑦ 《后汉书》卷34《梁统列传》,第1187页。

纵，不恤军事"①，进一步加深了东汉后期军费的困乏。

长期的军费困乏不可避免地使东汉的军事力量受到极大削弱，当时朝野的有识之士就分析指出，"财尽则力屈"。东汉后期军事力量的实际情形就明显反映了这一因果关系，例如由于军粮得不到保障，常常使前线的兵士"渴无所饮，饥无所食"，进不得力战，退不得温饱，大批兵士死于饥饿，草原上白骨相望。由于缺乏财力，军马不能大量购买和饲养，许多由西汉继承的马苑遭到罢废，所以我们看到，东汉后期的马政事业远不及西汉发达，以骑兵为主的机动作战也远不如西汉时期那样规模巨大。同样是由于物力财力困乏，东汉后期的兵器制造几乎陷于停滞，其时所使用的兵器大都是沿用前代之物，新式兵器未见有发明和大量制造的记载，这些都导致军队战斗力大为下降。

经济的动荡，还导致了东汉人力资源的紧缺。由于西汉末年王莽当政以后，地兼并更加剧烈，统治阶级对劳动人民的剥削压迫进一步加重，加上长期战乱，大量的人口或被屠灭于战争，或死亡于生活贫困，造成社会人口骤减。《续汉书》志第十九注引《帝王世纪》记载："及王莽篡位，续以更始赤眉之乱，至光武中兴，百姓虚耗，十有二存。"以户口总数来说，王莽当政前的西汉平帝元始二年（2），全国有户一千二百二十三万万余，口五千九百一十九万余②，王莽以后到东汉光武建武初年，依"十有二存"大致推算，全国有户不过二百六十五万，寇不过一千一百八十万，当时全国很多地方已空无人居，许多郡县无法"张官置吏"，为此东汉统一后全国曾并省了四百余县。

社会经济和军事人力资源的发展变化，引起东汉军事人力随之也发生着相应的变化：

东汉前期，在军事人力上采取了罢兵政策。陈傅良著《历代兵制》说，"光武久在兵间，厌武事，且知天下疲耗，思欲息肩，文书调度，一切务从简寡"，于是始行罢兵。罢兵之实行，主要是因为统一战争后经济面临严重困难，兵员因人口大量损耗而严重不足。当时罢兵的措施之一就

---

① 《后汉书》卷87《西羌传》，第2897页。
② （晋）班彪：《续汉书》志第19《郡国一》注，中华书局1965年版，第3388页。

是"内省营卫之士，外罢徼候之职"①。前者是指压缩郎官及减少南军的编制、月额，南军当时被整缩掉的有主户卫的户郎，主车的车郎，主骑的骑郎及都尉旅贲令，卫士也作了一些精减；后者是指压缩北军的编制、员额，北军与时被精减掉的有胡骑、虎贲二校尉，军士也有所减少，西汉的北军八营到达时只有五营。然而南北军作为东汉中央军和国家政权的支柱，统治阶级是不会过分加以削减的，所以它被减罢的数量并不是很多。相比之下，当时罢兵，重点在郡国。东汉前期，刘秀前后共五次罢省郡国兵，对此《历代兵制》卷二《东汉》有较详细的叙述。第一次是"建武六年（30），始罢郡国都尉，并职太守"，去掉了在郡国与郡守同掌兵权的郡都尉之职。第二次是建武七年"罢天下轻车、骑士、材官、楼船及军候吏，尽还民伍，唯更践如故"。这次罢兵规模最大，基本上废除了原来"一岁为材官、骑士"的兵役制度，郡国地方兵力因之大减。第三次是建武九年，罢减关隘守兵及关都尉，缩小了关的编制。建武十三年的第四次罢兵，罢省了临时掌征伐的左右将军。最后一次是在"二十三年（47），罢诸边郡亭侯吏卒"，即大量罢省了在边境地带负责侦察瞭望的军吏、戍卒。② 除了这五次罢兵，刘秀还因当时人口减少，罢省郡县四百余这些郡县的军队，当也随之一概并省。经过这几次罢兵，东汉前期的郡国地方兵力大为减少。罢兵表现出的积极意义，一方面它在一定程度上缓和了当时兵员和军费紧张的局面；另一方面又节省了大量劳动力，有利于促进当别经济的恢复和发展。

罢兵以后，军队的兵员成分开始发生一些变化，以前士兵的主要成分是农民，同时也有一定数量的无业游民。罢兵的实行，农民士兵大量解甲归田，农民在兵员中所占比重下降，而无业游民出身的二兵，因为无田可归，恢复生产又主要不是靠他们，故未被加以罢省，所以他们在兵员中所占比重开始逐渐上升。到东汉后期，无业游民和囚徒为兵者，占了相当大的比例。

罢兵也引起了兵役制度的变化。罢兵以前，东汉实行征兵与募兵相结合的兵役制度。罢兵以后，由于罢省过多，在遇到达郡告急或内郡生

---

① 陈博良：《历代兵制》卷2《东汉》，江苏广陵古籍刻印社1990年版，第16页。
② 《历代兵制》卷2《东汉》，第16—17页。

乱的时候，兵员顿生紧张，只好临时征集，往往弄得措手不及，加之罢兵以后，都试之前法已废，临时征集的士兵未经训练，战斗能力甚低，一旦与强敌交战，"犹鸠雀捕鹯鹰，豚鱼曳豺虎，是以每战常负，王师不振"①，于是只好转而更多的依赖募兵，由此造就了征兵制迅速向募兵制转化。

东汉后期，募兵制取代征兵制成为政府组织军事人力的主要兵役制度，固然与罢兵所引发的矛盾有一定的关系，但最根本的原因，还在于东汉后期客观经济条件和军事人力资源的变化。已如前述，东汉后期，土地兼并疯狂发展，土地占有的两极化带来流民阶层的扩大和依附人口的增多，而国家编户齐民则大幅度减少，使兵役失去了合理摊派的对象，迫使征兵制进一步衰退；而流民阶层的扩大，则给募兵制的盛行创造了条件。募兵制愈盛，征兵制愈衰，最终募兵制取代了秦及西汉以来的征兵制。

在募兵制度下，招募的对象主要是社会闲散成员和囚徒，其中虽不乏精勇之士，但也多杂不轨之徒，许多应募从军者，往往意在乘机抢劫。随着后期战争规模的扩大，募兵范围也日益扩大，常常不暇选择，招募士卒的素质有较大下降。据史载，东汉后期的有些军队，全部都是由招募来的死刑囚徒组成的。此外一个人一旦被招募，便职业为兵，从军时间很长，汉乐府诗《十五从军征》中有"十五从军征，八十始得归"的描写，虽有夸大，却反映了当时职业兵从军时间之长的情况。而当兵时间过长，势必会使军队中疲老之卒增多，引起战斗力下降。

私兵在东汉后期大规模产生，是自秦统一以来军事经济发展史上的一种新的历史现象，它不仅对东汉，还对以后时期的军事经济都产生了巨大影响。

东汉时期的所谓私兵，就是地主豪强势力凭借其经济实力而募集，并受豪强势力直接控制和指挥的私人武装，是保护豪强地主阶级利益，为其政治、经济和军事服务的工具。东汉后期，豪强垄断了大量社会财富，私人经济实力迅速膨胀。国家由于经济衰弱、军费紧缺，无力大量募兵，但豪强却凭借强大的经济实力，四处广招无所归依的流民，招揽大批的无业人口投奔豪强的庄园。仲长统在《昌言》中说，当时"亲人之室……奴

---

① 《历代兵制》卷 2《东汉》，第 16 页。

婢千群，徒附万计"[1]。外戚梁冀开始时"取良人，悉发为奴婢，至数千人"[2]，随着其势力的不断扩大，家中奴婢、僮仆遂至不计其数。其他有"僮客万人""奴婢二千""徒附八百"的大小豪强为数还很多。投于豪强地主门下的"荫户""荫客"或"徒附"，与豪强地主结成新的阶级关系和生产关系，处于豪强地主的残暴统治之下，无论在政治或经济上都具有直接的人身依附性。平时他们在豪强的土地上进行农业生产，或在庄园里养蚕、织丝、织锦、酿酒，甚至修缮和制造武器。战时则为保护豪强利益，弃农从军，在豪强的统率下作战。由这些人所组成的军队，就是所谓豪强"部曲"。东汉后期使用"部曲"于战争是十分广泛而大量的。特别是在东汉末期，军阀混战，军阀所率军队，多为他们各自的"部曲"。如袁绍、袁术所领军队，就是作为四世五公世家的袁氏豪强所培植的"部曲"；公孙瓒、孙坚所统军队，也都是他们各自的"部曲"等等。随割据混战的加剧，"部曲"更加壮大，有的大豪强加董卓纠集的"部曲"竟有几十万人之多。在战争间隙或平时，"荫客""徒附"还要负担为豪强构筑军事工事的任务，据文献记载，东汉末期，在长安周围的三辅地区，洛阳周围的中原地区，以及河北地区，由"荫客""徒附"为豪强修筑了许多用于割据自保的坞壁，著名的如董卓在郿县筑的"郿坞"（万岁坞），公孙瓒在易京（今河北雄县西北）修的"楼橹千重"，袁术在新安（今河南渑池县东）筑的"袁公坞"；曹操在湖县（今河南灵宝西）建的"曹公垒"等等。许许多多"徒附"常年居住于坞内，称为坞农，为豪强负担农耕。从"徒附""部曲"担负的上述任务进行分析，可以看出，就生产经营而言，他们是豪强的私人劳动力，就军事而言，他们便是豪强的私兵。

私兵的兴起和发展，造成了当时既有政府的军队，又有豪强的"部曲"，两种不同性质的军队竞争兵员，致使政府兵员减少，豪强私人兵员增多。豪强依靠了日益发展的私人军事力量而进行封建割据，进一步削弱了东汉政权的军事力量。

军事力量的衰弱，使得东汉王朝对内不能有效维护统治，遏制地方豪

---

[1] 《后汉书》卷49《王充王符仲长统传》，第1648页。
[2] 《后汉书》卷34《梁统列传》，第1182页。

强势力，对外不能震慑诸边民族的叛乱，即以与羌人作战来说，东汉以大欺小，以强凌弱，竟然多次遭到败绩，仅在安帝以后的不长时间里，就"覆军有五"，"徒见王师之出，不闻振旅之声"①。而对于地理位置更为偏远，自然环境更为恶劣的西域地区，东汉王朝更是鞭长莫及，不得不采取较为消极的态度。

二 两汉国内政治形势的不同对经略西域的态度不同

为了加强中央集权，集中力量开拓四夷之地，汉武帝对西汉的政治制度进行了改革：一是建立"中朝"，提高君权。二是确立"察举"等选官制度，广泛网罗人才。三是设置"刺史"，弹压地方豪强。四是实行"推恩令""附益法"，打击诸王割据势力。通过这四点措施的实施，西汉王朝的中央集权得到极大加强，国内各政治势力空前统一，国家对外多采取锐意进取的战略，对于远离中原的西域地区，亦为西汉王朝所重视，是以多次与匈奴争夺西域，并最终占有西域，设都护安辑镇抚西域诸国，实现了对西域的统治。

与西汉不同，东汉王朝的中央集权很早便衰落了。自章和二年（88）汉章帝卒后，东汉统治渐衰，出现了外戚、宦官交替专权的局面。东汉自章帝以下诸帝享年皆不超过40岁（仅最后的献帝除外），更有几名皇帝数岁即夭折。皇帝早卒，嗣君年幼不能亲理政事遂由皇太后临朝称制，外戚得以用事擅权。至嗣君成年，不甘心大权旁落，每依赖亲信宦官发动政变，剪除外戚势力，宦官又因而主宰朝政。至下一任嗣君即位，则开始又一轮外戚、宦官先后专权。如此恶性循环，往复不已。外戚、宦官能够专权，主要是由于东汉专制皇权强化，外朝官僚机构的作用受到削弱，大权集中于皇帝一人之手，外戚、宦官利用其特殊身份便于挟持皇帝，从而就掌握了朝政。外戚、宦官在本质上都是皇权的附属物，凭借皇权侵夺官僚机构的权力，但外戚、宦官的权势过度膨胀，也会对皇帝个人形成威胁。东汉中后期统治集团内部的政治斗争，正是在这种复杂背景之下展开的。

章帝死后，年仅10岁的和帝即位，太后窦氏临朝，其兄窦宪时任内朝官侍中，内参机密，出宣诰命。窦宪出自功臣世家，其曾祖窦融于新莽

---

① 《后汉书》卷65《皇甫张段列传》，第2129页。

末年割据河西走廊，较早归附汉光武帝，荣宠为一时之冠。至此窦氏兄弟皆据要职，党羽遍布内外。窦宪推荐"仁厚委随"的老臣邓彪为太傅、录尚书事，从而操纵了尚书台。后北伐匈奴有功，进拜大将军，位三公上，更是恃势自傲，横行无忌，其家人党徒多行不法。永元四年（92），和帝在宦官郑众的协助下发兵消灭窦氏势力，窦宪自杀。郑众因功封郎乡侯，"由是常与议事，中宫（指宦官）用权，自众始焉"[①]。不过郑众为人较正派，此时宦官势力膨胀还不甚明显。

元兴元年（105）和帝卒，幼子隆即位，在位数月又卒，是为殇帝。和帝皇后邓氏定策立和帝之侄、13岁的刘祜为帝，是为安帝，邓氏继续临朝称制。邓太后称制期间有一定的作为，但此时期，天灾连年，社会形势已有动荡的迹象。外戚仍旧用事，太后之兄邓骘拜大将军，兄弟皆封列侯。永宁二年（121）邓太后卒，安帝与宦官李闰、江京等合谋诛除邓氏，邓骘自杀。李闰、江京皆因功封侯，擅权用事，同时安帝皇后阎氏家族也参预朝政，一度形成宦官、外戚共同专权的局面。这一时期，朝廷政治急剧腐败，一部分正直官僚自居"清流"，指斥宦官、外戚及其依附势力为"浊流"。"清""浊"的对立进一步引发了不同政治集团间的矛盾冲突。

延光四年（125）安帝卒，阎皇后无子，为便于专权，与其兄阎显合谋，不立安帝庶子、此前曾被立为太子的济阴王刘保，另选宗室济北王的幼子刘懿立为嗣君。但刘懿在位不满一年又卒，宦官孙程等19人发动政变，诛杀阎显，拥立济阴王保，是为顺帝。19名宦官皆封为侯。宦官势力比以前更盛，顺帝为照顾其利益专门下诏规定宦官的侯爵可由其养子继承。后来顺帝也扶植外戚势力，相继拜皇后梁氏之父梁商、兄梁冀为大将军。建康元年（144）顺帝卒，幼子冲帝即位，梁太后临朝，梁冀秉政。次年冲帝亦卒，太后与梁冀定策，立宗室勃海王之子刘瓒，是为质帝。质帝年少聪慧，因对梁冀专权表示不满，于本初元年（146）被梁冀毒杀。梁冀又力排众议，拥立15岁的蠡吾侯刘志，是为桓帝。桓帝立梁冀之妹为皇后。梁冀连立二帝，长期把持朝政，权势大大超出此前专权的外戚。桓帝特许他入朝不趋，剑履上殿，谒赞不名，朝会与三公绝席，十日一入

---

① 《后汉书》卷78《宦者列传》，第2512页。

平尚书事，机务皆听其决断。大臣李固、杜乔因不附和梁冀，均被诬陷罪名，下狱杀害。百官迁任后先要到梁家谒见谢恩，四方员物上等者先送梁冀，宫中仅得其次。又大修宅第，广建园囿，占夺平民数千人为奴婢。冀"一门前后七封侯，三皇后，六贵人，二大将军，夫人、女食邑称君者七人，尚公主者三人，其余卿、将、尹、校五十七人。在位二十余年，穷极满盛，威行内外，百僚侧目，莫敢违命，天子恭己而不得有所亲豫"[①]。至延熹二年（159），桓帝与宦官中常侍单超、唐衡、左悺、徐璜、具瑗协谋，发兵包围梁冀府第，收其大将军印绶，冀即日自杀，家属皆被处死，公卿等高级官员受牵连被诛者数十人。官民鼎沸，莫不称庆。朝廷没收梁氏家财，发卖得钱三十余万万，遂免收是年天下租税之半。单超等五人同日封侯，世称"五侯"。梁氏虽被诛灭，以"五侯"为首的宦官集团却控制了朝政，他们干预察举，插手司法，典领禁兵，亲属私党分布内外，势焰之嚣张，又远在此前专权宦官之上。与梁冀擅权时期相比，朝政的黑暗有过之而无不及。

　　与中央集权的衰弱相对应的是地方豪强势力的膨胀与州刺史权力的扩大。由于东汉王朝是在豪强地主的支持下建立的，因而东汉朝廷对豪强地主往往采取绥靖优容的态度。这些豪强地主不仅在经济上占有大量的土地，荫庇大量的人口，而且还建有自己的私人武装，拥兵自重。随着地方豪强的经济军事力量的增长，其参与政治的热情亦大为高涨，并通过控制"察举"与"征辟"制度，维护了其从政的特权[②]。建武十五年（39），刘秀曾下旨度田，试图从经济上限制豪强势力，不料豪强地主集团竟公开武装反抗，度田不了了之，此后豪强势力更为膨胀。至东汉末，豪强势力渐成尾大不掉之势，在政治、经济与军事上均拥有了相当的实力，形成了对抗中央的割据势力。在地方豪强势力膨胀的同时，州刺史的权力也不断扩大，先是建武十二年（36），负责监察的司隶校尉与各州牧新增了选官职权，并每年负责向中央推举茂才一人。建武十八年（38），刘秀罢州牧，改置刺史，又增其用人之权。从东汉中期始，刺史又获得了领兵的权力。这样在防范地方豪强势力的同时，地方军政大权逐步集中到刺史手

---

① 《后汉书》卷34《梁统列传》，第1185页。
② 林剑鸣：《秦汉史（下）》，上海人民出版社1987年版，第187页。

中，成为地方新的军政长官，并渐与地方豪强势力结合，成为皇权新的严重威胁，完全与刺史设立的初衷背道而驰。

内部政局的动荡与中央集权的削弱，使东汉政府无力外顾，对地域偏远的西域地区，东汉王朝始终持消极态度，稍有挫折便生放弃之心，完全没有西汉王朝那种积极进取的决心。

三 定都地点与西北防御重心的差异对西域经略之影响

西汉王朝建立之初，本都洛阳，高祖五年（前202），娄敬求见刘邦，建议朝廷迁都长安，曰：

> 且夫秦地被山带河，四塞以为固，卒然有急，百万之众可具也。因秦之故，资甚美膏腴之地，此所谓天府者也。陛下入关而都之，山东虽乱，秦之故地可全而有也。夫与人斗，不搤其亢，拊其背，未能全其胜也。今陛下入关而都，案秦之故地，此亦搤天下之亢而拊其背也。①

娄敬的建议得到张良的支持，张良对定都长安的地势之利亦十分看重，在给刘邦的奏对中，提道：

> 夫关中左崤函，右陇蜀，沃野千里，南有巴蜀之饶，北有胡苑之利，阻三面而守，独以一面东制诸侯。诸侯安定，河渭漕挽天下，西给京师；诸侯有变，顺流而下，足以委输。此所谓金城千里，天府之国也，刘敬说是也。②

于是刘邦决定迁往关中，以长安为都。刘邦定都长安，在获得对关东诸侯的优势同时，也加重了西北的边防负担。由于长安靠近西北边防前线，极易受到匈奴的攻击。匈奴驻于河南地的白羊王、楼烦王部距长安最

---

① 《史记》卷99《刘敬叔孙通列传》，第3290页。
② 《史记》卷55《留侯世家》，第2482—2483页。

近者仅有七百里，"轻骑一日一夜可以至秦中"①。为了巩固西北防务，西汉政府一方面移民实边，一方面积极开拓西北边疆，扩大西北边防防御纵深，为关中提供更为有效的安全保障。自秦始，至西汉，多有大规模向西移民的行为，如秦时曾徙东方大族十二万户于咸阳。汉高祖又徙东方诸强族于关中。汉高祖又徙楚昭、屈、景，齐田旧族及燕、赵、韩、魏诸强族于关中。文帝听晁错谋移民实边。武帝徙关东贫民于陇西、北地、西河、上郡，一次凡七十余万。此外，汉诸帝尚有陵寝徙民的制度。

景帝五年作阳陵，募民徙陵，户赐钱二十万。武帝初置茂陵，赐徙者户钱二十万，田二顷。昭帝为母起云陵，募徙者赐钱、田、宅。此仅徙民，不皆富人也。帝又徙三辅富人平陵，始专徙富人矣。宣帝募吏民赀百万以上徙于昭帝平陵，以水衡钱为起第宅；宣帝自作杜陵，徙丞相下将军、列侯、吏二千石赀百万以上者，则为高官矣。元帝筑寿陵，乃勿徙，曰："今所为初陵者，勿置县邑。"② 成帝为昌陵，又徙郡国豪杰赀五百万以上者。哀帝作义陵，又诏勿徙。帝王厚葬固非美事，然汉都长安，屡移东方户口实之，主父偃谓此举"内实京师，外销奸猾"③，实为秦徙东方大族政策的延续。④

在徙民充实西北人口经济的同时，西汉王朝自武帝时起便积极拓展西北边疆。先是元光六年（前129），"匈奴入上谷，杀略吏民"，武帝乃发兵攻击。《汉书·武帝纪》载："遣车骑将军卫青出上谷，骑将军公孙敖出代，轻车将军公孙贺出云中，骁骑将军李广出雁门。青至龙城，获首虏七百级。广、敖失师而还。"⑤ 这是汉王朝第一次主动出塞寻歼匈奴的军事行动，虽然从效果来看，仅有卫青一路取得成功，但于汉朝而言无疑是巨大的成功，增强了汉武帝对匈奴展开攻势战略的决心，扭转了过去不利的局面。这一年冬季匈奴大入寇，渔阳受害甚尤，武帝遣韩安国屯渔阳，⑥ 次年（元朔元年，前128）匈奴又以二万骑入寇，《史记·匈奴列

---

① 《史记》卷99《刘敬叔孙通列传》，第3293—3294页。
② 《汉书》卷9《元帝纪》，第292页。
③ 《史记》卷112《平津侯主父列传》，第3585页。
④ 钱穆：《国史大纲》，商务印书馆1994年版，第194页。
⑤ 《汉书》卷6《武帝纪》，第165页。
⑥ 《史记》卷110《匈奴列传》，第3511—3512页。

传》云："匈奴二万骑入汉，杀辽西太守，略二千余人。胡又败渔阳太守千余人，围汉将军安国，安国时千余骑亦且尽，会燕救至，匈奴乃去。匈奴又入雁门，杀略千余人。于是汉使将军卫青将三万骑出雁门，李息出代郡，击胡。得首虏数千人。"① 第三次是元朔二年（前127）匈奴主力进犯上谷、渔阳。武帝派卫青率大军北上，避实就虚，突袭并收复久为匈奴占据的河南地。紧接着，汉廷又于其地设朔方、五原郡，构建成防御与打击匈奴的前出基地，为进一步反击匈奴奠定基础。此后，匈奴不甘于河南地的丢失，屡遣右贤王攻朔方，武帝一方面移民十万屯戍该地，一方面又于元朔五年（前124），再遣卫青率军北出朔方，反击漠南右贤王部。同时又命李息率兵出右北平，牵制匈奴其他诸部，策应卫青。卫青率三万精骑奔袭塞外六七百里，夜袭右贤王庭，击破漠南匈奴主力。次年，卫青率大军十万再出塞北，于定襄大破匈奴，匈奴遭受重大损失，被迫撤往漠北。

元狩二年（前121），年仅十九岁的霍去病被汉武帝任命为骠骑将军。于当年春、夏两次进击河西地区浑邪王、休屠王部，歼敌4万余人，虏获甚众。同年秋，迫于形势，匈奴浑邪王率部降汉，汉遣霍去病率军迎接，期间部分降众哗变，为霍去病所部击杀，使一度紧张的局势得以和缓，浑邪王终以率4万余众归汉。从此，汉朝控制了河西地区，初步实现了"断匈奴右臂"的战略目的，为进一步经营西域奠定基础。随着匈奴在漠南的主力尽数为汉廷所歼灭，匈奴单于本部被迫远遁漠北，而来自东部、西部匈奴的威胁则与日俱增，因汉立国关中，西部威胁尤著，故汉军选择西部作战略进攻方向。在战术上，充分运用了连续出击与迂回包抄相结合的战法，发挥了汉军灵活机变的优点。

元狩四年（前119），汉武帝决定对匈奴采取更大规模的军事行动，派兵深入漠北，寻歼匈奴主力。汉武帝调集14万骑兵，随军战马14万匹，步兵及转运夫10万人，由卫青和霍去病统帅，分东西两路向漠北进发，决心在漠北与匈奴会战。这是规模最大的一次远征；并组织"私负从马复四万万步兵"，运送物资。大将军卫青兵出定襄，北进千余里，与匈奴单于相遇。经激战，击破匈奴军，歼敌近两万人，追至鼠颜山。霍去

---

① 《史记》卷110《匈奴列传》，第3512页。

病在东路出兵，深入两千里，与匈奴左贤王接战，歼其精锐，追至狼居胥山，歼敌七万，胜利回朝。漠北之战，汉军采取的是长途奔袭，寻歼匈奴主力的战略。汉军骑兵大军团以长途奔袭和大迂回战法，深入敌境，利用匈奴认为汉军不敢深入漠北的心理，出其不意，疾驰穷追，一举荡平之。

自漠北战后，匈奴势力日弱，但仍能利用其在西域的势力侵扰西汉河西地区，进而威胁西汉核心所在的关中地区，于是西汉王朝积极经营西域，与匈奴争夺对西域的控制权。

至东汉则不然，由于王莽末年乃至更始、赤眉之乱，关中已然空虚残破，关东地区则崛起为新的政治与经济中心，于是改都洛阳。随着政治与经济重心的东移，东汉于西北地区之边防力量极度空虚，虞诩在请复三郡疏中提道：

> 禹贡雍州之域，厥田上下，沃野千里，谷稼殷积。又有龟兹盐池以为民利，水草丰美，土宜产牧。牛马衔尾，群羊塞道。因渠以溉，水舂河漕，用功省少而军粮饶足。故孝武皇帝及光武筑朔方，开西河，置上郡，皆为此。众羌内溃，郡县兵荒二十余年，三郡未复，园陵单外，公卿选懦，容头过身，张解设难，但计所费，不图其安。①

时在顺帝永建四年。前因羌寇徙陇西、安定、北地、上郡四郡，此言"后三郡"，当以陇西尚远，故未及之。书奏，汉廷始复三郡。

又崔寔政论谓："古有移人通财，今青、徐、兖、冀人稠土狭，不足相供，而三辅左右及凉、幽州内附近郡，皆土旷人稀，厥田宜稼，皆不垦发。人情安土重迁，宁就饥馁，犹群羊聚畜，须主者牧养处置。置之茂草，则肥泽繁息；置之硗卤，则零丁耗减。"

可见东汉西北边区已经十分凋荒，远不及西汉时之繁华，最明显的表现表示两汉西北边郡人口的骤减，兹将两汉西北边郡户口的变动表列如下：

---

① 《后汉书》卷87《西羌传》，第2893页。

表 2.3　　　　　　　　　两汉西北边郡户口对比表①

郡名	西汉时期的户口与所辖县数			东汉时期的户口与所辖县数		
	户数	口数	县数	户数	口数	县数
雁门	73138	293454	14	31862	249000	14
定襄	38559	163144	12	3153	13571	5
云中	38303	173270	11	5351	26430	11
五原	39322	231328	16	4667	22957	10
朔方	34338	136628	10	1987	7843	6
西河	136390	698836	36	5698	20836	13
上郡	103683	606658	23	5169	28599	10
北地	64461	210688	19	3122	18637	6
金城	38470	149648	13	3858	18947	10
武威	17581	76419	10	10043	34226	14
张掖	24352	88731	10	6552	26040	8
酒泉	18137	76726	9	12706	不详	9
敦煌	11200	38335	6	748	29170	6

东汉西北边郡户口数的削减，导致西北边防军事人力资源的不足，汉廷不得不大肆募兵与征调内迁之少数民族补充边防兵力的不同。前文已提到，在募兵制度下，招募的对象主要是社会闲散成员和囚徒，其中虽有精勇之士，但也多杂不轨之徒，许多应募从军者，往往意在趁机抢劫。随着后期战争规模的扩大，募兵范围也日益扩大，常常不暇选择，招募士卒的素质有较大下降。据史载，东汉后期的有些军队，全部都是由招募来的死刑囚徒组成的。这样的部队，其战斗力自然不值得期待。因此，自东汉中期以来，针对西域的作战往往征调大量内迁的西羌兵从征，如永元九年（97），汉遣将兵长史王林，发凉州六郡兵及羌胡二万余人讨伐车师后部王涿鞮。② 延平元年（105），诏西域副校尉梁慬将河西四郡羌胡五千骑入

---

① 本表据《汉书·地理志》与《后汉书·郡国志》相关资料汇编而成。
② 《后汉书》卷88《西域传》，第2930页。

西域驰援都护任尚。① 次年，又遣骑都尉王弘发金城、陇西、汉阳羌数千骑征西域。② 对羌兵的征用，虽提高了边防军的战斗力，但长时间征调羌人远屯不还，则一定程度上激化了汉羌民族间的矛盾，导致羌乱频发，进而影响到东汉对西域的经营。据李正周分析："东汉王朝的'三绝三通'西域，虽然是东汉与北匈奴军事较量的结果，然而其与'羌祸'也有着密切的关联。正是由于河西、湟中、陇右的羌族起义，直接影响了东汉王朝对西域的经营。"③

除了以上三点外，两汉面临的西域局势不同，也是导致其对西域采取不同治理模式的主要原因。西汉初通西域之时，诸国多无发达之经济力，缺乏高度效率与严密性的政治组织，加之诸国多处于大漠与高山之中，为大漠与高山所阻隔，交通条件恶劣，诸国间相对孤立，难有联结，因而易被西汉王朝各个击破以及实施"以夷制夷"之策，通过打击一派扶持一派的手段实现对西域的控制。东汉时情况则不同，经过两汉间的发展，西域各国社会经济得以极大发展，大国极力谋求西域霸权，而小国则尽力维持现有的独立状态。故此，西域各国出于不同的利益，都向东汉政权提出了归属的意愿，然对于如何归属各国之间有着不同的认识。譬如莎车王向东汉请西域都护，实际上是看准了东汉王朝实力尚未恢复，无力自己经营西域，莎车王即可以借此控制汉朝的西域都护，以东汉政府之影响力，称雄西域。而西域诸一些小国求内属、请都护，则更多的是为了获得东汉政府的庇护，以保护自身利益不受大国侵犯和损害，抵御诸如匈奴以及莎车之类西域大国的侵凌。这种复杂局面的出现，极大地阻碍了东汉政府对西域的经营以及西域都护等政权机构的恢复。④

综上所述，两汉间西域行政模式的变迁，与两汉所面临的内外政治经济与军事格局有关，但最关键的原因还在于东汉综合国力的衰落，使其无

---

① 《后汉书》卷47《班梁列传》，第1591页。
② 《后汉书》卷87《西羌传》，第2886页。
③ 李正周：《东汉"三绝三通"西域与"羌祸"之关联》，《烟台师范学院学报》2004年第3期，第24—27页。
④ 陈金凤，张丽君：《汉光武帝西域政策探微》，《咸阳师范学院学报》2009年第1期，第31—36页。

力维持西汉时期在西域的政治格局，只是出于西域地缘位置的重要性，而勉力支撑，东汉王朝以西域长史代替西域都护治理西域的局面，就是这一情况的真实写照。

第三章　汉代西域屯戍边防机制

两汉在西域从事的屯田，是管理和经营西域的有效措施。其不仅在当时产生了重要的作用，而且对后世也有一定的借鉴意义。目前学界对汉王朝在西域的屯田更多是从经济开发角度作了探讨，而对屯田的管理体制、制度本身的运作，以及从中体现出的中央与西域地方互动关系、屯田对整个西域边防建构等问题的研究仍存有较大的不足，这与西域屯田制度的重要性很不相称，还有待于研究的进一步拓展。

第一节　两汉西域屯田管理系统

两汉之于西域地区的屯垦有开创之功，起初并没有设置专门的组织管理机构进行管理，多是委派军队指挥官兼管该地的屯田事务，因此，无论是中央还是地方，汉代在西域的屯垦管理机构都带有草创性和应对性的特点，但在这些草创性的管理模式中初步探索了屯垦管理的具体途径，经过一百多年的发展，逐步形成了颇具地方特色的屯田管理机构。

一　两汉西域屯田行政体制的变革

正如前文所述，两汉在西域的屯田是随着汉王朝在西域的经略逐步深入展开的。两汉在西域的屯田处于起步阶段，其屯田管理机构带有很大的草创性和应对性特点，经过两汉一百余年的探索与实践，才在西域逐步形成较为完善的屯田管理机构。

（一）中央管理机构

两汉时期，西域屯田是直属中央北军管辖的。传世文献关于北军管理西域屯田的记载不甚详细，仅《汉书·百官公卿表上》记载："中垒校尉

第三章　汉代西域屯戍边防机制　　113

既掌北军垒门内，外掌西域。"① 关于这条记载学术界多有争论，或以为"西域"二字为"四城"之误。② 对此，陈直先生曾在《汉书新证》中予以批驳，认为："中垒校尉掌北军垒门内，外掌西域。颜师古所见本，及北宋景佑本，皆作掌西域，不作掌西（四）城。荀悦《汉纪》作掌北军垒门内外，无掌西域三字，太平御览所引，与汉纪同。或北宋时各本不同。而北堂书钞所引，与今本汉书同，清代校勘时删去掌西域三字。考中垒校尉所掌仅为北军之垒门，京师之四城，有执金吾之徼巡，有城门校尉之屯卫，似无须垒床筑屋之职守。若指为北军垒门之四城，则表文反为赘词。赵充国传云：'有诏将八校尉，与骁骑都尉、金城太守，合疏捕山间虏。'据此八校尉，皆有从军西域之职责。又刘向曾官中垒校尉，上书讼论陈汤矫制发兵事，亦可为外掌西域之一证。"③ 李炳泉先生亦赞同这一主张，同时又认为："西域屯田诸校尉均属北军，中垒校尉则有总监北军诸校尉之职，西汉中垒校尉确有'外掌西域'的职能。"④

新出悬泉汉简中有多条关于西域屯田官员更代返回北军的记录，证实了陈直和李炳泉两位先生的推断：

（1）□□渠犁□□丞王常、□忠更终罢，诣北军，诏□为驾一封，轺传。一人共载，有请。甘露□年……谓……
　　　　　　　　　　　　　　《释粹》（Ⅱ90DXT0214③：67）

（2）将田渠犁校尉史移安汉□□□送武，军司令史田承□□□□。谨长至罢诣北军，以传，诏为驾一乘轺传，传乘为载。
　　　　　　　　　　　　　　《释粹》（91DXC：59）

（3）建始五年……□田车师左部中曲候令史礼调罢将。候行丞……□□为驾诣北军，为驾一封，轺传，有请。当……
　　　　　　　　　　　　　　《释粹》（Ⅱ90DXT0214②：137）

三简均是西域屯田军吏返回北军的记录，简1纪年不甚清晰，但可判

---

① 《汉书》卷19上《百官公卿表》，第737页。
② 王念孙：《读书杂志》第四册《汉书第三》，中国书店1985年版，第8页。
③ 陈直：《汉书新证》，天津人民出版社1979年版，第122—123页。
④ 《西汉中垒校尉"外掌西域"新证》，第71页。

定是宣帝甘露年间事。简2虽无纪年，但根据同层出土的纪年简，大致亦可判定为宣、元时遗物。简3则有明确纪年，是西汉成帝建始五年（前28）时事。可见，无论是宣帝时设立的渠犁屯田校尉，还是元帝时期设置的戊己校尉，其所领屯田吏士均隶属于北军，说明北军是西汉中原管理西域屯田的主要机构。东汉时北军改归北军中候监管，大概西域的屯田也转由北军中候管理。

（二）地方屯田部门与职官建制

汉代对西域屯田的管理还处于初创时期，地方屯田管理部门尚不健全，且多有变化。西汉早期的屯田，并没有设置专人管理，多是临时委派使者或当地驻军校尉监管屯田事务。西汉在西域最早的屯田机构是汉武帝太初四年（前104）在渠犁设立的"使者校尉"，同时也是汉代在西域地区最早设立的军政机构。元凤四年（前77），汉昭帝以扜弥太子赖丹为校尉管理和扩大在轮台的屯田，但不久即为龟兹攻破，屯田随之罢置。

随着西汉屯田在西域的拓展，敦煌郡开始利用其地理之便，插手西域的屯田管理。也是昭帝元凤四年，傅介子奉大将军霍光之命刺杀楼兰王安归，立亲汉的尉屠耆为王，更其国名为"鄯善"[①]。在送鄯善王归国时，丞相以下文武官员送其至横门外，并将宫女嫁给他做夫人。尉屠耆因楼兰前王有子，恐自己根基不稳，请求汉廷遣吏士屯田伊循以为依靠。应其所请，汉遣"司马一人，吏士四十人，田伊循以镇抚之。其后更置都尉，伊循官职始此矣"[②]。关于伊循都尉的建置，史籍所记甚简略，简牍资料的出土，在很大程度上弥补了传世文献的不足。20世纪30年代，黄文弼先生在罗布淖尔发现的汉简中，就有"伊循都尉""伊循卒史黄广宗"的记载。悬泉汉简中也多次出现"伊循都尉"和"伊循城都尉"的记载，可与罗布淖尔汉简相印证。

（4）伊循城都尉大仓上书……《释粹》（Ⅱ90DXT0114④：349）

（5）伊循城都尉大仓谓过所县……传舍，从者如律令

《释粹》（Ⅴ92DXT1312③：6）

[①] 《汉书》卷96上《西域传》，第3878页。

[②] 同上书，第3878页。

第三章　汉代西域屯戍边防机制

(6) ……伊循都尉……　　　　　《释粹》（Ⅱ90DXT0214③：251）

另据悬泉汉简的记载，"伊循都尉"又被称为"敦煌伊循都尉"，如：

(7) 敦煌伊循都尉臣大喧上书一封……甘露四年六月庚子上。

《释粹》（Ⅱ90DXT0216③：111）

(8) 敦煌伊循都尉大仓谓过所县……传舍，从者如律令……

《释粹》（Ⅰ90DXT0111②：73）

"敦煌"与"伊循都尉"连称，表明伊循屯田隶属于敦煌郡。这当与伊循地处南道最东陲，临近敦煌郡，由敦煌太守节制更为近便有关。能够说明这一推断的简牍资料尚有：

(9) 七月乙丑，敦煌太守千秋、长史奉意、守部候修仁行垂事，下当用者小府、伊循城都尉、守部都尉、尉官候移县泉、广至、敦煌郡库，承书从事，下当用者如诏书。椽平、卒史敞、府佐寿宗……

《释粹》（V92DXT1312③：4）

简9所记是一份完整的有敦煌郡下达给其属下各个机构的诏书，简文中伊循都尉与敦煌郡属下的小府、守部都尉、尉官候等并称，说明伊循屯田是由敦煌郡进行管理的。

宣帝时与匈奴争车师，于地节二年（前68）遣侍郎郑吉与校尉司马憙率领免刑人员至渠犁屯田积谷，以为进攻车师之物资。"至秋收谷，吉、憙发城郭诸兵万余人，自与所将士千五百人共击车师，攻交河城，破之"[①]，郑吉也因功"迁卫司马，使护鄯善以西南道"[②]。渠犁屯田的再次兴起，其规模较之从前更为宏大，郑吉一次起兵就调集了一千五百名士卒，可见此时渠犁的屯田士卒当不少于一千五百人。为了领护如此规模的屯田，其组织管理体系较之从前亦当更为完备。传世文献对渠犁屯田的组

---

① 《汉书》卷96下《西域传》，第3922页。
② 《汉书》卷70《傅常郑甘陈段传》，第3005页。

织管理系统并无明载,所幸新出悬泉汉简中留下的关于渠犁屯田吏士过往悬泉的记录,弥补了传世文献的阙如:

(10) 五凤四年九月己巳朔己卯,县(悬)泉置丞可置敢言之,廷移府书,曰:效谷移传马病死爰书,县(悬)泉传马一匹,骊,乘,齿十八岁,高五尺九寸,送渠犁军司马令史。

《释粹》(Ⅱ90DXT0115③:98)

(11) 骊,乘,齿十八岁,送渠犁军司马令史勋,承明到遮要,病柳张,立死,卖骨肉。临乐里孙安所贾千四百,时啬夫忠服治爰书,误脱千,以为四百,谒它爰书,敢言之。守啬夫富昌。

《释粹》(Ⅱ90DXT0114③:468)

(12) 送使渠犁校尉莫府掾迁,会大风,折伤盖□十五枚,御史赵定伤……　　　　　《释粹》(Ⅱ90DXT0215④:36)

(13) 将田渠犁军候千人会宗上书一封。初元……

《释粹》(Ⅱ90DXT0216④:44)

(14) 渠犁校尉……　　　《释粹》(Ⅴ92DXT1309④:44)

简10与简11都是记录传马病死的爰书,其中提到的"军司马令史",当为渠犁屯田机构的基层官员。简10有明确的纪年,即为五凤四年(前54)九月十一日。简11虽无明确纪年,但其简背署名"守啬夫富昌",相同的署名亦见于悬泉汉简中其他简牍,如:"甘露元年五月乙丑朔癸未,县泉置丞敢言之,谨移传车三乘,送客折伤盖蔑,不可用,唯廷关书府,请易,谒报,敢言之。受言,守啬夫富昌、佐闻充世。(Ⅱ90DXT0113③:57)"两简同为"守啬夫富昌"具名,其年代相差当不远,大致也是宣帝五凤、甘露年间事。简12所记为送使渠犁校尉幕府中途遇大风事,表明渠犁屯田机构有幕府设置。简13记录了初元年间渠犁军候千人会宗的上书经过悬泉置的情况。简14则表明其时渠犁屯田设有校尉管理。结合前文所引简1和简2中有"渠犁丞""渠犁校尉史""军司马令史"等职官的记载,可以大致推断出渠犁屯田的组织管理的中枢是渠犁校尉幕府,渠犁校尉是屯田的最高长官,下设"丞""史""军候""司马""千人""令史"等属吏,组织严密、建构完整,且具有浓

第三章　汉代西域屯戍边防机制

厚的军事色彩。

神爵二年，匈奴管理西域事务的日逐王降汉，郑吉率兵迎降，"乃因使吉并护北道，故号曰都护。都护之起，自吉始矣。僮仆都尉由此罢，匈奴益弱，不得近西域。于是徙屯田，田于北胥鞬，披莎车之地，屯田校尉始属都护"①。可见，在西域都护开府施政以后，屯田校尉隶属于都护的管辖。

西域都护建立后，汉王朝为了加强对车师前部这一战略要地的控制，先是迁徙部分田卒往比胥鞬屯田，并置校尉领护。②之后西域屯田的重心北移至车师，车师故地的屯田随之不断扩大，于是汉元帝初元元年（前48）时，汉廷对在西域的屯田力量重新进行整合，设戊己校尉专门管理车师的屯田事务，成为汉王朝管理西域屯田的主要机构。

关于戊己校尉的组织机构，史书记载简略，仅云："有丞、司马各一人，候五人，秩比六百石。"③据此，戊己校尉下设有丞、司马、候等职官。同书《西域下》记戊己校尉刀护属官，有史陈良、史终带、司马丞韩玄、右曲候任商。《通鉴》卷三七王莽始建国二年（10）胡三省注云："史，校尉之史也。司马丞，司马之丞也。右曲候，军分左右部，部下有曲，曲有候。"④据此，则戊己校尉属官还有史，司马下还有丞。既有右曲候，则还应有左曲候。另外，据《续汉书·百官志》记载："将军领军，皆有部曲。大将军营五部，部校尉一人。部下有曲，曲有军候一人。曲下有屯，屯长一名。"⑤曲上有部，惜传世文献未见部官。

20世纪30年代，罗布淖尔出土一批汉代简牍，据考是西汉元帝永光五年（前39）、成帝河平四年（前25）及同时代简牍，其中，记汉在西域的官名，有车师戊校、左部左曲候、左部后曲候、某部右曲候、右部后曲候、右部后曲候丞、交河曲仓守丞。黄文弼先生认为均属戊己校尉。黄文弼先生又据《汉书·西域下》乌孙条云："汉徙己校屯姑墨。"师古注

---

① 《汉书》卷96上《西域传》，第3873—3874页。
② 悬泉汉简的一条简文曾提到"我儿得毋有如是者，罪误如是，而以为谓充知是，谁类？充曰：类比胥楗校尉。（Ⅱ0115③：35）"，说明比胥鞬屯田亦设有校尉领护。
③ 《汉书》卷19上《百官公卿表》，第738页。
④ 《资治通签》卷37《汉纪二十九》，第1185页。
⑤ 《后汉书》志第24《百官一》，第3564页。

云："有戊、己两校兵，此直徙己校也"，认为：当时有戊校、己校，左部即戊校，右部即己校，分别由戊校尉、己校尉领护。① 但据王素先生考证：正常情况下，戊己校尉为一人担任，分置戊、己二校尉，只是特殊时期的特殊措施，② 因此，笔者推断：简文中所提到的"左、右部"未必即指"戊、己校尉"，新出悬泉汉简亦提供了这方面的证据：

（15）将田车师己校尉长乐兼行戊校尉事，右部司马丞行。掾史意。　　　　　　　　　　《释粹》（Ⅱ90DXT0215②：21）

这条简文是己校尉兼行戊校尉事，右部司马丞行己校尉丞事。若右部即为己校，则无需注明右部司马行己校尉丞事，因为右部司马本为其属吏。这间接说明了笔者的推断。

敦煌出土西汉末期至王莽时代简牍，记汉在车师设官甚详，如：

（16）建始五年……□田车师左部中曲候令史礼调罢将。候行丞……□□为驾诣北军，为驾一封，轺传，有请。当……
　　　　　　　　　　《释粹》（Ⅱ90DXT0214②：137）
（17）平元年十月车师戊校兵曹簿……
　　　　　　　　　　《释粹》（Ⅰ90DXT0205②：2）
（18）入铁镡剑，永始三年六月癸卯，郡库掾成受罢己校前曲候……　　　　　　　　　　《释粹》（Ⅳ91DXT0617③：17）
（19）元延四年十月丁未朔丙……。己校尉……
　　　　　　　　　　《释粹》（Ⅰ91DXT0404④A：4）
（20）建平二年三月丁亥朔甲辰，戊校左曲候永移过所。
　　　　　　　　　　《释粹》（Ⅱ90DXT0113③：34）
（21）建平二年三月丁亥朔甲辰，西域戊校前曲候苏铺过所……
　　　　　　　　　　《释粹》（Ⅱ90DXT0212S：66）

---

① 黄文弼：《木简考释》（《罗布淖尔汉简考释》）释官、释地条，《西北史地论丛》，第314—316、326—327页，《黄文弼历史考古论集》，第378—379、386—387页。
② 《高昌戊己校尉的组织——高昌戊己校尉系列研究之二》，第57—71页。

第三章　汉代西域屯戍边防机制　　119

（22）车师戊校司马丞……　　《释粹》（Ⅰ90DXT0109S：73）

（23）……车师戊校左部□。（正面）□掾立人（背面）
　　　　　　　　　　　　　　　《释粹》（Ⅱ90DXT0216③：28）

（24）三月辛未日下铺,受遮要卒欧□椽……月丁亥朔己巳,□戊校前曲候。　　《释粹》（Ⅰ90DXT0109③：11）

（25）行事昆弟家、戊校候致君,当从西方来,谨侍给法所当得,毋令有谴。　　《释粹》（Ⅰ90DXT0111②：9）

（26）齿九岁,高六尺二寸,及三月乙卯送□戊校候张君□。
　　　　　　　　　　　　　　　《释粹》（Ⅰ90DXT020②：3）

（27）吏戊校骑诣府,会癸□□。
　　　　　　　　　　　　　　　《释粹》（Ⅰ90DXT0209S：143）

（28）□□骑士六人,持马送戊校。
　　　　　　　　　　　　　　　《释粹》（Ⅱ90DXT0105②：173）

（29）出麦四斗,以食戊校莫府史张卿所乘广至马一匹,再食,食二斗。都吏石卿监。　　《释粹》（Ⅱ90DXT0216②：359）

（30）戊校右部中曲士皆后□□。
　　　　　　　　　　　　　　　《释粹》（Ⅱ90DXT0216②：547）

（31）己校左部中曲候令史黄赏,以私财买马一匹,骝驳,牡□。（正面）己校尉以□□□□□□□（背面）
　　　　　　　　　　　　　　　《释粹》（Ⅱ90DXT0215①：16）

（32）使西域□都尉、己校青上书一封。
　　　　　　　　　　　　　　　《释粹》（Ⅴ92DXT1311③：222）

（33）车师己校候令史敞、相、宗、禹、福、置诣田所,为驾一封,诏传,驾六乘,侍百八十八。　　《释粹》（Ⅱ90DXT0215③：11）

（34）车师己校□。　　《释粹》（Ⅱ90DXT0215S：204）

（35）车师己校尉书佐□为驾一封,诏传,驾□□。
　　　　　　　　　　　　　　　《释粹》（Ⅱ90DXT0216②：405）

（36）车师己校候令史庆忌□。《释粹》（Ⅱ90DXT0216②：407）

（37）□戊己校候令史敞、相、宗、禹、福强□□□,为驾,当舍传舍,从者如律令。　　《释粹》（Ⅰ90DXT0116②：125）

（38）共奴与焉耆通谋欲攻车师戊部孤军，大都护……

（敦煌马圈湾汉简）

（39）都尉君移戊部尉械逮，故若绝城钱况等有书今

（敦煌马圈湾汉简）

（40）都护虏译持檄告戊部尉钦，车师前附城诩

（敦煌马圈湾汉简）

（41）正月十六日因檄检下者，号天使长仲，赍已部掾

（敦煌马圈湾汉简）

从以上简牍资料来看，戊己校尉的属吏有戊校尉、己校尉、右部司马丞、左部中曲候令史、己校前曲候、戊校左曲候、戊校前曲候、戊校司马丞、戊校左部、戊校前曲候、戊校候、戊校莫府史、戊校右部中曲士、己校左部中曲候令史、己校候令史、己校尉书佐、戊己校候令史、戊部尉、己部掾。据此，可以推断，当戊己校尉分置戊、己二校时，每校下辖左、右二部，由各部司马领导，有丞辅助，下设左右前后中五曲，设候管理，并配有丞、令史等属吏协助管理部曲事务。当戊己二校并为一校时，则在戊己校尉下设左、右二部，属吏建置当与分置时类似。另研究者认为：戊部尉钦即《汉书·西域下》和同书《王莽传》所见"戊己校尉郭钦"，据此推出"故戊己校尉可称为戊部尉或戊校尉"的结论。[①] 此说值得商榷，遍查史籍记载，未见有如此用法，当是《汉书》所载衍一"己"字所致。

根据上述，可列戊己校尉属官表如下（见下页）：

此外，西汉政府还建立有监察制度，经常派使者到西域各地，监察行政和屯田事务，以便中央了解各地屯田的情况。可见，西汉政府为了管理好屯田事务，从中央到地方，都设立了专门管理屯田事务的行政机构和职位，以制度保证屯田事务的顺利实施和屯田绩效不断提高。

在西汉屯田的基础上，东汉在新疆的屯垦管理机构又有所变化，其前期仍然是西域都护府管理屯田，戊己校尉具体负责。到东汉中后期，开始设置西域长史，地位低于西域都护和戊己校尉，由中央任命，受西域都护

---

① 《敦煌汉简释文》附录《敦煌马圈湾汉代烽燧遗址发掘报告》，第341—345页。

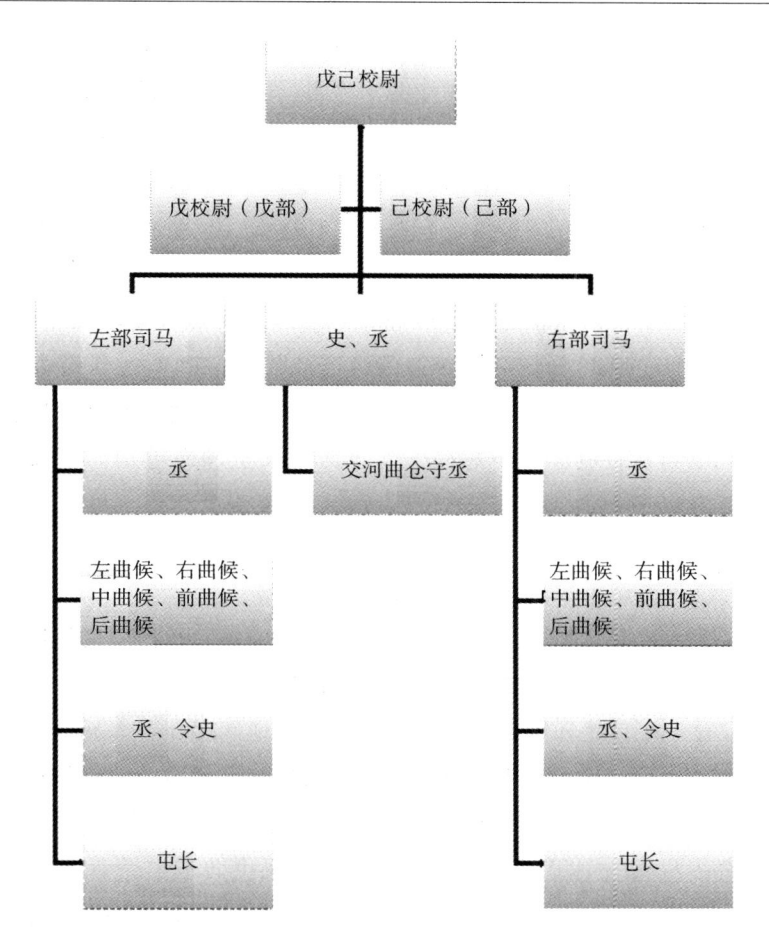

```
                    ┌─────────────┐
                    │  戊己校尉    │
                    └──────┬──────┘
              ┌────────────┴────────────┐
        ┌─────┴──────┐           ┌──────┴─────┐
        │戊校尉(戊部)│           │己校尉(己部)│
        └─────┬──────┘           └──────┬─────┘
   ┌──────────┼──────────────────────────┼──────────┐
┌──┴───┐  ┌───┴───┐                 ┌────┴───┐
│左部司马│  │ 史、丞 │                │ 右部司马│
└──┬───┘  └───┬───┘                 └────┬───┘
   │          │                          │
┌──┴──┐  ┌────┴──────┐              ┌────┴──┐
│ 丞  │  │交河曲仓守丞│              │  丞   │
└──┬──┘  └───────────┘              └────┬──┘
   │                                      │
┌──┴────────┐                      ┌──────┴────┐
│左曲候、右曲候、│                  │左曲候、右曲候、│
│中曲候、前曲候、│                  │中曲候、前曲候、│
│后曲候      │                      │后曲候      │
└──┬────────┘                      └──────┬────┘
   │                                      │
┌──┴───┐                              ┌───┴──┐
│丞、令史│                            │丞、令史│
└──┬───┘                              └───┬──┘
   │                                      │
┌──┴─┐                                ┌───┴─┐
│屯长 │                                │屯长 │
└────┘                                └─────┘
```

或敦煌太守的领导，其主要职责是"都护督察乌孙、康居诸外国，动静有变以闻。可安辑，安辑之；可击，击之"①。代表中原王朝给西域各国颁发印绶，有权征调各国兵力、管辖驻军及屯垦官兵。"一般情况下任期为三年"②。西域长史的设置自安帝延光二年（123）至灵帝建宁元年（168），合四十五年，担任西域长史的有班勇、张晏、赵评、王敬等。永元三年（91），东汉第二次设置西域都护府，西域长史开始接受都护府领导，"乃以超为都护，徐干为长史……超居龟兹它乾城，徐干屯疏勒"③。

---

① 《汉书》卷 96 上《西域传》，第 3874 页。
② 李大龙：《都护制度研究》，黑龙江教育出版社 2003 年版，第 68—69 页。
③ 《后汉书》卷 47《班梁列传》，第 1581 页。

西域长史府下设有军队，除屯田外，还负责维护社会治安。总之，西域长史府的行政机构和组织形式的职能非常完备，对这一地区实行着有效的控制和管理。西域长史府的规模，可能是介于郡、县之间，同时又具有兵屯的特点。出土的木简简文中记录的西域长史府下的属官有：长史、主簿、功曹史、兵曹史；还有录事掾、仓曹掾、功曹掾、监量掾、监仓掾等这些机构大多是专管屯田的官吏。

到东汉后期，西域长史接受敦煌太守管理，西域长史职权受到削弱。如汉安帝时期敦煌太守曹宗任命索班为西域长史，率千人到伊吾屯田。① 阳嘉元年（132）徐由遣疏勒王臣磐"发二万人击于阗，破之，斩首数百级"②，东汉再次控制于阗，并在于阗设西域长史领军屯田。西域长史移驻于阗，领兵屯戍，归属敦煌太守领导。

二 汉代西域屯田的职官建制特点

自汉宣帝神爵二年西域归汉以后，汉朝的经济、政治制度得以在西域推广。中原先进的生活方式与文化迅速向西域传播，同时，由于西域特殊的地理位置，在自然环境和人文方面均与其他地区存在着差异。据此，汉朝对西域的屯田采取了一些变通之策，使其具有了鲜明的地域特点。

第一，西域屯田的管理机构存在多层次性的特点。从前文的分析可见，汉代在西域的屯田组织十分庞杂，在中央由北军监管，在地方，起初是由中央直接派出的使者、校尉管理，在靠近河西的地区则由敦煌郡代为管辖。西域都护设置后，屯田校尉曾一度由都护领护。至元帝初元元年戊己校尉建立后，方由戊己校尉专职领护屯田。由于戊己校尉受到多重机构的领属，西域屯田机构多层次性的特点并没有改变。一方面，戊己校尉的各层官吏仍旧为北军所派遣，在行政隶属关系上属北军的派出机构，意味着西域屯田一定程度上受到北军的监管。另一方面，戊己校尉在行政管理上，还要受到敦煌太守的监管，这一点已为敦煌悬泉汉简所证实，如前引简十七：入铁䥶剑，永始三年六月癸卯，郡库掾成受罢己校前曲候……（Ⅳ91DXT0617③：17），说明从戊己校尉屯田区返回的吏士要

---

① 《后汉书》卷88《西域传》，第2911页。
② 同上书，第2915页。

将兵器交至敦煌郡库。另有标号为Ⅱ0115②：16的简牍有以下文字记录：

> 五月壬辰，敦煌太守强、长史章、丞敞。下使都护西域骑都尉、将田车师戊己校尉、部都尉、小府、官县，承书从事，下当用者。书到，白大扁书乡、亭、市、里高显处，令亡人命者尽知之，上赦者人数，太守府别之，如诏书。

该简文所述内容为敦煌太守及其属国联合向西域都护、戊己校尉以及敦煌郡所属其他机构下发的朝廷诏令，要求西域都护、戊己校尉等机构统计上报辖区内可赦免的亡人命者的人数，然后由敦煌太守府汇总上报朝廷。基于此，一些学者认为戊己校尉直属于敦煌太守。① 对此观点，笔者暂持保留态度，但其确实表明戊己校尉在行政管理上要受到敦煌太守的监管。此外，在涉及西域军政事务时，戊己校尉要受到西域都护的监管，戊己校尉并没有独立处理西域事务的权力，在军事行动中，戊己校尉亦要受到都护的节制。

第二，西域不同系统的屯田管理机构多为平行并列关系，其职责多有纠缠重叠。西域都护作为西域地区最高军政长官，不仅典掌西域军事、行政，而且负责监督、外交等诸种职权，对西域的屯田亦负有领护职责。戊己校尉作为领护屯田的专职机构，虽受都护节制，但其屯田士卒都护无权擅发，且其亦开府行事，负有领护辖区内诸国，维护中西交通畅通之职，如《汉书·西域传》中记载："元始中，车师后王国有新道，出五船北，通玉门关，往来差近，戊己校尉徐普欲开以省道里半，避白龙堆之厄。车师后王姑句以道当为拄置，心不便也。地又颇与匈奴南将军地接，曾欲分明其界然后奏之，召姑句使证之，不肯，系之。姑句数以牛羊赇吏，求出不得。姑句家矛端生火，其妻股紫陬谓姑句曰：'矛端生火，此兵气也，利以用兵。前车师前王为都护司马所杀，今久系必死，不如降匈奴。'即驰突出高昌壁，入匈奴。"② 通过这段记载，可以看到，戊己校尉在其屯

---

① 王素：《高昌戊己校尉的组织——高昌戊己校尉系列研究之一》，《新疆师范大学学报》2005年第3期，第6—8页。

② 《汉书》卷96下《西域传》，第3924页。

田区，除了管理屯田事务以外，还负责西域道路的开辟，以及对屯区内诸国的监护，有权羁系诸国王侯。而敦煌太守作为边郡长官，利用其地近西域的地缘优势，亦常常插手包括屯田在内的西域事务，特别是东汉以降，随着西域都护被秩级更低的西域长史所替代，敦煌太守对西域事务的干涉日益频繁，西域长史几成敦煌太守之属吏，西域亦与敦煌辖境无异，如建武十七年（41），敦煌太守裴遵上书谏止册封莎车王为都护；元初六年（119），敦煌太守曹宗患北匈奴之暴害，上遣行长史索班，将千余人屯伊吾，以招抚西域；延光二年（123），敦煌太守张珰上书陈三策，述开通西域之便；永建二年（127），敦煌太守张朗协助班勇击破焉耆，逼降焉耆王元孟；永建四年（129），敦煌太守徐由遣疏勒王臣槃发二万人击破于窴等均为敦煌太守干涉西域事务之行为，可见维护西域地区统治秩序的稳定，已经无异于敦煌太守守土之责。

第三，汉代在西域的屯田建置带有浓厚的军屯性质。西域地缘位置特殊，既是沟通中西交通进行丝路贸易的咽喉要道，又是匈奴右方势力进出汉王朝西北边地的重要通道，是汉王朝西北边防的战略缓冲地带。而屯田区的所在既是土地肥饶、水草丰美之地，又是交通便利、战略位置突出的地区。既是汉军进兵西域的休整集结地与后勤物资补给点，也是匈奴与汉争夺西域控制权的重要目标，因此，西域的屯田在政治上和军事上，都具有重要地位，屯田区是汉匈双方争夺的焦点之一。其时在西域的屯田主要是从经营西域的政治形势与军事需要的角度出发的，其设官分职，无疑带有浓厚的军事色彩。与其他边疆地区的屯田相似，屯田积谷、保境安民，但其侧重点却不仅仅局限于此，而是作为一支常驻西域的重要武装力量，对内威慑西域诸国，对外抵御匈奴的侵扰。基于此，汉王朝在西域的屯田，不仅其主官全由校尉担当，并设有幕府处理诸般军屯事务，而且其各级佐官属吏亦多为丞、长史、司马、曲候等一类的武职。其士卒除了日常屯田以外，"咸以兵马为务"，史籍中多有西域屯田吏士出征之记载，如：

> 建始二年（前31），小昆弥乌就屠死。子拊离代立，为弟日贰所杀。汉遣使者立拊离子安日为小昆弥。日贰亡，阻康居。汉徙己校屯姑墨，欲候便讨焉。

建昭三年（前36），西域都护甘延寿、副校尉陈汤担心郅支与康居勾结，再度威胁汉在西域的统治，矫制发城郭诸国兵、车师戊己校尉屯田使士，部勒行陈，益置扬威、白虎、合骑之校，汉兵、胡兵合四万余人，引军分行，别为六校，其三校从南道逾葱岭径大宛，其三校都护自将，发温宿国，从北道入赤谷，过乌孙，涉康居，诛杀郅支单于于都赖水畔郅支城中。

天凤三年（16），五威将王骏、西域都护李崇将戊己校尉出西域讨伐焉耆。

建宁三年（170），凉州刺史孟佗遣从事任涉将敦煌兵五百人，与戊司马曹宽、西域长史张晏，将焉耆、龟兹、车师前后部，合三万余人，讨疏勒。

以上诸例，均载于《两汉书》，可见，戊己校尉属下的屯田吏士，作为常驻西域的一支重要军事力量，在抵御匈奴，镇压诸国叛乱中发挥了不可替代的重要作用，可谓寓兵于农，亦兵亦农，农业屯垦与军事守御紧密结合，为西域局势的稳定奠立了可靠的基石。

第二节　汉代西域屯戍人员结构与管理

汉代西域屯戍人员的构成十分复杂，既有戍卒、田卒、骑士等服役的军事人员，又有吏卒家属、私从者、应募、刑徒等非军事成员，对这些人员的管理也呈现出多样化的特点。故此，本节欲就汉代西域屯戍人员的结构与管理问题作具体分析，同时，亦就外来屯戍人员对西域开发的历史影响展开论述。

一　汉代西域屯戍的人员构成

汉代在西域地区的屯戍人员构成十分复杂，大致可以归纳为以下六类人员：

（一）戍卒。西汉王朝自张骞通西域以后，加强了与匈奴在西域的争夺，随着李广利远征大宛并取得胜利，西汉势力逐步取代了匈奴的势力，掌握了对西域的控制权。为确保西域地区的安全，朝廷组织力量筑新长城，与原长城相连至敦煌，并在沿线每隔五里、十里便筑一烽燧，设戍卒瞭望。同时，修筑从敦煌至盐泽（楼兰、罗布泊）的烽燧，使其相连成线。接着，又以盐泽为起点，向北经伊犁至库尔勒，向南转西经若羌、且末、民丰至和田广置烽燧，初步形成了连接塔克拉玛干沙漠东边、东南边和南边的烽燧通信线路。这条烽燧通信线路的建成，不仅有效加强了汉王朝对西域的控制，也大大改善了汉代西北的边防布局。

这些烽燧的存在，必然要派遣大量的军队戍守。这些分布于烽燧亭障中的士兵，即被称为戍卒。其职责主要是"谨候望""画天田""举烽火"，防御和应付入寇的来犯，如汉简所记：

（1）卒候望为职☐　　　　　　　　　　　　《合校》（224.6）

（2）写移，疑虏有大众不去，欲并入为寇。檄到，循行部界中，严教吏卒惊烽火、明天田，谨迹候候望，禁止往来行者，定蓬火，辈送便兵战斗，毋为虏所萃，桨已先闻知失亡重事，毋忽如律令。十二月壬申殄北。　　　　　　　　　　　　　　　　《合校》（278.7A）

同时戍卒还要担任修缮鄣塞设施、传送邮书、耕田种菜、输粮运水等诸多任务，尤其是在西域地区，由于特殊的自然和政治因素，驻军规模有效，戍卒往往一身多任，是屯田的主要劳动力之一。

汉代兵制规定凡天下男子自23岁起至56岁都要服兵役，一般成丁一生服役两年，一年在本郡当正卒；另一年或到边郡作戍卒，或到京师作卫士。边郡士卒则表现为正卒、戍卒合一，戍边两年。① 因此，戍卒一般都是定期轮换的，如简：

（3）神爵四年十一月癸未，丞相史李尊，送护神爵六年戍卒河东、南阳、颍川、上党、东郡、济阴、魏郡、淮阳国诣敦煌郡、酒泉郡。因迎罢卒送致河东、南阳、颍川、东郡、魏郡、淮阳国，并督死卒传（柩），为驾一封轺传。御史大夫望之谓高陵，以次为驾，当舍

---

① 劳榦：《汉代兵制与汉简中的兵制》，中华书局编辑部：《中研院历史语言研究所集刊论文类编·历史编·秦汉卷》，中华书局2009年版，第167—181页。

传舍，如律令。 《释粹》（ⅠT0309③：237）

（4）河平四年二月甲，……为郡徒卒敦煌。

《释粹》（87—89C：25）

简3是汉宣帝神爵四年（前58）岁末下发的文书，记丞相史李尊护送罢归的戍卒回到河东、南阳、颍川、上党、东郡、济阴、魏郡、淮阳国等郡国。简4是汉成帝河平四年（前25）的文书。这两条简文所反映的正是汉代戍卒的换防情况。

（二）田卒。随着西域诸国的内属，为了解决日益增多的使者往来、移民、军队以及行政管理人员的粮食供应，便在西域水土丰沃处开展屯田。关于汉代在西域的屯田，论述已多，前文亦有详述，此不赘述。汉代在西域的屯田规模虽远不及河西地区，但其上劳作的田卒数量也相当可观。

早在汉武帝太初四年（前101）李广利远征大宛凯旋后，在轮台、渠犁便已有田卒数百人并置使者校尉领护，以给使外国者。昭帝时，不仅一度扩大了轮台屯田的规模，还在鄯善境内的伊循设置屯田，起初规模不大，仅置司马一人，吏士四十人，为鄯善新王提供支持。其后，规模不断扩大，改置都尉管理，据《水经注》卷二的记载："敦煌索劢，字彦义，有才略，刺史毛奕表行贰师将军，将酒泉敦煌兵千人至楼兰屯田，起白屋，召鄯善、焉耆、龟兹三国兵各千，横断注滨河……胡人称神，大田三年，积粟百万，威服外国。"① 这条史料说明汉朝曾在该地修建大型水利灌溉工程，且现代考古亦在婼羌米兰古堡附近发现古代灌溉体系，当与上述水利工程相关，可见汉代在此地的屯田规模十分巨大。② 宣帝以降，汉朝的屯田重心逐渐由渠犁、轮台一带转移至车师，并于元帝初元元年（前48）置戊己校尉主理北道屯田事务。车师本为肥美之地，具备发展农业的良好条件，屯田规模亦为庞大。若无大量的田卒劳作，这些地区的屯田规模不会如此巨大。东汉时西域的屯田，主要在伊吾、柳中、车师、楼

---

① （北魏）郦道元著、陈桥驿校证：《水经注校证》，中华书局2007年版，第37页。
② 饶瑞符：《汉唐时代米兰屯田水利初探》，《水利史研究会成立大会论文集》，水利电力出版社1994年版。

兰等地，规模不及西汉，且时断时续，但也有数百乃至数千的田卒维持，如明帝永平十六年（73）在取匈奴伊吾卢，设置宜禾都尉以屯田。① 此后，汉又在金满城和柳中城屯田，"屯各置数百人"。② 同时，又屯田楼兰，田卒亦多达千人。③ 此外，在民丰北尼雅遗址（汉精绝国）曾发现一枚东汉时的"司禾府印"印章，证明东汉在精绝也曾设置屯田机构，驻扎士卒，屯戍耕垦。④

这些田卒平时主要从事垦田、修渠、建筑农舍等工作，但在军情紧急时也参与军事行动，史籍中多有西域屯田士卒参与军事行动的记载，如：

> 汉宣帝时，乌孙内乱，"汉复遣长罗侯常惠将三校屯赤谷，因为分别其人民地界"。地节二年（前68），郑吉曾亲率"田士千五百人"与城郭诸国兵共同进攻车师，攻破交河城。后又在郑吉与校尉的率领下参与了保车师城的战斗。元帝时，陈汤矫制发城郭诸国兵、车师戊己校尉屯田吏士诛杀郅支单于。成帝廉褒任都护时期，乌孙日贰作乱，汉徙己校尉于姑墨，欲候便讨伐。

新莽时，戊己校尉刁护病，遣史陈良屯桓且谷防备匈奴。后陈良与史终带、司马丞韩玄、右曲候任商谋反，胁迫诸亭令燔积薪，分告诸壁曰："匈奴十万骑来入，吏士皆持兵，后者斩。"

灵帝熹平四年（175），于阗王安国攻拘弥，大破之，杀其王，死者甚众，戊己校尉、西域长史各发兵辅立拘弥侍子定兴为王。

就上引史料可以看出，西域地区的屯田卒同时担负着屯田与守御的双重职责，一旦遇有战事，往往作为一支重要的军事力量投入战场。

同戍卒一样，田卒也是服役之人，需要定期轮换的，如简：

> （5）制曰：下丞相、御史。臣谨案：令曰，发卒戍田，县、侯国财令史、将二千石官令长吏并将至戍田所。罢卒还，诸将罢卒不与

---

① 《后汉书》卷88《西域传》，第2909页。
② 《后汉书》卷19《耿弇列传》，第720页。
③ 《后汉书》卷48《杨终列传》，第1597页。
④ 《西域考古文存》，第329页。

起居，免削爵☐ 　　　　　　　　《居延新简》（E·P·T51：15）①

（6）☐☐史冯贵之，始元二年正月假一传信封迎罢戍田卒，溺死，亡传信，外，第十五。　　　　　《释粹》（ⅡT0113⑥：4）

（三）骑士。骑士是边塞守御的作战部队，屯驻于烽燧等要害之处。《汉旧仪》记边郡太守执掌云："边郡太守各将万骑，行障塞烽火追虏。"② 有简文亦云：

（7）本始三年九月庚子，虏可九十骑入甲渠止北隧，略得卒一人，盗取三石具弩一，高矢十二，牛一，衣物去。城司马宜昌将骑百八十二人从都尉追。　　　　　　　　　　《合校》（57.29）

该简所记为本始三年（前71）发生的一次入侵事件，城司马和都尉率一百八十二名骑士参与了追击，可见骑士通常驻守于烽燧堡垒之处，随时可以奉命集结出击。

驻守在边塞的骑士往往还要参与营建、候望等工作，如：

（8）乙卯廿三日，骑士十人，一人养，九人作墼，人作☐
　　　　　　　　　　　《疏勒河流域出土汉简》（656）③
（9）癸酉，骑士十人，九人负墼，其一人养，人致二百卅☐
　　　　　　　　　　　　　　　　　《疏简》（662）
（10）丁未，骑士十人，其一人候，其八人作墼，人作百五十，凡墼千二百。　　　　　　　　　　　《疏简》（664）
（11）己酉，骑士十人，其一人候，人作百五十墼，八人作墼，凡墼千二百。　　　　　　　　　　　《疏简》（666）

---

① 甘肃省文物考古研究所、甘肃省博物馆、文化部古文献研究室、中国社会科学历史研究所编：《居延新简》，文物出版社1990年。本文凡依此简号形式出现者均见比书，以下简称《居新》。
② （汉）卫宏等撰、（清）孙星衍等辑：《汉官六种》，中华书局1990年版，第81页。
③ 林梅村、李均明：《疏勒河流域出土汉简》，文物出版社1984年版。以下简称《疏简》。

而驻守西域的骑士除了负责以上诸种任务外，往往还肩负着送迎使者的任务，如：

（12）□骑士六人，持马送戍校。　　《释粹》（Ⅱ0115②：173）

（13）出鞅靸各二，左部骑士高谊里，建平五年二月送昆弥使者……　　《释粹》（Ⅰ0114①：70）

还有一些骑士曾参与西域的屯田经营，如：

（14）甘露三年九月壬午朔甲辰，上郡太守信、丞欣谓过所：遣守属赵称逢迎吏骑士从军乌孙罢者敦煌郡，当舍传舍，从者如律令。十月，再食。　　《悬简》（Ⅱ0115③：99）

简14所记为甘露三年（前51）上郡官员前往敦煌迎接从军乌孙罢归的军吏骑士的文书。是年，乌孙内乱，乌就屠杀狂王自立，引起西汉王朝的干涉，汉立元贵靡为大昆弥，乌就屠为小昆弥，但乌就屠不尽归诸翕侯民众，汉复遣长罗侯常惠将三校屯赤谷，因为分别其人民地界。简中上郡吏骑士从军乌孙者当为长罗侯所率屯田赤谷之部。

（四）应募。西汉前期实行的主要是征兵制，但随着武帝以来对外战争的频繁以及政治和社会经济等诸多变化，为加强边境地区的防御力量，如武帝天汉初年，"（苏）武与副中郎将张胜及假吏常惠等募士斥候百余人俱"，师古注曰："募人以充士卒，及在道为斥候者"①。征和年间，桑弘羊上书武帝要求扩大轮台屯田，并建议"田一岁，有积谷，募民壮健有累重敢徙者诣田所，就畜积为本业，益垦溉田，稍筑列亭，连城而西，以威西国，辅乌孙"②。《汉书·宣帝纪》载神爵元年（前61）西羌叛乱，汉"发三辅、中都官徒弛刑，及应募佽飞射士、羽林孤儿、胡、越骑，……诣金城"③。同书《赵充国传》亦载"愿罢骑兵，留弛刑、应募……

---

① 《汉书》卷54《李广苏建传》，第2460页。
② 《汉书》卷96上《西域传》，第3912页。
③ 《汉书》卷8《宣帝纪》，第260页。

第三章　汉代西域屯戍边防机制

分屯要害处。"① 元帝永光二年（前42）羌乱又起，汉遣冯奉世平叛，在胜负未明之际"复发募士万人"②增援。这说明在战事频繁时，在征兵制之外，招募士卒成为补充兵员的重要途径，这一点也为出土的汉简资料所证明，如：

（15）泉，此欲大出兵之意也。中军募择士七百二十人，锡泉人……　　　　　　　　　　　　　　　　　《敦简》（47）③
（16）应募士长陵仁里大夫孙尚。　《罗布淖尔汉简》（30）④
（17）出茭食马三匹，给尉卿募卒吏，四月十六食
　　　　　　　　　　　　　　　　　　　《合校》（290.12）
（18）建平五年十二月丙寅朔乙亥，诚北候长□充□言之：官下诏诣☑，右□□□□□□□募，谨募□戍卒庸魏□等……
　　　　　　　　　　　　　　　　　　　《合校》（137.3）

可见应募者已经成为汉代边塞屯戍力量的重要组成部分。

（五）吏卒的家属及私从。为了增加边塞屯戍人口，同时出于稳定军心的目的，汉廷允许吏卒携带家属在屯田地长居，如：

（19）毋伤燧卒陈谭，妻大女捐，年卅四；子小女小婢，年八。七月旦居署尽晦。　　　　　　　　　　　《居新》（EPT40：17）
（20）鄣卒王赏，子大男☑，子大男☑　《居新》（EPT59：97）
（21）□庭燧卒鸣沙里大夫范弘，年卅四；父大男辅，年六十三；妻大女□，年十八；弟大男□，年十七。
　　　　　　　　　　　　　　　　　　《居新》（EPT65：145）
（22）甲渠三堠燧卒当遂里左丰，父大男长年五十，母大女□年卅八，妻大女用年廿二。　　　《居新》（EPT65：478）

---

① 《汉书》卷69《赵充国辛庆忌传》，第2986页。
② 《汉书》卷79《冯奉世传》，第3299页。
③ 甘肃文物考古研究所编：《敦煌汉简》（下），中华书局1991年版。本文凡依此简号形式出现者均见此书，以下简称《敦简》。
④ 《罗布淖尔考古记》，第201页，简三〇。

(23) ☐所移䎒得书曰，他县民为部官吏卒，与妻子在官。

《合校》（188.16，220.5）

(24) 第五燧卒徐谊，妻大女眇，年卅五；子使女待，年九；子未使男有，年三，见署用谷五石三斗一升少。　　《合校》（203.3）

(25) 俱起燧卒王并，妻大女严，年十七，用谷二石一斗六升大；子未使女毋知，年二，用谷一石一斗六升大●凡用谷三石三斗三升少。　　《合校》（203.13）

通过这些汉简的记载，可以看到朝廷是允许屯戍的吏卒携带家属一起居住在戍所并由官府为其提供廪食。另据《汉书·西域传》记载，王莽时戊己校尉史陈良、终带等人叛乱时，曾"杀校尉刀护及子男四人、诸昆弟子男……尽胁略戊己校尉吏士男女两千余人入匈奴"①，也说明当时在西域的屯田区中有着大量吏士的家属的存在。

这些屯戍边疆的吏士除了携家带口以外，往往私募随从即所谓的私从。《汉书·李广利传》记李广利伐大宛时"发恶少年及边骑，岁余而出敦煌六万人，负私从者不与"。师古曰："负私粮食及私从者，不在六万人数中也。"② 可见，吏士出征时带有私从，新出的汉简中也多见有私从的记录，如：

(26) 士，南阳郡涅阳里宋钧亲，私从者同县籍同里交上☐☐

《罗布淖尔汉简》34③

(27) 书吏胡丰，私从者，零县宜都里，胡骏，年三十，长七尺二寸。　　《敦简》（280）

(28) 戊校右部中曲士后☐……（A）故私从者……（B）

《悬简》（ⅡT0216②：547）

(29) 大煎都候长王习从者持牛车一辆。　　《敦简》（526）

(30) 外塞吏子，私从者，奴，大男，十五人……

《敦简》（295）

---

① 《汉书》卷96下《西域传》，第3926页。
② 《汉书》卷61《张骞李广利传》，第2700页。
③ 《罗布淖尔考古记》，第202页，简三四。

第三章 汉代西域屯戍边防机制

(31) 从者,居延市阳里张侯,年廿一岁。　　《合校》(62·54)

(32) □□从者,居延长乐里吴多,年十三,●九月乙酉出。

《合校》甲附29

(33) 护从者敦煌对宛里干宝,年十八,单襦复各二领,单衣、中衣各二领,裘绔、韦绔、布绔各二两,絮巾、布巾各三……

《敦简》(1144)

(34) 相私从者敦煌始昌里阴□,年十五,羊皮裘一领,羊皮绔二两,革履二两……　　《敦简》(1146)

(35) 私从者广陵嘉平里丘块,羊二头,头二百九十,案:害从臧五百以上,真臧已,具主。　　《敦简》(788)

(36) □从者,居延□作□　　《合校》(77.9)

以上这些简牍反映了当时驻守边塞的士卒与官吏普遍带有私从,且那些不从事征战的书吏也带有私从。这些私从多为自由民,来源复杂,既有来自内郡者,也有边郡的,他们除了效命于雇主之外,还要从事田作等诸多杂役,如简36所记即为某私从者在居延进行劳作。

(六) 刑徒。早在武帝初通西域之时,便有利用犯罪者出使西域的举动,如《史记·大宛列传》记载当时朝廷为了鼓励人们西使,不仅"募吏民毋问所从来,为具备人众遣之,以广其道。"而且"来还不能毋侵盗币物,及使失指,天子为其习之,辄覆案致重罪,以激怒令赎,复求使"。[①] 即故意治重罪,迫使人们为赎罪而求出使,从另一个角度来说,就是利用犯罪者出使西域。随着汉朝对西域经略的深入,朝廷开始越来越多地利用刑徒在西域从事屯戍任务,如汉宣帝时遣侍郎郑吉、校尉司马憙将免刑罪人田渠犁;[②] 汉安帝元光中(123—124),又以班勇为西域长史,将弛刑士五百人,西屯柳中。[③] 除了传世文献上的这两条记载外,新出的汉简资料也有大量关于刑徒戍边的记录,如:

---

① 《史记》卷123《大宛列传》,第3171页。
② 《汉书》卷96下《西域传》,第3922—3923页。
③ 《后汉书》卷88《西域传》,第2912页。

（37）施刑士左冯翊带羽掖落里上……　　　　《合校》（337.8）

（38）施刑屯士沛郡山仓县蔡里赵延年。　《居新》（EPT58：3）

（39）■右受府施刑十一人。　　　　《释粹》（Ⅱ0114④：16）

（40）□□□□元年十二月送徒施刑□□□□，二月廿九日至敦煌，积五十九日。□二十□阳关积三月。□□□三月五日发敦煌，十九日至文侯，积十五日，留四月廿五□□□□□。·闰月八日至伊循。绥□□。（B）　　　　　　　　　《释粹》（Ⅱ0115②：66）

以上这些简牍虽然反映的多为河西边郡的情况，但从简40的情况来看，朝廷也向西域地区输送了大量的刑徒以充实西域屯戍的人手，另据悬泉汉简有"五月壬辰，敦煌太守强、长史章、丞敞下使都护西域骑都尉、将田车师戊己校尉、部都尉、小府官县，承书从事下当用者。书到白大扁书乡亭市里高显处，令亡人命者尽知之，上敞者人数太守府别之，如诏书"的文书记录，[①] 文意是敦煌太守府向使都护西域骑都尉、将田车师戊己校尉等西域官员下达诏书，令其统计上报"亡人命者"的人数，张德芳先生将这里的"亡人命者"解释为"有命案而逃亡者"[②]，可见西域屯田区里有大量的刑徒从事屯田与守御工作。

（七）自由迁徙之民。这类人在汉代的西域地区是确实存在，首先，敦煌郡的西境有相当一部分是深入玉门关以西西域地区的，如昭帝时期设立的伊循都尉及其治所所在的伊循城，便是隶属敦煌郡，这已为悬泉出土的汉简所证实，而郡县范围内的居民，在办理了一定的手续后是可以自由迁移的，居延汉简中编号为505·37A的简文就有相关的记载："建平五年八月戊□□□□广明乡啬夫宏假佐玄敢言之，善居里男子丘张自言与家买客田居。延都亭部欲取检，谨案张等更赋皆给，当得。取检谒移居延，如律令，敢言之。"[③] 所以，玉门关以西敦煌郡的西境，是可以自由移民的。就西域地区出土的文献来看，西域都护辖下这类自由移居者也是存在的，在罗布泊北岸土垠遗址中出土的汉简中，有这样的简文，"庚戌旦出

---

① 《敦煌悬泉汉简释粹》，第115页，简Ⅱ0115②：16。
② 同上书，第116页。
③ 《居延汉简释文合校》，第607页。

坐西传日出时三老来坐食归舍"①，这无疑表明西域都护辖下存在着乡里组织，乡里的存在则是以居民聚落为前提的。而由敦煌郡向西域都护和戊己校尉转发的赦免诏书上写道，"书到白大扁书乡亭市里高显处，令亡人命者尽知之，上敲者人数太守府别之，如诏书"②，证明西域有流动人口。另外，中原与西域之间的商贸利润十分丰厚，早在西域初通时，就有使者"私县官赍物，欲贱市以私其利外国"③，西域内属后，涌入这里的商人应该更多，并且随着商业的发展，汉人的钱币也在新疆广泛流通。就目前所知，这些钱币有半两钱、五铢钱、小五铢钱、剪轮五铢、新莽时期的"货泉""大泉五十""小泉直一"。而且，在汉人文化的影响下，还流通"汉佉二体钱"（和阗马钱）、"汉龟二体钱"（龟兹五铢钱）。④ 这说明中原与西域之间的商业往来十分繁荣。而据《后汉书》记载，汉和帝永元六年（94）班超征讨焉耆时，曾"发龟兹、鄯善等八国兵合七万人，及吏士贾客千四百人"⑤，可见来往于中原与西域的商人十分活跃，东汉如此，西汉尤甚。进入西域的商人虽多为流动人口，但有些人为了经商，也会留居西域。

综上，汉代西域屯戍人员的构成十分复杂，既有戍卒、田卒、骑士等服役的军事人员，又有吏卒家属、私从者、应募、刑徒等非军事成员，但基本上是一种以军队为主体，以非军事成员为辅的复杂的军屯人口体系。

二 对西域屯戍人员的管理

通过前文分析可知，朝廷通过派遣军队、招募贫民和迁徙罪人等多种方式屯戍西域，加强对西域的控制，这必涉及对这些屯戍人员的管理问题。

（一）对屯田田卒和戍卒的管理。田卒一般都是造册登记的，以便于随时查考。他们所用的生产工具，均由政府提供，收获物上交朝廷。汉朝对边疆屯田十分重视，并根据具体的情况，设置了一些相应的机构和官吏进

---

① 《罗布淖尔考古记》，第 189 页，简二〇。
② 《敦煌悬泉汉简释粹》，第 115 页，Ⅱ0115②：99。
③ 《史记》卷 123《大宛列传》，第 3894 页。
④ 《两汉新疆汉人的社会生活》，第 66—70 页。
⑤ 《后汉书》卷 47《班梁列传》，第 1581 页。

行管理，如农都尉、属国农都尉、护田校尉等。具体到西域，在汉元帝之前，主要是根据当时的需要，临时确定一个或几个人负责管理。自汉武帝太初三年（前102）在轮台、渠犁设置使者校尉领护屯田以来，汉廷先后派遣侍郎郑吉、校尉司马熹、长罗侯常惠等管理渠犁、交河以及赤谷等地的屯田事务。西域都护府设立以后，各地区的屯田事务都归都护统一管理。宣元时期，汉朝为了加强对西域屯田的领导和管理，于汉元帝初元元年（前48）设立了专门的机构——戊己校尉，其属吏"有丞、司马各一人，候五人"①。戊己校尉既受中央又受西域都护双重领导，掌握兵权，受命调遣属中央，行政管理，经营屯田属都护。②

西域其他各地也设置有相应的屯田机构和官吏。汉昭帝元凤四年（前77），在楼兰附近伊循屯田，设伊循都尉。罗布淖尔古烽燧亭出土的两枚木简中分别提到"伊循都尉"和"伊循卒史"③，这里提到的"伊循卒史"可能是伊循都尉的属吏。另外木简还提到其他的一些与屯田有关的官吏，如"军守司马""从事""都吏""仓吏"等等基层屯田官员。至东汉明帝时期，则在伊吾屯田，设置宜禾都尉，后改为伊吾司马。④1959年，民丰遗址内发现碳精质、篆文"司禾府印"的印章一枚，⑤说明汉代在当时的精绝国也有屯田，并设"司禾府"进行管理。

对基层屯田卒的管理，由于汉代在西域的屯田主要出于军事和政治的考虑，因此西域地区的屯田组织稍异于其他地区，而更多的具有战时军事编制的特点，有属部、曲的编制。在部一级设校尉、司马、假司马；曲一级设军候、千人等。这点，在《敦煌悬泉汉简》中有多条简文可证实：

（41）永光五年五月甲辰朔己巳，将田车师己校尉长乐兼行戊校尉事，右部司马丞行……（A）掾史意。（B）

《释粹》（Ⅱ0215②：21）

---

① 《汉书》卷19上《百官公卿表上》，第783页。
② 马国荣：《谈谈汉代西域的屯田》，《西域史论丛》第一辑，新疆人民出版社1985年版，第130—148页。
③ 《罗布淖尔考古记》，第188页，简一〇、简一一。
④ 《资治通鉴》卷51《汉纪四十三》，第1655页。
⑤ 详见史树青：《说新疆民丰尼雅遗址》，《文物》1962年第7—8期。

第三章 汉代西域屯戍边防机制

（42）将田渠黎军候、千人会宗上书一封。初元□……
　　　　　　　　　　　　　　　《释粹》（Ⅱ0216②：26）

（43）建平二年三月丁亥朔甲辰，戊校左曲候永移过所……
　　　　　　　　　　　　　　　《释粹》（Ⅱ0113③：34）

（44）建平二年三月丁亥朔甲辰，西域戊校前曲候苏铺过所……
　　　　　　　　　　　　　　　《释粹》（Ⅱ0212S：66）

（45）车师戊校司马丞……　　《释粹》（Ⅰ0109S：73）

（46）行事昆弟家、戊校候致君当从西方来，谨侍给法所当得，毋令有谴……
　　　　　　　　　　　　　　　《释粹》（Ⅰ0111②：99）

（47）戊校右部中曲士皆后□……（A）故私从者……（B）
　　　　　　　　　　　　　　　《释粹》（Ⅱ0216②：547）

（48）己校左部中曲候令史黄赏，以私财买马一匹，骢駃（驳），牡……（A）己校尉以□□□□□□。（B）
　　　　　　　　　　　　　　　《释粹》（Ⅱ0215①：16）

（49）……师己校候令史敞、相、宗、禹、福、置诣田所。为驾，当舍传舍，从者如律令。　　《释粹》（Ⅱ0116②：12）

以上各简，说明汉代对西域屯田卒的管理类似于战事的军事编制，而不同于单纯的屯田组织，包括掌管西域屯田的高层长官"戊己校尉"，其本职仍然是"处西域之中，镇抚诸国"的军事长官。西域的屯戍军中，除屯田卒外，还应该存在着大量从事候望一类工作的戍卒。对这些戍卒的管理，当与其他边郡一样，由候官—候长—燧长构成统属体系，惜目前资料有限，尚不能明确西域地区烽燧体系的具体管理情况，更有待于新的资料发掘。

（二）对私从的管理。汉朝政府如何管理这些被屯戍人员挟来的私从，但从西北出土的汉简中，对私从的衣食住行亦有详细的记录，如：

（50）贺从者大男宋望 六月食麦二石六斗一升。
　　　　　　　　　　　　　　　《敦煌汉简》（321）

（51）况从者大男王钦 六月食麦二石六斗一升。
　　　　　　　　　　　　　　　《敦煌汉简》（348）

（52）出粟二斗四升，以食骊轩佐单门安将转，从者一人，凡二人，人往来四食，食三升。

《悬泉汉简研究》（V90DXT1311③：226）

从这些出土的汉简中有关汉政府对私从的衣食住行分发的记载来看，汉朝对这些"私从"人员已经建立了功能完善的管理体系。只是限于资料有限，具体的管理方式暂时尚无法考证。

（三）对刑徒的管理。汉代常常以刑徒充戍，谓之"弛刑士"，《汉书音义》："有赦令去其钳铁摘衣，谓之弛刑。"就是政府为了边防的需要，解除刑徒的刑具，命其戍边。两汉正史中有多处使用"弛刑士"戍边的记载，如《汉书·宣帝纪》神爵元年"西羌反，发三辅、中都官徒弛刑……诣金城"，《后汉书·光武帝》建武十二年"遣骠骑大将军杜茂，将众郡弛刑屯北边，筑亭候，修烽隧"，《续汉书·郡国志》建武二十一年，遣中郎将马援、谒者，分筑烽候，保壁稍兴。"乃建立三营，屯田殖谷，弛刑谪徒以充实之。"自明帝以后，边防兵员不足，调发刑徒戍边日趋常态化，见诸《后汉书》各帝纪者，有明帝永平八年、九年、十六年、十七年，章帝建初七年、元和元年、章和元年，和帝永元元年、永元八年，安帝元初元年、延光三年，顺帝永建五年，冲帝建康元年，桓帝建和元年、和平元年、永兴元年、永兴二年等，共计18处之多。《居延汉简》中亦有许多刑徒充军戍边的记录。如简118·7："元康二年五月癸未，以使都护檄书，遣尉丞赦将弛刑五十人送致将军车口发，简464·3："二月，尉薄食弛刑屯士四人为谷小石。"零星记载刑徒充军戍边活动的尚有简269·11，简288·22，简288·27，简337·8，简146·97，简227·8等，说明刑徒充戍在边防上的普遍性。[①] 至于西域，地处绝域，则刑徒充戍更为普遍，以致班超说："塞外吏士，本非孝子顺孙，皆以罪过徙补边屯。"

为方便管控，汉朝政府对服役的刑徒也进行详细的登记，其中包括姓名、籍贯、犯何罪、服何刑、何时判刑、何时刑满释放，何时因何故弛刑

[①] 陈晓鸣：《两汉边防兵制若干问题之比较——以西、北地区为中心》，《史学月刊》2001年第2期，第31页。

戍边等，如：

> （53）免钳城旦昭宣，坐元寿二年十二月壬寅取非，元始元年正月系狱□，其兵伤人，不直□。
>
> 《悬泉汉简研究》（Ⅰ90DXT0309②：56）
>
> （54）鬼新（薪）龙通，故济南郡管平里徒子赣石。
>
> 《悬泉汉简研究》（Ⅰ90DXT0309③：19）

（四）对屯戍人员的家属及自愿迁入西域者的管理。这些人本质上仍旧是汉朝的编户民，前文也提到西域地区是存在乡里组织的，这说明对这些人仍旧采取了和中原地区编户民一样的管理模式，即通过乡里等基层组织对辖下的编户民进行管理。

三 外来屯戍人员对西域开发的历史影响

随着西域地区的屯田的扩展，大量中原汉人进入本地区，这不可避免地对该地区的政治、经济、军事、文化、民族关系、中西交流乃至环境等多个方面产生深远影响。这些影响有积极的一面，也有消极的一面，整体来说，其积极意义远远大于消极意义，下文即作一简单分析。

（一）政治上，拓展和巩固了西北疆域，促进了西域与内地的统一。汉朝经营西域的最初目的便是出于反击匈奴的需要，而西域地区特殊的地缘位置，对汉匈双方都有重要的战略价值。汉王朝通过对西域的开拓经营，使西域成为反击匈奴的第二战场。这样就避免了内线作战对汉朝边地造成的损失，同时更有效地分担了边郡的防御任务，也使汉王朝获得了时间与空间来巩固传统边郡地区的开发建设。其后随着历史形势的演变，汉朝经营西域的目的发生了改变，由联合转变为内属，即"兵据西域，夺之便势之地"[①]，汉朝在西域的屯田就是这一战略的组成部分。这些屯田士卒，平时从事耕作，战时出征打仗，不仅为丝路的畅通提供了必要的物质和军事保障，同时也有效维护了汉朝对西域的管辖，保证了西域统一于中央政权之下，使汉朝得以在西域设置西域都护，开府建制。此后，汉朝

---

① 王利器：《盐铁论校注（定本）》卷8《伐功篇》，中华书局1992年版，第495页。

对西域的统治虽多挫折，但总体上两汉西北地区疆域框架未有大的改变。直到今天，我国西北疆土与两汉时期也没有太大差别。

（二）经济上，中原先进的农业生产技术和生产工具传入西域，使得当地的农牧业经济相互渗透，共同推动了西域地区的经济发展。汉代前期，河西一带、河湟流域以及天山南北的大部分少数民族，基本上从事畜牧业经济或原始的绿洲农业，生产简单粗放，严重阻碍了这一地区社会经济的发展。而汉族中原地区，则主要是农业经济。互相之间，泾渭分明，缺乏必要的交叉和渗透。随着中原与西北各地交往的扩大，农业经济逐渐进入游牧地区；而牧业经济，对农业也发生了一定的影响。最先把农业带入游牧地区的，是屯田士卒。

汉得河西后，"初置张掖、酒泉郡，而上郡、朔方、西河、河西开田官，斥塞卒六十万人戍田之"。《汉书》也说："自朔方以西至令居，往往通渠，置田官、吏卒五六万人，稍蚕食，地接匈奴以北（师古曰：其地相接不绝）。"由于这些屯田措施，自汉代起，从河套到河西这一带原少数民族地区，已经由原来单纯的游牧经济模式，逐渐向农耕与游牧相结合的经济模式转移，完全改变了过去这里落后的社会经济状况。汉朝在西域的屯田，最早是在今南疆地区。《汉书》记载，自张骞"凿空"西域，河西归汉后，"自敦煌西至盐泽，往往起亭，而轮台、渠犁皆有田卒数百人，置使者校尉领护（师古曰：统领保护营田之事也）"。这次设"使者校尉"进行屯田，大约在武帝太初四年（前101）。此后，轮台—渠犁一带就成为汉朝屯田的中心，同时靠近于以后西域都护的驻地。至昭帝时，西域屯田有了进一步的发展。武帝末年，因国家局势动荡，未能实施桑弘羊关于自轮台向西，"益垦溉田，稍筑列亭，连城而西"的屯田计划，至昭帝时方得以展开，并以扜弥太子赖丹为校尉，到轮台一带屯田。汉元凤四年（前77），应新立鄯善王尉屠耆的请求，昭帝派司马一人，吏士四十人在伊循城驻兵屯田，从此这里成为西域重要屯区之一。在车师地区，最先实行屯田的是以游牧为业的匈奴。汉昭帝末年，匈奴为了与汉朝争夺车师，派"四千骑田车师"，这里所说"田车师"，即为屯田车师。这些屯田人，很可能主要是投归于匈奴的汉人。宣帝时，校尉郑吉等曾派数百士卒在车师屯田。特别是西域都护设立后，又设戊己校尉，其驻地即在今吐鲁番一带，专门统率士卒在这里进行大规模屯田。以后又曾将己校尉迁至姑墨屯田。

上述在西域少数民族地区的屯田活动,不仅为加强汉朝政府对西域地区的控制提供了牢固的立足点和食品供应站,还成为进行文化交流,促进各民族地区社会经济发展的重要基地。随着屯田事业的发展,原来的贫瘠的荒漠地区,出现了大片农田,进而推动了诸绿洲城邦的发展。而水利灌溉技术的传入,使原来无水的地区,得以通渠灌溉。原来只是少数民族聚居的地区,开始出现了汉族,有些甚至形成了杂居。所有这些,对加强各民族之间的了解和交流,巩固汉王朝对西域的统治,都起到了重要的作用。

(三)文化上,随着大量汉族屯戍人员的到来,先进的汉族文化随之向西域等地传播,对于西域等地的社会经济发展产生很大的促进作用。以生产技术的西传为例,前文已注意到西域诸国拥有高超的冶金铸造技术,其中相当大的一部分是由汉朝屯戍人员传入的。

在传入西域各国的生产技术中,特别要以西汉初传过去的穿井建筑技术,对于西域各国人民贡献最大。汉武帝时,卫律在匈奴"为单于谋,穿井筑城,治楼以藏谷"。据王国维《观堂集林》卷十三《西域井渠考》一文考证,这种穿井术就是从我国传过去的古代的精巧的建筑术。汉武帝在国内早已发动"万余人穿渠,自征引洛水至商颜下,岸善崩,乃凿井,深者四十余丈,往往为井,井下相通行水"。后来,流落于大宛的汉人教会了大宛人穿井引水,"宛城中无井,汲城外流水……宛城新得秦人,知穿井"。以后,更由大宛推广到乌孙,汉将军辛武贤教他们建筑大井与六条通渠。当时,汉军在鄯善、车师等国屯田,也都使用这种地下相通的穿井术。这种精巧的穿井术,在西域一直传到元代,尚有人看见使用。如木乃奚国(回教国)地无水,土人隔山岭凿井沿数十里,下流通以溉田;又如盖里泊尽丘垤咸卤地,亦凿沙井,以汲别处的水。西域少水,所以井渠法的传入,于当地的生产作用是很大的。

两汉时,中国不但在生产技术方面给西域以很大的影响,就是在其他方面也给西域以很大的影响。如前引龟兹国的衣着、奏乐、建筑及礼仪等情形:龟兹王绛宾与乌孙公主女俱入朝(元康元年),"……皆赐印绶,……车骑、旗鼓歌吹数十人,绮绣杂缯琦珍凡数千万。留且一年,厚赠送之。后数来朝贺,乐汉衣服制度。归其国,治宫室,作徼道周卫,出入传呼，撞钟鼓，如汉家仪"。这里就明显表示出龟兹国已经在衣着和礼仪制度上向中原地区学习。

西域各国因为羡慕汉族文化，遣王子东来，久居京都，学习政教，这也有例疑可举。例如莎东国，当时"匈奴单于因王莽之乱，略有西域。惟莎车王延最强，不肯附属。元帝时，尝为侍子，畏于京师，慕乐中国，亦复参其典法"。

汉代的礼乐制度、文字、舞蹈音乐以及建筑艺术等大量传入西域，对西域的精神文化产生了极大的影响。随着汉朝对西域的管辖和治理逐渐成熟，中原的典章制度开始为西域诸国所接受。西域不仅接受了汉廷的册封，而且自王侯以下至将、相、当户、且渠、都尉、千长、百长、大禄、吏、监、君、城长、译长，凡三百七十六人，皆佩汉印绶，主动参与到汉朝的管理运行体制之中。同时伴随着中原典章礼仪西传的还有汉语语文，这从考古发掘的汉文木简数量多且内容丰富以及"汉龟二体钱"在西域的使用可见一斑。而且，受汉文化影响，还出现了西域国王取汉名的现象，如前文提到的莎车王贤、疏勒王忠等。同时，中原的音乐歌舞与建筑风格也开始风行西域。关于这一问题，前文所述之文献资料和考古发现足可印证，此不赘述。

与此同时，屯垦使"丝绸之路"上出现了空前繁荣的景象，据史载当是时，"立屯田于膏腴之野，列邮置于要害之地。驰命走驿，不绝于时月；商胡客贩，日款于塞下"①。蚕桑、缫丝技术也伴随着兴盛不衰的丝绸贸易传入西域。还有瓷器、漆器、茶叶及桃、杏、梨等工艺品和农产品。各国频繁地送子入汉朝为侍子，接受汉文化的熏陶和影响。西域的葡萄、西瓜、苜蓿、胡麻、核桃、石榴、大蒜和胡瓜等农产品的引进，丰富内地人民的生活。而骆驼、名马、毛皮、毛织品等农畜产品以及西方"宝物"，如珊瑚、象牙等，亦成为中原市场上的名贵商品。至于西域（乃至西方）的音乐、舞蹈、绘画、雕塑和杂技以及佛教的东传，也对我国古代文化艺术产生了积极影响。而且大量汉族屯戍人员的涌入，也在一定程度上改变了西域地区的民族分布格局，为汉族与西域诸民族的交流与融合奠定了基础。

---

① 《后汉书》卷 88《西域传》，第 2931 页。

（四）在军事上，汉代于西域设立的屯田，基本上都是军屯性质，屯田士卒既是屯垦区的农业劳动者，又是驻屯地的武装力量，其身份亦兵亦农，寓兵于农。是以两汉屯垦既保证了对匈战争的粮食供应，又提供了必要的军事与安全保障，不仅满足了汉军屯驻西域的物资供给，而且还促进了西域地区的经济发展，改变了西域地区落后的经济状况，进而获得了西域民众对两汉中央政府的认同，不仅促进和巩固了国家的统一，而且在实边戍边上更起着举足轻重的作用。实边即为开发边疆，保障人民安居乐业，平定内部动乱；戍边即为保卫边疆，防止匈奴侵扰及外来侵略，从而实现伟大的历史转变。在屯戍的基础上，汉廷得以"设戊己之官，分任其事；建都护之帅，总领其权"。西域从此纳入祖国版图，这在当时是国家政治生活中的大事，即在今天仍有着极其重要的现实意义。

综上，汉王朝对西域积极的经营和迁入的汉人对该地区的开发，使广大西北地区政治相对安定，社会经济取得了快速的发展。汉朝政府对西域的开发与移民，不仅有效巩固了汉朝对西域的统治，而且传播了中原地区先进的文化和生产技术，促进了汉人和西域各民族间的交往和融合，这一切构成了汉朝政府加强对西域控制的最有力保障，同时提高和丰富了我国各族人民的物质文化生活，增进了各民族的友谊和团结，也为东西方之间的经济文化交流提供了基础，促进了西域和祖国内地经济文化的交流和发展，有效地巩固了对西域的统治，成就了汉朝多民族统一王朝的盛世。其首创之功，为历代王朝开发西域，统一祖国开辟了一条宽广的大道。

第三节　简牍所见汉代西域屯田与边防拓展

屯田是汉代经营西域的主要手段，汉代在西域的屯田经历了一个较长的历史时期，随着屯田向西域腹地的深入，逐步由点到线形成一完善的屯田网络体系，在强化对西域控制秩序的同时，也拓展了汉代西北的边防，这一点在敦煌原汉代悬泉置遗址中出土的简牍中亦可见一斑，本节拟就汉代简牍所反映的西域屯田过程与边防拓展两个方面作尝试性探讨。

一 汉代西域屯田分布

中原王朝在西域屯田，始自汉代，以后历代王朝都曾实行，对维护西北边疆有着重大意义。汉代在西域的屯田最早是为解决西汉在西域外交与军事行动的后勤保障而兴起的，它随着汉朝在西域势力的发展，以及汉朝经营西域的政策的变化而变化。具体而言，屯田一直是西汉经营西域的一项重要战略措施，通过驻军屯田，西汉控制了西域南北两道上的战略要地，也发展了当地的经济，为文化软实力治边方略的实施提供了有效的物资与安全保障。在这些屯田中，比较重要的有五处，按照建立的时间顺序，分别是轮台—渠犁屯田、依循屯田、车师屯田、比胥鞬屯田和赤谷城屯田。下面就汉简所见这五处屯田的情况作一详细论述。

（一）轮台—渠犁屯田

轮台，又作仑头，是西汉较早设置于西域的屯田，始于武帝伐胜大宛之后，据《史记·大宛列传》记载：

> 而敦煌置酒泉都尉，西至盐水往往有亭。而仑头有田卒数百人，因置使者，护田积谷，以给使外国者。[1]

盐水就是今天的罗布泊，是西域途中最艰苦的地段。而仑头原为西域的一个小国，因不肯向李广利伐大宛军提供给养而被屠灭。随着汉朝亭障西出玉门、阳关抵达盐水，武帝即派遣田卒于此屯田积谷，由使者、校尉领护。

渠犁则位于轮台以东，今新疆库尔勒至渠犁地区之间。此处屯田开展的较晚，虽然武帝时期时任搜粟都尉的桑弘羊联合丞相、御史大夫上书朝廷要求扩大轮台屯田至渠犁，但被武帝以远田轮台"扰劳天下"为由，否定了这一提议[2]。直至昭帝时，才开始在渠犁屯田，据史载：

> 昭帝乃用桑弘羊前议，以杆弥质子赖丹为校尉，将军田轮台，轮

---

[1] 《史记》卷123《大宛列传》，第3873页。
[2] 《汉书》卷96下《西域传》，第3912—3914页。

第三章 汉代西域屯戍边防机制　　145

台与渠犁地相连也。①

　　但不久即为龟兹所攻灭，屯田亦随之停滞。宣帝时，由于汉匈在车师争夺的激烈化，"遣侍郎郑吉、校尉司马憙将免刑罪人田渠犁，积谷，欲以攻车师"②。可见宣帝不仅恢复了渠犁屯田，而且田卒数量增至一千五百名。此后，渠犁屯田逐步成为汉朝在西域最大的经济与军事据点。从悬泉汉简有关渠犁屯田吏士过往悬泉的记录中，可以对渠犁屯田的概况进行大致的了解：

　　（1）骊，牡，齿十八岁，送渠犁军司马令史勋，承明到遮要，病柳张，立死，卖骨肉。临乐里孙安所贾千四百，时啬夫忠服治爰书，误脱千，以为四百，谒它爰书，敢言之。守啬夫富昌。

　　　　　　　　　　　　　　　　　　《释粹》（Ⅱ0114③：468）
　　（2）五凤四年九月己巳朔己卯，县泉置丞可置敢言之：廷移府书曰，效谷移传马病死爰书，县泉传马一匹，骊，牡，齿十八岁，高五尺九寸，送渠犁军司令史。　　　《释粹》（Ⅱ0115③：98）
　　（3）……送使渠犁校尉莫府，掾迁会大风，折伤盖□十五枚，御史赵定伤……　　　　　　　　　　《释粹》（Ⅱ0215④：36）
　　（4）□□渠犁□□丞王常、□忠更终罢，诣北军，诏□为驾一封轺传，一人共载，有请。甘露□年……谓……

　　　　　　　　　　　　　　　　　　《释粹》（Ⅱ0214③：67）
　　（5）将田渠黎军候千人会宗上书一封。初元□……

　　　　　　　　　　　　　　　　　　《释粹》（Ⅱ0216②：26）
　　（6）渠梨校尉□╱。　　　　　　　（V92DXT1309④：44）③
　　（7）将田渠犁校尉史移安汉□□□送武，军司令史田承□□□□。谨长至罢诣北军以传。诏为驾一封轺传，传乘为载。

　　　　　　　　　　　　　　　　　　《释粹》（91C：59）

---

① 《汉书》卷96下《西域传》，第3916页。
② 同上书，第3922页。
③ 《从悬泉汉简看两汉西域屯田及其意义》，第114页。

通过以上简牍可以看到，渠犁屯田事务是由渠犁校尉负责，其属吏有军候、司马、千人、令史等，具有显著的军事性质。

（二）伊循屯田

伊循本属楼兰，楼兰地处西域最东陲，在汉朝出敦煌通西域的交通孔道上，曾一度受到匈奴的控制。元封三年（前108）楼兰被赵破奴攻破，此后，便游离于汉匈之间。楼兰王安归继位后，受匈奴反间，屡次遮拦攻杀汉使和安息、大宛等国派往汉朝的使者。昭帝元凤四年（前77）派遣傅介子刺杀楼兰王安归，立原楼兰国在汉的质子尉屠耆为王，并将楼兰的国名更改为鄯善。在送尉屠耆归国之际，汉朝不仅为其举行了隆重的仪式，而且还将宫女嫁给他作夫人，并应其要求遣司马一人，吏士四十人，田伊循以镇抚之。其后更置都尉，伊循官置始此矣。① 伊循屯田的建立，有效维护了鄯善以西南道交通的畅通。

关于伊循的屯田情况，传世文献记载过于简略，近年来在甘肃、新疆等西北地区的考古发现，无疑可弥补传世文献的不足。以在新疆地区的考古调查来看，在若羌县米兰，沿着古代米兰河道，发现一条汉代的灌溉系统，有总闸、分闸、干渠和支渠。有的支渠长达二公里，根据附近发现的文物和墓葬，当为汉代在伊循城屯田的遗迹。② 而悬泉汉简中出现的大量有关伊循屯田的简牍，颇值得关注，如：

（8）伊循农☐。　　　　　　　　《释粹》（Ⅱ90DXT0215S：38）

（9）甘露三年四月甲寅朔庚辰，金城太守贤、丞文，谓过所县道，官遣浩亹亭长泰（漆）贺，以诏书送施刑伊循。当舍传舍，从者如律令。　　　　　　　　《释粹》（Ⅱ0114④：338）

（10）☐☐☐☐元年十二月送徒施刑☐☐☐☐，二月廿九日至敦煌，积五十九日。☐二十☐阳关积三月。☐☐☐三月五日发敦煌，十九日至文侯，积十五日，留四月廿五☐☐☐☐☐☐。·闰月八日至伊循。绥☐☐。（B）　　　　　　　《释粹》（Ⅱ0115②：66）

---

① 《汉书》卷96上《西域传》，第3878页。
② 孟池：《从新疆历史文物看汉代在西域的政治措施和经济建设》，《文物》1975年第7期，第29页。

（11）入上书一封，车师己校、伊循田臣强。月辛亥日下餔时，临泉驿汉受平望马益。　　　　　《释粹》（V1310③：67）

（12）□敦煌伊循都尉臣大仓上书一封……甘露四年六月庚子上……　　　　　　　　　　　　　《释粹》（Ⅱ0216③：111）

（13）□敦煌伊循都尉大仓谓过所县……传舍，从者如律令……
　　　　　　　　　　　　　　　　　《释粹》（Ⅰ0111②：73）

（14）伊循城都尉大仓上书……　《释粹》（Ⅱ0114④：349）

（15）……伊循城都尉大仓谓过所县……传舍。从者如律令。
　　　　　　　　　　　　　　　　　《释粹》（V1312③：6）

（16）……伊循都尉。　　　《释粹》（Ⅱ90DXT0214③：251）

（17）七月乙丑，敦煌太守千秋、长史奉憙、守部候修仁行丞事，下当用者小府、伊循城都尉、守部都尉、尉官候移县泉、广至、敦煌郡库，承书从事，下当用者如诏书。/掾平、卒史敞、府佐寿宗。
　　　　　　　　　　　　　　　　　《释粹》（V1312③：44）

（18）四月庚辰，以食伊循候傀君从者二人……
　　　　　　　　　　　　　　　　　《释粹》（Ⅱ0215③：267）

以上简牍资料中，简8虽仅残留三个字，但明显与伊循屯田有关。简11所记为悬泉置转递的"车师己校、伊循田臣强"给朝廷的上书，从行文来看，其时车师己校、伊循田臣似乎均为强一人担任，说明伊循田臣曾一度由车师己校兼任。简9和简10分别是往伊循屯田区送施刑徒的通关文书和行程记录，表明伊循屯田的主体是免刑罪人。简12到简16反映的是伊循都尉在西域的活动，时间大致在宣元以后，且多以"敦煌伊循都尉"相称，表明伊循屯田隶属于敦煌郡。简17敦煌太守千秋和长史奉憙、守部候修仁联名向包括伊循都尉在内的属吏下发的文书，这也说明伊循都尉是敦煌太守的属吏。简18是为伊循候傀君及其两名从者提供饮食的记录。

通过这些简牍资料，可以看到，伊循屯田自昭帝设置以来，历宣元之世，一直存在，且规模不断扩大，建置也从司马升至都尉，下设有候官等属官，在隶属关系上由敦煌太守管辖。

（三）车师屯田

车师，地处今新疆东部天山南北，不仅是汉朝由北道通西域的必经之道，也是匈奴由天山以北进入天山以南的交通要道，控制车师，对于汉匈来说都具有重要的战略意义，汉匈双方多次争夺。车师的屯田，起初是由郑吉分置的。地节三年（前67）郑吉攻破车师，"使吏卒三百人别田车师"。后为了应付匈奴的侵扰，郑吉于是"尽将渠犁田士千五百人往田"。元康二年（前64）匈奴来攻，围郑吉所部于车师城中，郑吉上书朝廷要求增兵，但朝廷经过讨论后，决定暂且放弃车师屯田，并派常惠"将张掖酒泉骑出车师北千余里，扬威武车师旁"，救郑吉等归渠犁。至日逐王归汉后，汉朝才逐步恢复了在车师的屯田。据史载元帝时，设置了戊己校尉，屯田车师前王庭，主管西域的屯田和防务。悬泉汉简中一些简牍对元、成、哀三朝戊己校尉的建置情况有详细记录，从中可以一窥车师的屯田情况。

（19）永光五年五月甲辰朔己巳，将田车师己校尉长乐兼行戊校尉事，右部司马丞行……（A）掾 。史意。（B）

《释粹》（Ⅱ0215②：21）

（20）五月壬辰，敦煌太守强、长史章、丞敞下使都护西域骑都尉、将田车师戊己校尉、部都尉、小府、官、县，承书从事下当用者。书到白大扁书乡亭市里高显处，令亡人命者尽知之，上赦者人数太守府别之，如诏书。　　　　　　　　　《释粹》（Ⅱ0115②：16）

（21）入铁镡剑，永始三年六月癸卯，郡库掾成受罷己校前曲后……　　　　　　　　　　　　　　　《释粹》（Ⅳ0617③：17）

（22）永始三年七月戊申朔丙辰，县（悬）泉置啬夫敞敢言之，府记曰：唯正月以给戊己校使者马薪，辈□□□□。使者安之移仓曹卿，君别取□□偿如牒，敢言之。　　《释粹》（Ⅰ0402④A：8）

（23）入上书一封，车师己校、伊循田臣疆。九月辛亥日下铺时，临泉译（驿）汉受平望马益。　　《释粹》（Ⅴ1310③：67）

（24）九月甲戌、效谷守长光、丞立，谓遮要、县（悬）泉置，写移书到，趣移车师戊己校尉以下乘传，传到会月三日，如丞相史府书律令。掾昌、啬夫辅。　　　　　　　《释粹》（Ⅴ1812②：120）

第三章 汉代西域屯戍边防机制

（25）建始五年……□田车师左部中曲候令史礼调罢将……候行丞……□□为驾诣北军，为驾一封轺传，有请。当……□史。（A）敦煌太守府吏（B） 　　　　《释粹》（Ⅱ0214②：137）

（26）□平元年十月车师戊校兵曹薄（簿）……
　　　　　　　　　　　　　　　　　《释粹》（Ⅰ0205②：22）

（27）元延四年十月丁未朔丙……己校尉□□□□□□□
　　　　　　　　　　　　　　　　　《释粹》（Ⅰ0404④A：4）

（28）建平二年三月丁亥朔甲辰，戊校左曲候永移过所……
　　　　　　　　　　　　　　　　　《释粹》（Ⅱ0113③：34）

（29）建平二年三月丁亥朔甲辰，西域戊校前曲候苏舗过所……
　　　　　　　　　　　　　　　　　《释粹》（Ⅱ0212S：66）

（30）车师戊校司马丞……　　《释粹》（Ⅰ0109S：73）

（31）行事昆弟家、戊校候致君当从西方来，谨侍给法所当得，毋谴…… 　　　　《释粹》（Ⅰ0111②：99）

（32）……齿九岁，高六尺二寸，遒三月乙卯送罢戊校候张君……　　　　　　　　　　　　《释粹》（Ⅰ0205②：3）

（33）□骑士六人，持马送戊校。　《释粹》（Ⅱ0115②：173）

（34）出麦四斗，以食戊校莫（幕）府史张卿所乘广至马一匹，再食，食二斗。都吏石卿监。　《释粹》（Ⅱ0216②：359）

（35）戊校右部中曲士皆后□……（A）故私从者……（B）
　　　　　　　　　　　　　　　　　《释粹》（Ⅱ0216②：547）

（36）己校左部中曲候令史黄赏，以私财贾马一匹，骢駮（驳），牡……（A）己校尉以□□□□□□。（B）
　　　　　　　　　　　　　　　　　《释粹》（Ⅱ0215①：16）

（37）使西域□都尉己校青上书一封。《释粹》（Ⅴ1311③：222）

（38）□戊己校过，廪谷□☑　　《释粹》（Ⅱ0112①A：4）

（39）迎戊己校罢校尉，置客往来食如牒，前与政相争……
　　　　　　　　　　　　　　　　　《释粹》（Ⅰ0112①：27）

（40）车师己校候令史敞、相、宗、禹、福置诣田所，为驾一封轺传，驾六乘。传百八十八。　《释粹》（Ⅱ0215③：11）

（41）……师己校候令史敞、相、宗、禹、福、置诣田所。为

驾，当舍传舍，从者如律令。 《释粹》（Ⅰ0116②：125）

通过以上简牍，结合传世文献，可以看出自元帝初元元年置戊己校尉以来，历成哀两帝，除成帝河平年间曾徙己校于姑墨以外，这种由戊、己二校领护车师屯田的格局并没有发生过太大的变化。这样，车师前部的屯田区，至少东起高昌壁，西至交河壁，在星罗棋布的绿洲之上，广泛驻兵屯垦，自车师以西的西域北道自此置于汉朝的主导之下。

（四）比胥鞬屯田

关于比胥鞬屯田，据《汉书·西域传》记载：

（汉）封日逐王为归德侯，（郑）吉为安远侯。是岁，神爵三年也。乃因使吉并护北道，故号曰都护。都护之起，自吉置矣。僮仆都尉由此罢，匈奴益弱，不得近西域。于是徙屯田，田于北胥鞬，披莎车之地，屯田校尉始属都护。①

引文中"北胥鞬"，《通典》卷一百九十一作"比胥犍"，汉简亦作"比胥健""比胥楗"。将其与"莎车之地"相连，岑仲勉认为莎车当为车师之讹，"徙屯田，田于北胥鞬即屯田于车师后庭一带"。初屯时大概数百人，随着西汉屯田重心的北移至车师前部，屯田规模也逐渐扩大。至元帝初元元年置戊己校尉，重新对车师前部屯田力量进行整合，以戊己二校尉领护车师屯田。敦煌悬泉简牍资料披露了一些新的信息，为我们了解比胥鞬屯田提供了可能：

（42）□守府卒人，安远侯遣比胥健……者六十四人，献马二匹，橐他十匹，私马。□名藉（籍）畜财财物。（A）……□□辛酉日出时受遮要御。……□行。（B） 《释粹》（Ⅱ0214：③83）

（43）我儿得毋有如是者，罪误如是，而以为谓充知是，谁类！充曰：类比胥楗校尉。 （Ⅱ0115：③35）②

---

① 《汉书》卷96上《西域传》，第3873—3874页。
② 《汉帝国的制度与社会秩序》，第306页。

简 42 是时任西域都护的安远侯郑吉部分田卒北上屯田比胥鞬的记录，简 43 则表明比胥鞬屯田设校尉领护。

（五）赤谷城屯田

赤谷城是乌孙的国都，乌孙是西域最强大国，为西汉通西域争取的主要对象。武帝曾两度遣公主与其和亲，宣帝元康年间乌孙昆弥翁归靡死，乌孙贵人不立汉外孙元贵靡，而立亲匈奴的泥靡为昆弥，汉与乌孙的关系陷入低谷。宣帝末年，乌就屠袭杀泥靡，自立为昆弥。对此，汉朝一面派遣军队至敦煌，准备军事征讨，一面又命冯嫽劝降乌就屠。在强大的武力威慑下，乌就屠表示愿为小昆弥，汉遂立元贵靡为大昆弥，乌就屠为小昆弥。不久，大、小昆弥又因人民地界的划分产生矛盾，于是汉朝派遣常惠"将三校屯赤谷，因为分别其人民地界，大昆弥户六万余，小昆弥户四万余"。此即为赤谷城屯田之始。关于长罗侯在乌孙的驻屯情况，汉简多有记载。

（44）□□□年□月庚申，使乌孙长罗侯臣奉制诏侍御史曰：惠与军校尉史留□，为驾二封轺传，载从者一人。御史大夫延年下扶风厩，承书以此为驾，当舍传舍，从者如律令。

（Ⅱ90DXT0115③：415）①

（45）上书二封，其一封长罗侯，一乌孙公主。甘露二年二月辛未日夕时受平望译（驿）骑常富。县（悬）泉译（驿）骑朱定付万年译（驿）骑。　　《释粹》（Ⅱ0113④：65）

（46）使乌孙长罗侯惠遣斥候恭上书，诣行在所。以令为驾一乘传。甘露二年二月甲戌，敦煌骑司马充行太守事、库令贺兼行丞事，谓敦煌，以此为（驾），当舍传舍，如律令。

《释粹》（Ⅴ1311③：315）

（47）甘露三年九月壬午朔甲辰，上郡太守信、丞欣谓过所：遣守属赵称逢迎吏骑士从军乌孙罢者敦煌郡，当舍传舍，从者如律令。十月，再食。　　《释粹》（Ⅱ0115③：99）

---

① 《汉帝国的制度与社会秩序》，第 304 页。

以上四简，简44是一份长罗侯常惠发出的轺传文书，简45和简46相似，是常惠的上书从悬泉置经过留下的记录，简47所记为甘露三年（前51）上郡官员前往敦煌迎接从军乌孙罢归的军吏骑士的文书。简中上郡吏骑士从军乌孙者即为长罗侯所率屯田赤谷之部。

新莽时期由于实施错误的边疆政策，导致西域与中原的关系一度断绝，屯田也因之荒废，至东汉建立，汉于西域的屯田方始恢复，但终究不及西汉为盛，且东汉王朝在西域的经略经历了"三绝三通"的波折，在长达一百余年的时间里，东汉在西域的屯田也经历了"三置三废"的曲折过程。具体而言，东汉在西域的屯田可分为三个阶段：第一个阶段是明帝、章帝时期，主要在伊吾、柳中、金满与楼兰等地屯田；第二个阶段是和帝时期，屯田点主要分布于高昌、柳中、伊吾、金满以及疏勒、精绝、于阗和楼兰等地；第三阶段是顺帝时期至东汉末年，屯田点主要位于伊吾、高昌、金满、精绝、于阗和楼兰等地。此后一直到东汉覆亡，西域的屯田区域基本维持不变。

可见，两汉于西域的屯田不仅深入西域腹地遍及土地肥饶之处，而且多位于交通要道与军事要害之处。故此，这些屯田在为汉王朝实施文化软实力方略提供必要物质保障的同时，也为其提供了必要的军事与安全保障。

二 西域屯田网络之建构与边防之拓展

从上文的分析来看，两汉在西域的屯垦，始于西汉武帝，发展在昭、宣之际，直到东汉桓帝。屯垦基本上都属于军屯性质。但在北方及河西地区的大规模屯田，主要是移民屯垦；而西域由于地理遥远，民族不同，语言各异，更由于经常处于战争状态，所以主要实行军屯。如《册府元龟·屯田叙》所说："因戍营田，因田积谷。兼兵民之力，省飞挽之劳。"① 就地养兵，一可解决军饷，积累粮草，免去从内地远道运粮的人力费用，为统一战争作军需准备；二即亦农亦兵，劳武结合。平时种田积

---

① （宋）王钦若等编纂，周勋初等校订：《册府元龟（校订本）》，第六册《邦计部》卷503《屯田》，凤凰出版社2006年版，第5712页。

谷，战时则随军出征。屯田长官既管理屯务，又是作战指挥官，随时可率屯兵作战。

两汉的屯田点大多选择在战略要地。大抵是西汉重南道，东汉重北道。这主要是西汉时汉匈争夺多在南道；东汉时匈奴实力日削无力南侵，汉匈争夺多在北道的缘故。但无论西汉或东汉，屯田点选择的特点，基本上在土壤肥沃、水草丰美、位置优越之战略要地，或处于西域中央，如轮台、渠犁；或正扼交通要道，如伊循、车师；或地当西域门户，如伊吾庐，无一不是土地肥沃地处要害之地，而更重要的是均为军事要地。《后汉书·西域传》对伊吾庐、高昌壁、金满城等战略地位的重要性，有明确描述："此其西域之门户也，故戊己校尉更互屯焉。"[1] 屯田中心也随形势而变，如西汉时都护府设在西域中心乌垒城，一是便于全面控制西域；二是距屯田中心渠犁较近，物资供应便利。屯田中心后移至轮台，又移至车师。汉代在西域屯田之空间建构，更多着眼于战略的考虑。整体来看，西域屯田的空间布局是以西域都护为中心，以地遏交通要道之车师、楼兰等屯田区为重点，以交通网为连接的点线结合的屯田防御网络体系。

综合以上汉朝在西域之屯田步骤及地理布局，汉代在西域屯田的网络结构呈由点到线，点线推进式特点。在武昭时代汉在西域屯田的重心为轮台—渠犁地区，以此二地作为初步开拓的据点。该屯田区东距汉廷西陲要塞玉门关约三千一百余里，距阳关约二千七百余里，地当汉通西域北道枢纽，由敦煌西出玉门关，过盐泽，即达渠犁、轮台，往西直入西域腹地之中心点，为进一步开拓西域之据点与通道。汉廷于此屯田，一方面实现了当初"以给外国使者"之立意，一方面又实践了桑弘羊发展西域之步骤蓝图，为后来屯田事业在西域的推进奠定了基础。昭帝元凤四年又于楼兰之伊循屯田，后置都尉领护，地当西域之南道之干道，与轮台—渠犁屯田区南北钳制，控制了汉通西域之门户。

自宣帝时起，汉廷在西域采取积极攻势，先于地节二年（前68）遣屯田士卒一千五百人屯田渠犁，藉屯田积谷，与匈奴争夺车师，并在车师开辟屯田。[2] 其后数年，汉匈双方在车师反复争夺，数度易手，直到神爵

---

[1] 《后汉书》卷88《西域传》，第2914页。
[2] 《汉书》卷96下《西域传》，第3922—3923页。

二年日逐王背叛单于降汉，汉廷始得以置西域都护总领西域事务并徙屯田于车师附近的比胥鞬。此后，汉廷西域的屯田重心移至车师前部，后因西域都护所在乌垒城距车师过远，以车师屯田属都护不便管理，于元帝初元元年（前48）置独立的戊己校尉管理车师屯田事务，屯田的重心也由轮台—渠犁地区北移至车师前部之交河、高昌。①

在西域屯田重心北移的同时，汉廷也开始将屯田向西域腹地推进，如甘露元年，屯田乌孙赤谷城；甘露二、三年间，屯田焉耆地；河平元年（前28），徙己校屯姑墨。至此，汉廷在西域建立了完善的屯田网络体系，由东到西分布于各交通线之要点，并在东部伸入东北角之车师，在西部伸入西北角之赤谷，而将天山以南的塔里木盆地，形成一个以西域都护为中心、以车师屯田为重心的屯田网。

随着汉代西域屯田网络的推进，汉廷在西北之边防空间亦得以极大地拓展，主要表现为以下方面：

一方面，汉代于西域的屯田，本身具有屯戍一体化的特点，其屯田规模和范围的扩大，意味着防御体系的拓展。汉代在西域的屯田与河西地区的屯田有着很大的不同。河西地区的屯田是大司农领导下的专职的屯田机构，其田卒虽也担任一定的军事屯戍任务，但只是暂时性的，河西地区的守御与防务主要是由边郡太守领导下的边防军来承担的。西域地区的屯田则与之大相径庭，其虽也被称为屯田，却不是大司农领下的专职屯田机构，而是中央北军领导下的军事组织，在从事屯田工作的同时，也担负着西域地区的驻防与防务，具有屯戍一体化的特点。这种特点主要有以下两个方面的表现：

其一，以军事组织管理屯田。比较其他边郡地区如河西地区的屯田组织，汉代在西域地区设置的屯田组织与之有着明显的不同。前者的组织，是根据屯田分工设置的，而西域的屯田组织则更具有军事性质。不唯如此，河西的屯田组织在中央是属大司农管理的，对此有悬泉置出土简牍为证：

　　十一月丁巳，中郎安意使领护敦煌、酒泉、张掖、武威、金城郡

---

① 《高昌戊己校尉的设置——高昌戊己校尉系列研究之一》，第5—10页。

第三章　汉代西域屯戍边防机制

农田官、常平籴调均钱谷，以大司农丞印封下敦煌、酒泉、张掖、武威、金城郡太守，承书从事下当用者，破羌将军军吏士毕已过，其移所给吏士赐诸装实……　　　　　　　　　　（Ⅱ0114④：293）①

这条简的内容是新的田官到任，以加盖大司农印信的信件，通知河西诸郡太守向相关部门进行传达。

西域地区的屯田，虽然名义上也称屯田，但这些屯田组织并不隶属于大司农，而是隶属于中央的北军，关于这一点，新出土的汉简为我们提供了重要的证据：

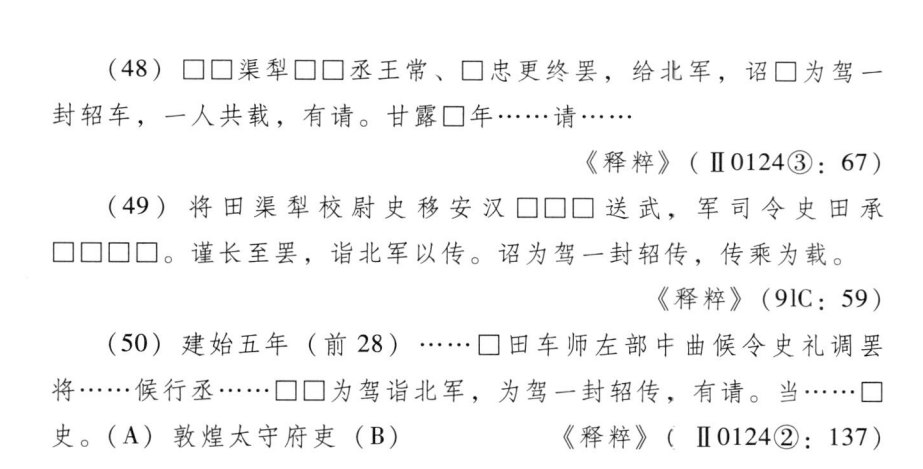

（48）□□渠犁□□丞王常、□忠更终罢，给北军，诏□为驾一封轺车，一人共载，有请。甘露□年……请……
　　　　　　　　　　　　　　　　　　　《释粹》（Ⅱ0124③：67）

（49）将田渠犁校尉史移安汉□□□送武，军司令史田承□□□□。谨长至罢，诣北军以传。诏为驾一封轺传，传乘为载。
　　　　　　　　　　　　　　　　　　　《释粹》（91C：59）

（50）建始五年（前28）……□田车师左部中曲候令史礼调罢将……候行丞……□□为驾诣北军，为驾一封轺传，有请。当……□史。（A）敦煌太守府吏（B）　　《释粹》（Ⅱ0124②：137）

这三条简是西域的屯田官员在经过悬泉置时留下的记录，他们有一个共同点，就是都要经过北军获得相关乘传手续。按照汉代的乘传制度，乘传者是要拥有相关证件和手续才可以乘传的，《资治通鉴》卷十一高帝五年师古引《汉律》："诸当乘传及发驾置传者，皆持五尺寸木传信，封以御史大夫印章。其乘传，参封之，参，三也。有期会，累封两端，端各两封，凡四封。乘置驰传，五封之，两端各二，中央一。轺传，两马再封之。一马一封，以马驾轺车而乘传曰一封轺传。"② 据此，我们可以基本上将上引汉简内容理解为：西域屯田的官员在接到任命以后，是要到北军

---

① 见《敦煌悬泉汉简释粹》，上海古籍出版社2001年版，本节所引悬泉汉简均见于此书。
② 《资治通鉴》卷11《汉纪三》，第358—359页。

申请乘传手续，即"诣北军以传"，这说明西域的屯田组织在中央是由北军管理的。北军的职掌主要是京师的宿卫工作，战时也可出征，是一支战斗甚至是野战部队，典型的军事机构。

在地方上，汉朝在河西的屯田区设立郡级的农都尉及其下属的农令、部农长、丞、农亭长等专门的管理机构和职官进行管理。对于河西屯田组织，学界已有充分的研究，这里不再赘述。对比河西地区的屯田，西域地区的屯田，在其初期，并没有专门的屯田管理组织，多是委派当地的军事长官，如使者、校尉、司马、都尉等兼管屯田事务，属于临时性机构。汉代在西域地区设立最早的军政机构是武帝太初四年（前101）在轮台设置的使者和校尉，同时也是汉代在西域地区最早的屯田管理机构。昭帝元凤四年（前77）任命赖丹为校尉，代表中央政府管理和经营在轮台地区的屯田。同年，又遣"司马一人、吏士四十人，田伊循以镇抚之，其后更置都尉"①，在伊循设置都尉管理屯田。宣帝地节二年（前68），遣侍郎郑吉与校尉司马憙将免刑罪人屯田渠犁，不久又任命郑吉为护都善以西南道使者，管理西域的屯田。神爵二年（前60）以后，汉政府设立西域都护，西域屯田曾一度由西域都护兼管。② 此后，元帝初元元年（前48）于车师前部设立戊己校尉专理屯田事务，才逐渐形成戊己校尉、各部校尉、曲候和屯长四级管理体制，戊己校尉成为汉政府正式设立的管理西域屯田的最高地方机构。关于戊己校尉组织结构，王素先生曾结合传世文献和新出土的简牍资料列表表达，兹将其引述如下③：

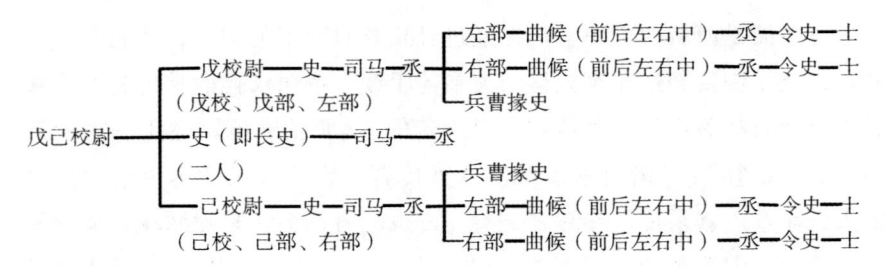

```
                    ┌─戊校尉──史──司马──丞─┬─左部──曲候（前后左右中）──丞──令史──士
                    │ （戊校、戊部、左部）    ├─右部──曲候（前后左右中）──丞──令史──士
                    │                         └─兵曹掾史
戊己校尉────────────┼─史（即长史）──司马──丞
                    │ （二人）
                    │                         ┌─兵曹掾史
                    └─己校尉──史──司马──丞─┼─左部──曲候（前后左右中）──丞──令史──士
                      （己校、己部、右部）    └─右部──曲候（前后左右中）──丞──令史──士
```

此外，戊己校尉作为西域地区最高屯田管理组织，其部曲之下还应当

---

① 《汉书》卷96上《西域传》，第3878页。
② 同上书，第3874页。
③ 《高昌戊己校尉的组织——高昌戊己校尉系列研究之二》，第68页。

有屯和屯长的设置，只是囿于缺乏相关史料的佐证，目前仅为推测。对比戊己校尉的属吏，与大将军的属吏极为类似，《续汉书·百官志》将军条云：

> 其领军皆有部曲。大将军营五部，部校尉一人，比二千石；军司马一人，比千石。部下有曲，曲有军候一人，比六百石。曲下有屯，屯长一人，比二百石。①

因此，可以断定，戊己校尉一职与领军的将军类似，其属吏都属于军事配置。另据悬泉汉简，包括戊己校尉在内的西域屯田校尉普遍设有"幕府"，如：

> ……送使渠犁校尉幕府椽迁，会大风，折伤盖□十五枚，御史赵定伤……　　　　　　　　　　　　　　　　（Ⅱ0215④：36）
> 出麦四斗，以食戊校莫（幕）府史张卿所乘广至马一匹，再食，食二斗。都吏石卿监。　　　　　　　　（Ⅱ0216②：359）

"幕府"是将帅军府的别称，"幕府"之设是因为古代将帅领军出征，军无常处，治无定，而以"幕"建府。②可见，汉代在西域的屯田，是以军事组织领护的，其下级官吏常在屯与戍的双重身份中互调，而中上层官吏则既是管理屯田机构的田官又是当地驻军的军事长官。

其二，屯田与守御是屯戍工作的一体两面。陈直先兰曾就戍卒在边境地区的屯戍活动作过如下论述：

> 戍卒既到戍所以后，因事实需要，名称亦随之而转变。如称戍卒，则主管烽燧守望。田卒则主治屯田。河渠卒则主管屯田水利。鄣卒则主管鄣塞。燧卒则主管亭燧。除道卒则主管清洁。望城卒则主管

---

① 《续汉书》志第24《百官志》，第3564页。
② 《史记》卷81《廉颇蔺相如列传》，第2968页。

望城垣。省卒则主管检查工作……①

　　陈直先生的考证十分具体详细，但值得注意的是，这是基于宏观理论下对边郡戍卒工作作出的一般性划分，具体到西域屯田地区，其情况显然不是这样的。就西域屯田而言，其设置之初衷首先在于建立牢靠的军事据点，巩固中原王朝对当地的控制，防止西域地方政权倒向匈奴，其次是发展粮食生产，解决西域军事行动的后勤补给问题，如汉宣帝时汉遣侍郎郑吉、校尉司马憙将免刑罪人屯田渠犁，其目的便是"积谷，欲以攻车师"。因此，西域地区的屯田与守御均由屯田校尉负责，其所将士卒除了从事日常的屯田活动外，往往作为西域地区的屯驻力量参与征战与守御等军事活动，史籍中多有西域屯田士卒参与军事行动的记载，如：

　　汉宣帝时，乌孙内乱，"汉复遣长罗侯常惠将三校屯赤谷，因为分别其人民地界"。

　　汉宣帝地节二年（前68），郑吉曾亲率"田士千五百人"与城郭诸国兵共同进攻车师，攻破交河城。后又在郑吉与校尉的率领下参与了保车师城的战斗。

　　元帝时，陈汤矫制发城郭诸国兵、车师戊己校尉屯田吏士诛杀郅支单于。

　　成帝廉褒任都护时期，乌孙日贰作乱，汉徙己校尉于姑墨，欲候便讨伐。

　　新莽时，戊己校尉刁护病，遣史陈良屯桓且谷防备匈奴。后陈良与史终带、司马丞韩玄、右曲候任商谋反，胁迫诸亭令燔积薪，分告诸壁曰："匈奴十万骑来入，吏士皆持兵，后者斩。"

　　灵帝熹平四年（175），于阗王安国攻拘弥，大破之，杀其王，死者甚众，戊己校尉、西域长史各发兵辅立拘弥侍子定兴为王。

　　就上引史料可以看出，西域地区的屯田卒同时担负着屯田与守御的双重职责，一旦遇有战事，往往作为一支重要的军事力量投入战场。

---

①　陈直：《居延汉简研究》，天津古籍出版社1986年版，第16—17页。

除了屯田与守御之外，这些屯田卒还在物资供应、道路维护以及农田水利等方面担负重要职责，如《汉书·西域传》在述及汉武帝初置使者校尉领护屯田时，提到"轮台、渠犁皆有田卒数百人，置使者校尉领护，以给外国使者"。可见，汉代在西域屯田之初就负有保障物资供应的职责。而元始中，车师后王国有新道，戊己校尉徐普打算将其开辟出来，"以省道里半，避白龙堆之阨"，说明西域的屯田在道路的维护与开辟方面也是负有责任。此外，两汉西域屯田地区尚有大量水利工程的存在，[①]而这些大型工程的建设，有相当一部分应该是由当地的屯田戍卒完成的。

另一方面，屯田的扩展，强化了对西域诸国的控制，扩大了汉朝西北的防御纵深。汉在西域的屯田，其首要目的在于开发西域经济，为汉廷经略西域提供后勤保障。由于西域远离中原，自然交通状况极为恶劣，依靠内地长期补给绝无可能，李广利伐大宛之重大损失给汉廷留下了深刻教训，给汉廷朝野造成极大影响，汉武帝在轮台诏中亦明言其弊。[②] 但应该注意的是，汉在西域之屯田并非仅仅出于满足为汉廷西域经略提供后勤补给以及对域内经济的开发，而更多是为了有效控制西域诸国。缘西域多为沙漠地区，可耕地面积有限，凡可开垦为屯田的地区，往往是土地肥沃、交通便利的战略要点，如能有效控制这些要点，并以环绕大戈壁之交通线为联络，再辅以沿途烽燧相望守护，则可对西域诸国形成一严密的控制网。同时汉在西域的屯田，因其采用了中原地区先进的田作技术，而在诸如灌溉、工具等方面占有优越，可对周边诸国、部族形成巨大的经济优势，其产出不仅基本满足了屯田士卒日用所需，而且还可以供应过往使者以及资援西域诸国、部族以诱其内属。可见，汉在西域之屯田是加强对西域诸国控制的最有效之手段，在经济与军事上对西域形成极大之威慑，有效通过了汉朝在西域的政治权威，都护之建置在很大程度上即是以轮台—渠犁地区的屯田为依托的。因此，西域屯田的展开，强化了汉对西域的控制，西域成为汉对匈奴的战略缓冲区，将汉在西北的防御纵深向西推进了

---

① 钮仲勋：《两汉时期新疆的水利开发》，《西域研究》1998年第2期，第22—28页。
② 关于李广利伐大宛之重大损失所带来的深刻教训，武帝时司马迁与元帝时刘向对此论之甚详，见《史记》卷123《大宛列传》，第3854页、第3856—3857页；《汉书》卷70《傅常郑甘陈段传》，第3017页。另关于汉武帝轮台诏的记载，详见《汉书》卷96下《西域传》，第3913页。

数千里。

　　再一方面，整合了西域的武装力量，有力巩固了西北边防。西域之物质与人力资源较之中原甚为贫瘠，对于同样贫瘠的匈奴而言，西域之资源则可为丰厚。据统计，西域地区的人口总数当在130万以上，即胜兵数亦有近三十余万之众。① 仅以乌孙一国为例，其有户12万，口36万，胜兵18.88万人，其实力不在内地郡县之下。是以自文帝时起，匈奴便开始积极经营西域，即便是在对汉处于劣势之时亦努力争取对西域的控制权，并以西域为前进基地，对汉之西北边疆形成极大的压力，如东汉安帝永初元年（107）汉廷势力退出西域后，北匈奴重新收属西域，与诸国侵扰东汉西北边疆达十数年之久。② 然西域诸国亦有着其固有之劣势：首先，西域处于大漠与高山之间，交通极为不便，这使各国多处于相对孤立的地位，如孤岛一般难有联结，不具统一之战力，易为各个击破。而且，西域诸国无高度发达之经济，建立在其上的政治组织亦缺乏高度之效率及严密性，加之各国民族成分复杂，各国间矛盾重重，作为同样经济落后而又缺乏高度效率与严密性政治组织的匈奴，难以将西域诸国之力量加以统合，虽加剧了汉朝西北边防压力，但不能形成致命威胁。而这些劣势之于汉朝，却恰恰是优势。正是由于西域诸国互不统属，易为汉廷实施"以夷制夷"之策，因其相互攻伐而为汉效力，③ 汉廷方得以依靠数千人之屯田力量统御西域五十余国。同时，汉帝国以其高度发展的农业经济对西域诸国形成了压倒性的经济优势，因之能在军力与战斗效用上超出西域诸国数倍以上，是以西域汉军人数虽少，但其优良的武器装备与高度发展的战斗组织力，往往能够以少胜多，据陈汤所言，胡人"兵刃朴钝、弓弩不利"，五人才相当于汉军一人，其后受汉人影响，兵器虽有改进，也不过是三个胡兵当一个汉兵。④ 如果加上汉军在组织与战略上的优势，则汉胡双方的交换比更高无疑。正是基于此，汉在西域的屯田，对西域诸国形成了巨大的

---

　　① 该数字是根据《汉书·西域传》所载西域诸国户口与胜兵数所得，见《汉书》卷96《西域传》。
　　② 《后汉书》卷88《西域传》，第2911页。
　　③ 上官绪智：《两汉政权"以夷制夷"策略的具体运用及其影响》，《南阳师范学院学报》2003年第4期，第35—42页。
　　④ 《汉书》卷70《傅常郑甘陈段传》，第3022—3023页。

经济与军事威慑,实际上成为维护西域统一与和平的重要力量,有效维护了西域内部的秩序。因之依其地特殊之地理、经济、军事以及国势因素以制其地,建立了以都护为首的高效行政组织,汉廷遂将西域诸国的物质与人力资源充分整合了起来,并以之充实西北地区的边防力量,史书中多有利用诸国联军征讨不臣、抵御匈奴的记载,如:

天汉二年(前100),以匈奴降者介和王为开陵侯,将楼兰国兵始击车师。

征和四年(前89),开陵侯将楼兰、尉犁、危须凡六国兵别击车师。

本始三年(前71),汉遣五将军伐匈奴,使校尉常惠使持节护乌孙兵五万骑从西方攻入匈奴。

本始四年(前70),常惠发诸国兵,合五万人攻龟兹,责以前杀校尉赖丹。

地节二年(前68),郑吉发城郭诸国兵万余人,自与所将田士千五百人共击车师,攻交河城,破之。

元康元年(前65),卫候冯奉世发诸国兵攻莎车。

神爵二年(前60),郑吉发渠黎、龟兹诸国五万人迎日逐王。

建昭三年(前36),西域都护甘延寿、副校尉陈汤矫制发城郭诸国兵、车师戊己校尉屯田吏士四万余人远征康居诛杀郅支。

天凤三年(16),五威将王骏等将莎车、龟兹兵七千余人,分为数部攻焉耆。

建初三年(78),班超率疏勒、康居、于阗、居弥兵一万人攻姑墨石城。

章和元年(87),班超发于阗诸国兵二万五千人,击莎车。

永元六年(94),班超遂发龟兹、鄯善等八国兵合七万人,及吏士贾客千四百人讨焉耆。

延光三年(124),班勇发龟兹、姑墨、温宿等国步骑万余人攻车师前王庭。次年,又发敦煌、张掖、酒泉六千骑及鄯善、疏勒、车师前部兵击后部王军就。

永建二年(127),班勇发诸国兵四万余人,分骑为两道击焉耆。

建宁三年（170），戊司马曹宽、西域长史张晏，将焉耆、龟兹、车师前后部，合三万余人，讨疏勒。

阳嘉四年（135），北匈奴呼衍王率兵侵后部，帝以车师六国接近北虏，为西域蔽扞，乃令敦煌太守发诸国兵，及玉门关候、伊吾司马，合六千三百骑救之。

以上所述，均为见于《汉书》《后汉书》记载的以西域诸国兵为主力之军事行动。可知，汉朝在西域利用屯田的方式进行开拓并逐步建立起对西域诸国的控制秩序，进而将汉在西北边防守御体系拓展至西域。故汉于西域之屯田，不仅为其经营西域之最有效手段，亦为其拓展西北边防唯一可用之手段。限于西域之自然与地理条件，汉廷难以如同河西那般大量移民与驻军，这也导致西域地区难以发展为一般之郡县，故终两汉之世，均以军府领护制度统御西域，将之以地缘战略防御区视之。故西域地区之行政有赖于交通路线的完善、强大的军事保障以及西域内部民族之"汉化"，这样一来，集地方开发与军事守御于一体的军屯，无疑是实现对西域控制的不二之选。正是两汉王朝对西域之有效控制，使得中原王朝在西北的边防线大大向西推移，也因之令后世产生了将汉之影响所及的西域西界——葱岭为中国自然疆界之西陲的传统意识。故汉世之西域屯田，使中原王朝的影响力第一次深入至西域，虽未能完全将西域化为汉土，但在历史地理传统上以及心理文化意识与观念上已将西域归化为中国之一部。

三 小结

本书所研究之中心为对西汉武帝中期以来在西域地区屯田的历史过程、空间分布特点以及对汉西北边防之拓展上的分析，探讨此一制度之历史发展，然后再考察屯田分布之空间特点及网络化建构，最后乃论析此一制度何以被应用于对西域诸国的控制并其后何以用为边防拓展之方略。在这一研究中有数点看法特别值得提出来加以讨论。

第一，汉之于西域屯田，始于西汉武帝中期，其最初目的在于维护西域道路的畅通，为过往西域的人员提供后勤补给，以维持汉在西域之影响力，防止西域诸国倒向匈奴。其后，随着屯田在西域的深入，特别是汉在西域屯田由点到线的推进，其目的开始转为有效制御西域拓展边防空间，这正与自武帝以来针对外族，尤其是匈奴之国策相合，体现了汉代所行各种政策与设施间既存在着密切的关联性，且同一制度在不同的时空应用上又具有很大的灵活性。以上对屯田制度在西域的发展与边防之拓展的分析，其在功能上之因时而变即是如此。

第二，自武帝中期在西域开创的屯田模式使汉王朝在西域的经营获得了巨大成功，使汉廷得以号令西域五十国之众而将边防线向西推进数千里，军威远及葱岭以西大宛、康居等国，汉王朝之国际威望达到最高点。从长远历史观点来看，汉朝对西域这一成功经略，初步奠定了一个以汉廷影响所及之西域西界——葱岭作为中国最西之"自然疆界"的边陲意识，同时也得以与中亚地区诸民族广泛接触，一定程度上加深了汉人对"国家"观念的认同。而从制度方面的影响来看，汉代开历代经营西域之先，其制多为后世所承袭，在中国处理与边疆民族关系史上产生了久远的影响。

第三，限于西域特殊的自然地理条件，汉代在西域的屯田不同于其他地区，汉廷于西域的屯田始终注重军屯，"寓农于兵"，其上屯田士卒既为该地之屯戍军亦为屯垦之劳力。这种且耕且守的屯田制度，适应了西域地区特殊的地理、经济、军事以及政治条件，是建立对西域控制秩序的最佳途径，为后世中央王朝对西域的经营提供了可循之路径，其影响深远，及于当代犹然如此，由此足见汉代西域屯田对后世影响之广泛。

第四章　文化软实力在汉代西域边疆管理中的实践

综合实力包括硬实力与软实力。其中硬实力是指一国以经济、军事以及科技为核心的物质力量；软实力则是指文化与制度方面的影响力。中原王朝的政治制度、统治理念与文化传统，升华为以儒家文化为核心的华夏文化并将之用于治理西域边疆地区的实践，便构成了两汉王朝治理西域的文化软实力，继之以此作为巩固统治及向外拓展的利器。惜目前学界对汉代西域治理问题的研究，更多的关注于两汉经略西域的过程与西域都护等行政机构的设置以及两汉与西域的交通与经济文化的交流，很少注意到文化软实力在两汉治理西域实践中的应用。故此，本章谨就两汉治理西域实践中的文化软实力方略作些探讨。

第一节　文化软实力在西域治理实践的基础

两汉王朝将文化软实力应用于西域治边的实践之中，是有着客观的历史与现实基础的，具体而言，主要有以下几个方面：

一　汉代文化软实力在西域实践的政治基础

西汉最早设置于西域的政治机构是领护屯田的使者和校尉，随着汉匈双方势力在西域的消长，到宣帝神爵二年（前60），匈奴日逐王先贤掸因与握衍朐鞮单于不和，率众降汉，汉遣郑吉迎降，并击破车师。这一事件的发生，意味着匈奴在西域的霸权至此终结。自从汉与乌孙结盟，大宛、楼兰等国归汉后，匈奴只能通过车师联系与控制西域北道诸国，这也是匈奴与汉反复争夺车师的原因。日逐王降汉后，不仅导致匈奴设在焉耆、危

第四章 文化软实力在汉代西域边疆管理中的实践

须和尉犁间的僮仆都尉不复存在，而且亲匈奴的车师政权也难以为继，西汉最终取代匈奴，实现了对西域的控制。

关于日逐王降汉，史书记载比较简略，悬泉汉简中的部分简牍资料则在一定程度上弥补了这一不足，并以实物形态展示了这一历史过程。

（1）神爵二年八月甲戌朔□□，车骑将军臣□□谓御史□□，制诏御史□□侯□□□敦煌、酒泉迎日逐王。为驾一乘传，别□载……。御史大夫如律令☑。（Ⅱ90DXT0313③：5）[1]

这篇简文是御史大夫为前往敦煌、酒泉迎接日逐王的官员签发的乘传文书，要求沿途按规定为其提供车辆和食宿。

（2）广至移十一月谷簿：出粟六斗三升，以食悬泉厩佐广德所将助御效谷广利里郭市等七人，送日逐王往来。

（Ⅰ91DXT0309③：167）[2]

这是一份由广至发来悬泉置的出谷簿，记录的是悬泉厩广德率领助御郭市等七人送日逐王东行经过广至用餐时消耗的谷量。

为了管理西域，宣帝于日逐王降汉的次年，即神爵三年（前59）任命郑吉为西域都护。至此，西域都护成为西域最高行政长官。该职设置之初仅为加官，多以骑都尉、谏大夫担任，后转为实职，秩比二千石。属官有副校尉一人，丞一人，司马、候、千人各二人。副校尉是都护的副贰，亦由朝廷任命，秩比二千石，职权与都护相当。都护于神爵三年开府施政，职在统领鄯善以西南道和车师以西北道诸国，督察葱岭以西乌孙、康居等国家，颁行朝廷号令，诸国有乱，得发兵诛伐。都护治所在今轮台县境内的乌垒，大致位于西域的中央，且与西汉经营多年的渠犁、轮台屯田区相近。

---

[1] 张德芳：《从悬泉汉简看西汉武昭时期和宣元时期经营西域的不同战略》，黎明钊编《汉帝国的制度与社会秩序》，香港牛津大学出版社2012年版，第294页。

[2] 同上书，第294页。

关于西域都护的设置情况，悬泉汉简中也有简文记载：

（3）出粟五斗二升，以食安远侯副卫司马遣假千人尊，所将送匈奴归义拊类王使十一人、质子二人，凡十三人，人一食，四升。东。　　　　　　　　　　　　　　　　　　（Ⅱ90DXT0115④：39）

（4）五凤三年二月辛亥，使都护西域骑都尉☐侯吉，安远侯吉谓敦煌，以次为驾，当舍☐军，传舍如律令。　　（Ⅱ90DXT0214③：197）

（5）☐二人，使都护西域骑都尉安远侯吉谓敦煌，☐驾，当舍传舍如律令。三月甲寅过东。　　（Ⅱ90DXT0213③：135）

（6）使都护安远侯吉上书一封，☐☐元年十月庚辰日餔时受遮☐☐☐☐☐☐行。　　　　　　（Ⅰ90DXT0114③：62）①

（7）出西书一封，廷尉章。诣西域骑都尉。二月戊子日下餔时受鱼离啬夫，即时立行。　　　《释粹》（Ⅱ0112②：119）

（8）出绿缇书一封，西域都护上，诣行在所公车司马以闻，绿缇孤与缊检皆完，缇长丈一尺。元始五年三月丁卯日入时，遮要马医王竟、奴铁柱付县（悬）泉佐马赏。　《释粹》（Ⅱ0114②：206）

（9）使西域☐都尉、已校青上书一封。

《释粹》（Ⅴ1311③：222）

上述简牍，简3是西域都护安远侯郑吉派下属送匈奴拊类王使者路过悬泉置用餐的记录。简4和简5是安远侯郑吉为下属签发的公务信件在路过悬泉置时留下的抄件。简6是西域都护定远侯郑吉给朝廷的上书。简8与简9性质与简6相似，都是西域都护给朝廷的上书。简7则是朝廷向西域都护下达的文书。

随着西域都护及其附属机构在西域的建立，汉王朝确立了对西域的行政主权，此后的西域诸民族政权成为隶属于汉王朝的地方政权，这就为两汉中原王朝在西域实施文化软实力方略奠定了坚实的政治基础。

---

① 《汉帝国的制度与社会秩序》，第296、297页。

二 汉王朝文化软实力治边方略实施的物质与安全保证

西汉在西域的屯田不同于其他地区,其具有更多的军事色彩,是为了巩固西域边防所采取的重要措施。西汉在西域的屯田主要集中在轮台、渠犁、伊循、比胥鞬与车师前王庭等处,这些地区或处于西域的中央,如轮台、渠犁,或地扼交通孔道,如伊循、车师,无一例外均位于战略要地。可见,西汉在西域的屯田,首选是交通要道,军事重地等具有战略意义的地点,其次是土地肥沃、易于垦殖之处。

西域最早的屯田,是武帝时设置的渠犁屯田。规模较小,与昭宣以后以屯戍为目的的屯田不同,其目的主要是为出使西域的使者提供物质补给。首次提出以屯戍为目的进行屯田的是时任搜粟都尉的桑弘羊。武帝征和年间,桑弘羊便建议派遣士卒屯田轮台以东,包括渠犁在内,并置三校尉领护,然未被武帝批准。昭帝继位后,方才采纳桑氏前议,以杆弥太子赖丹为校尉,屯田轮台。后因赖丹被杀,事情也没有结果。宣帝时,西汉与匈奴反复争夺车师,渠犁成为汉军基地,其田卒已达到1500多人。在都护设置前,各屯田点均有校尉领护。汉制,校尉均为军职,是掌兵之官,西域地区亦然,其主要职责,不仅仅在于屯垦收获,供给中外使者与商旅,而是借屯田以"积谷",征讨那些亲匈背汉的西域国家。在都护设置以后,对西域的屯田管理,便被纳入西域的地方军政体系。元帝时,又设戊己校尉专管屯田事务,就其本职而言,仍是"处西域之中,镇抚诸国"的军事长官,而不是一个单纯的屯田组织管理系统。

西汉在西域屯田的人员,除去极小部分的免刑罪人和应募士外,主要是由戍卒构成的,这些戍卒又常被称为"田卒"或"屯田卒"。这些屯田卒除了日常从事农作外,遇有战事往往随军出征,且其本身也是边塞防御的主要力量。他们在西域且耕且战,发挥了重要的战略威慑作用,有效地确立西汉在西域的统治。

西汉在西域的屯田也带来了可观的经济效应。一方面,解决了军队调动及其后勤补给的问题,就地养兵,免去了从内地远道运输粮草的费用,减轻了朝廷的军费开支;另一方面,由于屯垦人员多来自内地,为西域地区带来了先进的生产技术和生产经验,推动了西域生产力的发展,改善了当地的社会经济,使西域地区出现了"益垦溉田""多田积谷"① 的繁荣景象。社会经济的繁荣,使得西域诸国更为倾心于汉朝的统治,增强了西域诸民族对中央王朝的归属意识。②

三 汉王朝在西域实施文化软实力治边方略的思想与现实基础

"以夏变夷"的政治观念本源于儒家的德化观。儒家提倡以和为贵,认为朝廷应对蛮夷,德与威不可或缺,当以宽仁待之,以坚强御之,中央王朝只要对蛮夷广施德化,便可实现"德泽洽夷"。因此,两汉王朝针对西域的治理,往往企望利用道德的力量与良好的形象,通过和平的手段获得西域诸国的认同,以求实现"以义属之,广地万里"③ 的政治理想。

在这种治边思想的影响下,两汉王朝并没有将军事打击与武力征服作为统治西域诸国的主要手段。虽然必要的武力征伐必不可少,但就具体情况来看,西汉时期对西域诸国的征伐,主要集中在都护设置之前,在都护设置之后,汉廷对西域用兵渐少,主要集中于平息乌孙内乱及抵御匈奴的侵扰。而东汉时期用兵西域的次数要多于西汉,大概与东汉对西域的统治远不及西汉稳固有关。整体而言,两汉对西域内属诸国的管理,以政治羁縻为主,以军事征伐为辅,若非不得已,绝少用兵,即便用兵,也多以威慑为主,辅以政治劝降,如甘露元年(前53)乌就屠袭杀狂王,汉朝一方面遣破羌将军辛武贤将兵万五千人至敦煌,遣使者案行表,穿卑鞮侯井以西,欲通渠转谷,积居庐仓以讨之。一方面都护郑吉又派遣冯夫人劝降乌就屠,终于说服乌就屠,"立元贵靡为大昆弥,乌就屠为小昆弥,皆赐印绶。破羌将军不出塞还",乌孙问题得以和平解决。

同时,西域地区远离中原,域内的自然地理环境与地缘政治情况均远较其他地区复杂,依靠武力征伐实现统一亦不现实。以李广利伐大宛为例,伐宛之役的成功,虽然使汉的声威在西域达到前所未有的高度,但这一成就的获得是建立在大量人员牺牲与物质消耗基础上的。元帝时刘向指责李广利伐宛之举,"捐五万之师,靡亿万之费,经四年之劳,而廑获骏

---

① 《汉书》卷96下《西域传》,第3912页。
② 详见殷晴:《汉代西域人士的中原憧憬与国家归向——西域都护府建立后的态势与举措》,《西域研究》2013年第1期,第1—8页。
③ 《史记》卷123《大宛列传》,第3844页。

马三十匹,虽斩宛王毋寡之首,犹不足以复费,其私罪恶甚多"。① 尽管这种批判有失偏颇,不过确实反映了汉军的整体消耗情况。李广利第一次征伐大宛,便动用数万兵力,结果失败后退回敦煌的兵力不足去时的十分之一二。第二次伐大宛时,为了避免前次兵少以及道远乏食、士卒饥疲的教训,此次出征不仅在正面战场上集中了六万大军,而且还特别征发十八万边军屯于酒泉、张掖北,置居延、休屠以卫酒泉。同时调集了十万头牛、三万多匹马及数以万计的驴、骆驼以运送军粮和弓矢等兵器,导致"天下骚动,转相奉伐宛,五十余校尉……而发天下七科谪,及载糒给贰师,转车人徒相连属至敦煌"②,足见动用人力之巨。而伐宛归来时,生还的士卒不过一万余人,人员损失可谓惨重。至于物质损失,更是不可胜计。战争消耗的惨烈,使汉武帝认识到单纯依靠武力征伐和军事威慑难以实现长期控制西域的目的,且其损耗也是汉朝国力难以支撑的,而这无疑坚定了汉王朝在西域实施以文化软实力为治理西域之方略的思想意识。

第二节 治边文化软实力的内容

治边文化软实力的内容,主要是彰显汉王朝的物质与精神文明以及制度优势。较之西域地区结构简单的游牧文明和发展滞后的山地文明,以农业文明为核心的汉王朝具有明显优势。基于这种优势,两汉王朝在治理西域的过程中十分重视彰显以文化为核心的软实力在西域之中所发挥的影响力。为此,两汉王朝积极推行纳质制度与和亲制度。通过纳质制度,两汉王朝接收了大批西域国家遣送为质的贵族子弟,这些质子长期居住在汉地,他们或生活于京师,或留居于边地,受到朝廷给予的优厚礼遇,并长期接受汉文化的熏陶,不仅获邀参与各种官方隆重的节庆、典礼、集会以及各种宫廷宴饮和文娱活动,从而学习、接纳汉文化中的典章制度与官方高雅文化,而且在质侍期间还有可能和条件认识汉人的世俗生活,甚至娶妻生子,组织家庭,在接受汉方宫廷文化的同时,学习、接纳汉方民间的世俗文化,从而更深入地了解和享受汉的物质与精神文明,推动汉文化向

---

① 《汉书》卷70《傅常郑甘陈段传》,第3017—3018页。
② 《汉书》卷61《张骞李广利传》,第2700页。

西域的传播，使西域周边地区掀起了学习汉文化的高潮。两汉王朝在西域积极实施的文化软实力方略主要包括三个方面，即推进物质文化、精神文化以及政治文化在西域的传播，下面即就此三项内容作一详细阐释。

一 以农作生产文化为核心的物质文化西传

西域地处亚欧大陆中心，远离海洋，干燥少雨，日照时间长，气温变化大，是典型的温带大陆性气候。其腹地的塔里木降水稀少，但环塔克拉玛干沙漠边缘地带因受高山融水的影响而形成绿洲地带，其间分布着许多以灌溉农业为基础的城邦国家。为了维持对西域的控制，两汉王朝十分注意笼络这些城邦国家，汉廷一方面通过设置屯田给以开发，一方面则加强对西域输入先进的农作生产文化，以促进各国的经济发展。

首先是水利灌溉技术的传入，西域大部分地区位于干旱少雨的地带，水利资源的开发对发展农牧业起到很重要的作用。中原地区先进的水利技术如凿井术的传入，为西域地区开发水利资源提供了保障。[①] 其次，是牛耕和铁器的传入。通过对已刊布的考古资料分析发现，西域地区的犁耕技术始于西汉，约至魏晋时期，已在西域屯田地区广为推广。[②] 罗布泊出土的简牍中也有试行推广牛耕之事的记载："□因主簿奉谨遣大侯究犁与牛诣营下受试。"[③] 由于西域地区的牛耕技术是由汉人从中原带入的，因此带有很强的中原风格，如在拜城克孜尔石窟中就有属西晋时的第175窟壁画中绘有"二牛抬杆"的耕作图。图中劳动者手扶犁架驱牛耕作，宽大的铁铧犁犁头呈三角形。这种铁犁形制及耕作方法与陕北出土东汉牛耕画像石、陕西米脂出土的牛耕画像石及山西平陆枣园东汉墓壁画、甘肃省酒泉嘉峪关汉魏壁画所见图像基本相同，[④] 说明西域各地犁耕技术与我国内地的牛耕技术已处于同一个水平。而铁器的传入，对西域地区的影响不在牛耕之下。据《汉书·西域传》记载，西域一些地区已知冶铁，如若羌"山有

[①] 《两汉时期新疆的水利开发》，第23—28页。
[②] 汪宁生：《汉晋西域与祖国文明》，《考古学报》1977年第1期，第23—42页。
[③] 林梅村：《秦汉魏晋出土文献——楼兰尼雅出土文书》，文物出版社1985年版，第72页。
[④] 山西文管会：《山西平陆枣园村壁画汉墓》，《考古》1959年第9期，第462—463页；嘉峪关文物清理小组：《嘉峪关汉画像砖墓》，《文物》1972年第12期，第24—41页。

铁，自作兵，兵有弓、矛、服刀、剑、甲"[1]；鄯善"能作兵，与若羌同"[2]；自且末以西"作兵略与汉同"[3]；难兜国"有金银铜铁，作兵与诸国同"[4]；罽宾"有金银铜锡，以为器"[5]；莎车"有铁山"[6]；龟兹"能铸冶，有铅"[7]，但就其工艺而言，则远远不及汉朝。而据《史记·大宛列传》记载，大宛以西诸国本"不知铸铁器""及汉使亡卒降"，始"教铸作它兵器"[8]。随着中原冶铁技术的逐步传入与推广，至西汉后期，西域生产的兵刃"颇知汉巧"，改变了过去"兵刃朴钝，弓弩不利"[9]的情况，西域出土的铁农具也印证了这一点。[10] 在库车发现的铜矿遗址中，多有汉代五铢钱出土，说明这些铜矿的兴办，皆为汉代统一西域后的事情。这些先进的生产工具与生产技术的传入，大大推动了西域地区农业与手工业的迅速发展，对当地的社会生活产生了深远影响。

二 中原礼乐等精神文化在西域的推广

与物质文化西传的同时，是精神文化的推行与灌输。这一有着深远意义的举措，对西域地区精神文明的影响不可估量，已见诸许多考古文物之中，如汉语言文字的使用、对汉文化的学习以及相关礼制等的变化。

（一）汉文化教育与文字使用

与屯田和传播先进的物质生产文化这类稳定社会经济、改善物质社会措施相比较，进行汉文化教育与汉文字学习，对西域社会的影响更为深远。

---

[1] 《汉书》卷96上《西域传》，第3875页。
[2] 同上书，第3876页。
[3] 同上书，第3879页。
[4] 同上书，第3884页。
[5] 同上书，第3885页。
[6] 《汉书》卷96上《西域传》，第3897页。
[7] 同上书，第3911页。
[8] 《史记》卷123《大宛列传》，第3852页。
[9] 《汉书》卷70《傅常郑甘陈段传》，第3022页。
[10] 尼雅遗址的铁镰与今陕西关中的形制基本相同，昭苏汉墓出土的舌形铁犁与敦煌、关中、长安的汉代大铧形制、风格均相同。另外，天山南北也发现不少汉代冶铁炼铜的矿冶遗址。昭苏乌孙墓中发现铁铧，为汉代遗物。在库车的阿艾山冶铁遗址内出土小坩埚、铁渣、矿石、烧结铁、矿渣、石凿、石球、残铁铲等。

汉代的西域，大部分地区并没有自己的文字。随着汉王朝统治势力的深入，同时带来了中原的文化与文字。出于强化统治的需要，两汉王朝极力推行汉文化教育与汉文字的使用。很快，汉文化便成为西域上层社会的主流文化，汉语言文字也成为贵族间交流的工具，这一结论已为多种出土文献所证实。如1993年，在尼雅原精绝国遗址中出土了一枚写有"仓颉篇"残文的木牍，其文曰："谿谷坂险丘陵故旧长缓肆延涣……"[①] "仓颉篇"是秦汉时期最重要的小学字书，其残文普遍见于汉代西北地区烽燧出土的简牍之中。位于西域腹地的精绝旧址出土了"仓颉篇"残文，说明西域诸国也曾以这一小学课本作为教材，推广汉文字教学与使用。能够证明汉文化文字在西域推广的考古资料还有斯坦因于20世纪初在N14（原精绝王宫所在）垃圾堆中发现的八件精绝王室贵族成员互赠礼物的木简，据王国维判断其年代最晚当东汉晚期。[②] 其上所书文字均为汉隶，且书法精妙，其文如下：

（1）王母谨以琅玕一致问（面）王（背）
（2）臣承德叩头谨以玫瑰一再拜致问（面）大王（背）
（3）休乌宋耶谨以琅玕一致问（面）小太子九健持一且末夫人（背）
（4）君华谨以琅玕一致问（面）且末夫人（背）
（5）太子美夫人叩头谨以琅玕一致问（面）夫人春君（背）
（6）苏且谨以琅玕一致问（面）春君（背）
（7）苏且谨以琅玕一致问（面）春君（背）
（8）奉谨以琅玕一致问（面）春君幸毋相忘（背）

对于这些汉代木札，史树青先生从文物制度的角度对其进行分析，认为它们的形制与西汉长沙王族刘骄墓出土的"被绛函"木札相同，书体相近，用途一致。[③] 位于西域腹地的尼雅与荆楚长沙相去万里之遥，其出

[①] 王樾：《略说尼雅发现的"仓颉篇"汉简》，《西域研究》1998年第4期，第57页。
[②] 罗振玉、王国维编著：《流沙坠简》，中华书局1993年影印本，图版见第69页，考释见第223—225页。
[③] 史树青：《读新疆民丰尼雅遗址》，《文物》1962年第7—8期合刊。

土的精绝上层社会成员间互赠礼物的木札竟与汉代长沙三室成员墓中出土的木札相同,这一文化细节上的雷同,绝非简单的巧合可以解释的,它体现了汉文化对西域边裔地带的具体影响,是两汉王朝向西域地区灌输汉文化的有力佐证。

(二)接受两汉王朝的礼制文化

随着汉文化在西域传播的深入,汉王朝尊奉的礼制文化也同样受到西域诸国的推崇,这种文化领域里的变化对西域社会的影响更值得重视。

西域不少上层人士多有仰慕中原典章制度和礼仪者,如龟兹王绛宾就曾将汉朝的礼仪制度移植到国内。史载他"乐汉衣服制度,归其国,治宫室,作徼道周卫,出入传呼,撞钟鼓,如汉家仪";汉元帝时,莎车王曾作为侍子长期居住长安。归国继位后,参照汉朝典章制度制定了莎车的政治制度。伴随着中原典章礼仪西传的还有汉语语文,这从考古发掘的汉文木简数量多且内容丰富以及"汉龟二体钱"在西域的使用可见一斑。而且,受汉文化影响,还出现了西域国王取汉名的现象。有史可查的有莎车王贤、疏勒王忠。[①] 而一些考古资料的出土也证实了西域诸国上层对汉代礼制文化的接受与传承。

首先,在服饰方面,接受了中原汉王朝服制的影响,袍服右衽。在尼雅遗址出土的早期服饰极具土著特点,如耳翼深长包履头部的单帽,套头、束颈、窄袖的上衣,可防风沙的高领、束胸、对襟长袍以及既左衽又右衽的内衣等。但在1995年发掘的精绝王陵中,出土了完整的精绝王夫妇的服饰。[②] 这些服饰在形制上与中原服制相同,明显为右衽深衣、右衽上衣与右衽长袍,且从磨损程度来看,多为平日长期穿用的衣服,是对西域传统服制的巨大变革。

其次,受到中原男女有别,男尊女卑的儒家礼制的影响,主要是表现为男女不同楎椸。据《礼记·内则》记载:"男女不同椸枷,不敢悬于夫之楎椸,不敢藏于夫之箧笥……"[③] 尼雅精绝故址出土的贵族墓葬多为夫

---

① 马雍:《汉龟兹左将军刘平国作亭诵集释考订》,《西北史地文物丛考》,文物出版社1990年版,第24—40页。
② 王炳华:《95尼雅一号墓地三号墓发掘报告》,《新疆文物》1999年第2期。
③ 《礼记》卷二十八《内则第十二》,第240页,(清)阮元校刻:《十三经注疏》,中华书局1980年版,第1468页。

妻合葬墓,男女主人的衣物等分别挂置在男女主人身旁不同的"丫"形木叉上。这一木叉是充当衣物架,与中原的楎椸性质相类。这里男女的衣物分别放置于不同的木叉之上,明显受到汉代礼制中男女有别精神的影响。

再次,西域的葬制形势也一定程度上受到汉制的影响。西域传统的葬制,多用胡杨木挖空而成的"船"形棺,合衣入殓,或有一件日用器皿陪葬。而精绝王室贵族却使用长方形木棺,棺外还有类似木椁的"木栏"。其中入葬的男女主人均覆面衣,头枕鸡形枕,盛装盖被,多层衣饰,务求奢华。面覆锦质面衣这一制度,明显是《礼记·土葬礼》中规定的"布巾"制度的体现。① 这是尼雅的土著葬制中所没有的,明显是精绝统治上层受汉风影响的结果。

再其次,在饮食制度方面,受中原文明的影响亦为明显。大量的考古资料证实,两汉之前西域的诸游牧行国与城邦居国普遍以木盆或陶钵盛放肉类食物,旁置刀具以便切割食用,粮食制品则以烤饼、蒸饭为主,放置于木制或陶制的碗与盆里。但在汉代楼兰与精绝的遗址中,斯坦因和李遇春分别发现了木筷,② 说明当时木筷的使用,在西域地区已经非常普遍,明显是接受了中原文化的影响。

最后,值得一提的是,西域地区在货币与度量衡以及舞乐艺术与建筑风格方面也或多或少受到中原文化的影响。

近百年来,在新疆南部地区发现了大量的汉佉二体钱,据不完全推进总数高达353枚。③ 这些钱币通行于当时的于阗与鄯善境内,是一种打制铜币,钱体上除标识佉卢文外,还有"六铢""二十四铢"等标识重量的汉文。这表明西域诸国曾对币制进行了改革,并模仿汉制铸造铜钱。另据考古测量证明,尼雅遗址的一些建筑物与精绝王墓的棺木的尺寸并非对应

---

① 武伯纶:《关于覆面》,《文物》1961年第1期。王炳华:《覆面、眼罩及其他》,《文物》1962年第7—8期。

② (英)斯坦因:《古代和田》,NX出土物,新疆社会科学院:《尼雅考古资料》,新疆社会科学院考古研究所1988年版,第62页;李遇春:《尼雅遗址和东汉合葬墓》,《尼雅考古资料》,第28页。

③ 《西域考古文存》,第338页。

于精绝的传统度制，而是与东汉的尺度单位相吻合，[①] 这清楚地表明，西域地区在度量衡方面也深受中原的影响，汉尺业已成为通行于西域的度制之一。

同时，中原的音乐歌舞也开始风行西域。随着与汉王朝和亲的西域国家逐步增多，中原的歌舞、乐器也随同汉朝和亲下嫁的公主传入西域，从而使内地的音乐歌舞在西域地区广为流布，后来乌孙公主弟史还专程到长安学琴鼓。弟史嫁给龟兹王绛宾后，曾双双到京师朝贺，汉帝又"赐以车骑旗鼓歌吹数十人"进而将中原仪规礼俗和鼓乐文化带到龟兹，对当地的社会文化产生了深远的影响。此外，中原的建筑艺术也对西域产生较大的影响。关于这一问题，文献资料和考古发现可以相互印证。早在细君公主出嫁乌孙之时，便"自治宫室居"，这是史籍中关于汉式建筑在西域营建的最早记录。受汉文化影响较深的龟兹王国，其国都建有三重城郭，"王宫壮丽，焕若神居"，外城竟与汉长安城相仿，内地汉人目睹后亦为其奢华所叹止，曾有《龟兹宫赋》之作流传于世。这证实了西域城市建筑受到内地的影响。今库车东郊所遗汉晋龟兹都城遗址，尚可见其城之雄伟。该城遗址呈方形，周长7公里左右。城中尚多见由夯土筑成的巨大土台，这种建筑方法的出现表明，这座城池在修建之时在很大程度上受到了汉式建筑的影响。

（三）推广与模仿汉朝的政治制度

两汉王朝为了有效控制西域，不仅建立了都护制度，赋予西域都护方面军政大权，而且还有意识地对西域诸民族政权进行政治改革，以便将西域地方故有的政治体系与行政机构纳入汉朝的政治体系之中。同时，中原地区高效的集权政治体系较之西域诸国松散的国家机构，有着巨大的优势，对西域诸国产生了巨大的吸引力，纷纷予以效仿。西域诸国对汉朝政治制度的推广与模仿，主要表现在以下两个方面：

首先，接受汉廷的册封，以佩戴汉朝颁赐的印绶为主要方式，实现诸国故有的统治机构与汉制的接轨。据《汉书·西域传》记载，西汉后期，西域"最凡国五十，自译长、城长、君、监、吏、大禄、百长、千长、

[①] 《西域考古文存》，第334页。

都尉、且渠、当户、将、相至侯、王皆佩汉印绶"①。这些受封的官职并非荣誉性的虚衔,而是真实归附西域都护统辖的实职官僚。一般是由西域都护府提议,报请中央政府批准,被汉朝册封,授"节传",赐印绶,以管理地方。《两汉书》中明确记载西域都护以及戊己校尉这样的高级官僚可以传召、奖黜甚至逮捕诛杀胡人君长,因此赐给他们的印绶就代表着实权,某人一旦印绶被追夺或另外授予他人,基本就意味着这位官员合法权威的丧失,不再具有汉廷授权处置当地事务的权力,当地的职官系统应该是汉朝治理当地所密不可分的重要附属体系。也正因为如此,才会在新疆地区发掘出诸如"汉归义羌长印""汉龟兹左将军"碑文上面的"汉"字才显得尤为重要,《剑桥史》也提到即使汉朝灭亡多年后,一部分当地胡人君长手握的汉赐印绶仍然是统治合法化的重要象征。②

其次,模仿汉制,设立汉化职官。考西域诸国所置官署,有却胡侯、击胡侯、却胡都尉、却胡君、击胡都尉、击胡君等诸多以侯、君和都尉等汉式官名为称的官职,这些官职固非西域诸国所有,其为模仿汉制而增置的新官无疑。

西域诸国在政治体制方面的汉化改革虽不彻底,但对西域社会的影响不容小觑,最明显的效果就是西域诸民族政权对两汉中央王朝的向心力得到很大的加强,汉王朝在西域的统治基础得以扩大,一些地方民族政权成为维护汉廷在西域统治的坚强支柱。如莎车王延在西汉元帝时曾为质于汉,汉廷待之深厚,因此对汉十分感激,乐慕汉朝,归国后亦不遗余力的实施汉化改革,影响深远。其子莎车王康即位后,继续执行亲汉政策,率领傍国抵御匈奴,拥卫汉在西域的残余势力,西域都护吏士妻子千余口皆赖其保护。康亦不时檄书汉境,询问汉朝动静,表示思慕汉家。时驻河西的大将军窦融立康为"汉莎车建功怀德王、西域大都尉",使领西域。康死,其弟贤代立,前后两次向东汉王朝遣使奉献,请置都护。在汉王朝对西域的统治难于维持之际,以莎车为代表的西域部分国家依旧能勤于汉室,其所受汉文化影响之深、向心力之强可见一斑。东汉时龟兹王白霸,也曾长期为质于汉,深受汉文化影响,被班超拥立为龟兹王,其即位后不

---

① 《汉书》卷96下《西域传》,第3928页。
② 《剑桥中国秦汉史》,第450—451页。

仅在东汉王朝的支持下,迅速稳定了龟兹的局势,"疏通丝路,增加收入,抓紧本国固有的农业、畜牧业、手工业、园艺业以丰富本国市场,满足外商需求","在他执政的数十年里,龟兹的社会经济和文化得到了复苏和发展,白氏家族的影响,也深入到社会各个阶层,白氏成为后来公认的龟兹王族"[①]。同时也能够一直勤于汉室,在西域诸国叛汉的危局下,龟兹依然坚定地支持东汉王朝。延平元年（106）,汉遣梁慬率河西羌胡骑兵五千人驰援,并以段禧代任尚为都护,与骑都尉赵博屯守它乾城。梁慬以为它乾城太小,不利于固守,"乃谲说龟兹王白霸,欲入共保其城,白霸许之。吏人固谏,白霸不听,慬既入,遣将急迎禧、博,合军八九千人。龟兹吏人并叛其王,而与温宿、姑墨数万兵反,共围城。慬等出战,大破之。连兵数月,胡众败走,乘胜追击,凡斩首万余级,获生口数千人,骆驼畜产数万头,龟兹乃定"[②]。可见,白霸的支持不仅使汉军在诸国叛乱大兵压境的情况下获得了一块稳固的阵地,维护了龟兹的稳定。

第三节　文化软实力传播的载体

文化软实力传播的载体,主要是指传播文化的人。正如美国传播学家施拉姆在《传播学概论》中阐述的那样,传播学即是研究人与人的关系,[③] 两汉时期西域地区汉文化传播的主体无疑是该时期从中原进入西域的各类人员。本节笔者试图按移民类型划分,对两汉时期西域汉文化传播的主体进行梳理,以期探讨不同社会阶层对汉文化传播的不同作用和影响。该时期西域汉文化传播的主体主要是各类移民（以屯田移民为主）、使者、质子以及和亲的汉公主,等等。

一　进入西域的汉移民

进入西域地区的汉人,大致有四类,即流落西域的使者和军卒,汉公主的随从,屯戍人员及其家属、私从以及自由迁入西域的平民。下面我们

---

① 《龟兹古国史》,第60页。
② 《后汉书》卷47《班梁列传》,第1591页。
③ [美] 威尔伯·施拉姆、威廉·波特:《传播学概论》,陈亮等译,新华出版社1984年版,第1页。

对这四类人一一进行分析。

（一）滞留西域的使者和军卒

这类人不是传统修史所关注的对象，史籍中对他们的记载很少。自张骞"凿空"西域以来，汉朝遣使西域者络绎不绝，尤其是汉武帝时期，西域初通，朝廷为招徕西域各国，汉武帝采纳张骞"赂遗设利朝也"的政策，频繁遣使西域，规模之大，空前绝后。据史载当年的盛况："使者相望于道，诸使外国一辈大者数百人，少者百余人……汉率一岁中使者多者十余辈，少者五六辈，远者八九岁，近者数岁而反。"① 由于当时汉朝的势力尚未实际进入西域，道路也基本处于原生状态，汉使不仅需要面对严酷的自然条件，而且还面临着西域诸国的"留苦"，甚至是劫掠。史载："外国亦厌汉使人人有言轻重，度汉兵远不能至，而禁其食物以苦汉使。汉使乏绝积怨，至相攻击。而楼兰、姑师小国耳，当空道，攻劫汉使王恢等尤甚。而匈奴奇兵时时遮击使西国者。"② 对汉使的劫杀，必然会导致一部分汉使沦落异域，其中就有相当一部分人寄居于西域。

至于滞留西域的汉军士卒，正史同样没有给予关注。但据贾丛江研究，这类人数目之多，对西域社会影响之大，超乎想象。③ 以汉武帝太初年间李广利伐大宛为例，据《汉书》记载，"李广利将兵前后十余万人伐宛。"《史记·大宛列传》记载了李广利第一次出征的人数为"属国六千骑"和"郡国恶少年数人"，回归者"不过什之一二"。《汉书·李广利传》记载了第二次人数："发恶少年及边骑，岁余而出敦煌六万人，负私从者不与。"④ 颜师古注曰："负私粮食及私从者，不在六万之数也。" 班固和司马迁都专门提及此事，这说明私从者人数很多，实际出征人数远远超过六万，而此次归国者也不过"万余人"。两次相加，则汉军损失的人员当不低于五万人。整个伐宛战役除最后围攻王城外，没有大规模的战役，因此战斗性减员不会很多，路远、缺粮和不恤士卒等非战斗性因素是造成减员的主要原因。但并不能认为这些损失的人员全部死亡了，《史

---

① 《史记》卷123《大宛列传》，第3848页。
② 同上书，第3849页。
③ 贾丛江：《关于西汉时期西域汉人的几个问题》，《西域研究》2004年第4期，第1—4页。
④ 《史记》卷123《大宛列传》，第3854页。

记》《汉书》无一处用"死亡"来表示伐宛中的人员损失,却使用"饥罢"和"物故",似乎暗示了大量逃亡者的存在。考虑到汉军中有大量"恶少年"等准军事人员的存在,尤其是"恶少年",颜师古谓之是"无行义者",其本身就是言行不符合封建礼法规范而被记录在案的人,在遵守军纪和忍饥耐劳方面都存在不足,所以汉军损失掉的人员有很大部分属于逃亡。此后,历次战争中逃亡的士卒亦为数不少,只是不为史籍所载而已。

这样看来,流落西域的士卒与使者的人数相当可观,并引起了当时人们的重视,汉武帝在"轮台诏"中回忆朝廷遣开陵侯成娩将汉军和楼兰等六国兵第二次攻打车师时的情景提到,"汉军破城,食至多,然士自载不足以竟师,强者尽食畜产,羸者道死数千人。朕发酒泉驴橐驼负食,出玉门迎军。吏卒起张掖,不甚远,然尚厮留甚众","尚厮留甚众"即指滞留当地的人员数量很多。

(二) 屯戍人员及其家属、私从

这类人是西域外来人口中比例最大的人群。西汉曾在轮台、渠犁、伊循、赤谷、焉耆、姑墨和车师等地屯田,至元帝时,形成了以车师前王庭为中心的屯田区,并设置戊己校尉进行统一管理。汉代的屯戍人员构成较为复杂,起初则主要由田卒、屯田卒组成。史载:"汉兴至于孝武,事征四夷,广威德,而张骞始开西域之迹……于是自敦煌西至盐泽,往往起亭,而轮台、渠犁皆有田卒数百人,置使者校尉领护,以给使外国者"[①]。但自汉宣帝地节二年(前68),"侍郎郑吉、校尉司马熹将免刑罪人田渠犁"[②] 始,屯戍人员中开始出现大量的应募士、免刑罪人、弛(施)刑士。出土文献中亦有诸如"应募士长陵仁里大夫孙尚"[③] 以及"以诏书送施刑伊循"[④] 的记载,可见这类人员在西域地区的屯戍部队中占有很大的比重。除屯田部队外,西域地区尚有一定数量的骑士和候望戍卒。桑弘羊在《故轮台以东屯田奏》中提出:"可遣屯田卒诣故轮台以东……张掖、

---

① 《汉书》卷96上《西域传》,第3873页。
② 同上书,第3922页。
③ 《罗布淖尔考古记》,第201页,简三〇。
④ 《敦煌悬泉汉简释粹》,第39页,Ⅱ0114④:338。

酒泉遣骑假司马为斥候，属校尉，事有便宜，因骑置以闻"①，出土文献中有"遣守属赵称逢迎吏、骑士从军乌孙罢者"②，说明西域地区驻有一定的骑士，以应对突发事件。至于从事候望的戍卒，则零星分布于西域境内诸多沿线障塞亭燧③等候望设施之中。另外，屯田区似乎也有戍卒，陈良叛乱时，曾"胁诸亭令播积薪"④，说明西域有来自征兵制下的正式服兵役的戍卒。

在去往西域地区服役的屯戍人员，多有携带家属及家产者，土垠遗址出土的多枚汉简均对此有所记录，如简二七云，"里公乘史隆家属畜产衣器物籍"⑤；简三四，"士南阳郡涅阳石里宋钧亲，妻玑年卅，私从者同县籍同里交上□□□"⑥，可见这个叫宋钧的人不仅携带了家属，而且还有"私从者"。另外，简三五、三六等残文中也可见到"妻"字，⑦简三九可见"女子二七"，"男子十"的字样，⑧所指应该也是家属；标识廪给标准的简四一载有："□□□□□家属六人官驼二匹食率匹二升"⑨。可见当时屯戍人员携带家属是很普遍的。

至于私从，是常见于汉代西域和河西边关地区的随军人员，多由戍边吏士从其同乡或同县携带来的。史料中关于私从的记载，最早见于《史记·大宛列传》："益发恶少年及边骑，岁余而出敦煌者六万人，负私从者不与。"《汉书·赵充国传》载："愿罢骑兵，留弛刑应募，及淮阳、汝

---

① 《汉书》卷九十六下《西域传》，第3922页。
② 《敦煌悬泉汉简释粹》，第153页，Ⅱ0115：99。
③ 关于西域境内沿线的障塞亭燧，学术界用多有争论。孟凡人认为西汉通西域的主要交通线，是自玉门关经罗布泊北岸沿孔雀河上行至渠犁的路线，西域境内的障塞亭燧当沿此线分布。见氏著：《楼兰新史》，中国光明日报出版社1990年版，第44—49页。一种观点是在关于"盐水"是专指盐泽以西流入盐泽之水，包括孔雀河和库鲁克河的论点的基础上，认为太初四年以后不久，烽燧已经修到或接近了渠犁地区；另一种观点认为西汉时亭隧向西只修到盐泽。贾丛江在综合各种观点的基础上，认为在天汉年间（前10—前97）末期，亭燧只修到罗布泊西北岸。但是，亭燧没有就此止步。可以肯定的是，征和四年（前89）之前，亭燧已经修到连城。见贾丛江：《关于西汉时期西域汉人的几个问题》，第1—4页。
④ 《汉书》卷96下《西域传下》，第3926页。
⑤ 《罗布淖尔考古记》，第201页，简二七。
⑥ 同上书，第202页，简三四。
⑦ 同上书，《罗布淖尔考古记》，第203页，简三五、三六。
⑧ 同上书，第203页，简三九。
⑨ 同上书，第204页，简四一。

第四章 文化软实力在汉代西域边疆管理中的实践

南步兵与吏士私从者,合凡万二百八十一人。"① 可见携带私从在汉代边地是一个普遍现象,出土的文献也可以证实这点,如:

(1) 门下史马刚,米三斗,从者一人 麦一斛☐

《敦煌汉简》(344)

(2) 从掾位田衷,米三斗,私从二人 麦二斛

《敦煌汉简》(345)

(3) 骑吏,田扬,米三斗,从者一人 麦一斛 《敦煌汉简》(46)

(4) 相,私从者,敦煌始昌里阴☐年十五 羊皮绔二两羊皮裘二领苇履二两☐ 《敦煌汉简》(1146)

(5) 出麦七石八斗,以食吏,吏私从者二人六月尽八

《居延汉简释文合校》(303.9)②

(6) 贺从者大男宋望,六月食麦二石六斗一升。

《敦煌汉简》(321)

(7) 况从者大男王钦,六月食麦二石六斗一升。

《敦煌汉简》(348)

(8) 悍私从者大马☐,六月乙丑尽七月积一月十三日,食粟四石二斗。 《罗布淖尔汉简》(40)③

(9) ☐☐从者,居延长乐里吴多,年十三,●九月乙酉出。

《合校》甲附 29

(10) 出粟二斗四升,以食骊轩佐单门安将转,从者一人,凡二人,人往来四食,食三升。

《悬泉汉简研究》(Ⅴ90DXT1311③:226)④

(11) 出米一斗二升,有传,五月丙午以食金城允吾尉骆建,从者一人,人再食,西。 《悬泉汉简研究》(Ⅱ90DXT0216③:57)

---

① 《汉书》卷69《赵充国辛庆忌传》,第2986页。
② 见《居延汉简释文合校》。谢桂华、李均明、朱国炤:《居延汉简释文合校》,文物出版社1987年版,本文凡依此简号形式出现者均见此书,以下简称《合校》。
③ 《罗布淖尔考古记》,第204页,简四〇。
④ 郝树声、张德芳:《悬泉汉简研究》,甘肃文化出版社2009年版,以下称《悬泉汉简研究》者均引自该书。

通过以上所见各简，可以看到带有私从者的有士、属吏和骑士等，且不仅仅限于征战者，反映出边地吏士携带私从者的情况十分普遍。这些简牍虽然反映的是河西地区的情况，但西域地区的情况亦不会与此相差甚多。

（三） 自由迁徙之平民

这类人在汉代的西域地区是确实存在，首先，敦煌郡的西境有相当一部分是深入玉门关以西西域地区的，如昭帝时期设立的伊循都尉及其治所所在的伊循城，便是隶属敦煌郡，这已为悬泉出土的汉简所证实，而郡县范围内的居民，在办理了一定的手续后是可以自由迁移的，居延汉简中编号为505·37A 的简文就有相关的记载："建平五年八月戊□□□广明乡啬夫宏假佐玄敢言之。善居里男子丘张自言与家买客田居。延都亭部欲取检，谨案张等更赋皆给，当得。取检谒移居延，如律令，敢言之。"①所以，玉门关以西敦煌郡的西境，是可以自由移民的。而就西域地区出土的文献来看，则西域都护辖下这类自由移居者也是存在的，在罗布泊北岸土垠遗址中出土的汉简中，有这样的简文："庚戌旦出坐西传日出时三老来坐食归舍"②，这无疑表明西域都护辖下存在着乡里组织，乡里的存在则是以居民聚落为前提的。而由敦煌郡向西域都护和戊己校尉转发的赦免诏书上写到，"书到白大扁书乡亭市里高显处，令亡人命者尽知之，上敞者人数太守府别之，如诏书"③，证明西域有流动人口。另外，中原与西域之间的商贸利润十分可观，早在西域初通时，就有使者"私县官赍物，欲贱市以私其利外国"④，西域内属后，涌入这里的商人应该更多，并且随着商业的发展，汉人的钱币也在新疆广泛流通。就目前所知，这些钱币有半两钱、五铢钱、小五铢钱、剪轮五铢、新莽时期的"货泉""大泉五十""小泉直一"。此外，在汉人文化的影响下，还流通"汉佉二体钱"（和阗马钱）"汉龟二体钱"（龟兹五铢钱）。⑤ 这说明中原与西域之间的

---

① 《居延汉简释文合校》，第607页。
② 《罗布淖尔考古记》，第189页，简二〇。
③ 《敦煌悬泉汉简释粹》，第115页，Ⅱ0115：99。
④ 《史记》卷123《大宛列传》，第3849页。
⑤ 《两汉新疆汉人的社会生活》，第66—70页。

商业往来十分繁荣。而据《后汉书》记载，汉和帝永元六年（94）班超征讨焉耆时，曾"发龟兹、鄯善等八国兵合七万人，及吏士贾客千四百人"①，可见来往于中原与西域的商人十分活跃，东汉如此，西汉尤甚。进入西域的商人虽多为流动人口，但有些人为了经商，也会留居西域。

以上就是汉代进入西域的内地移民，主要是从事军屯的中原士卒以及少量自愿迁入的平民。这些迁入的汉人不仅将内地生活习俗带到了西域，而且更为重要的是传播了中原先进的农耕与水利灌溉技术以及冶炼等物质生产文化。该类主题在西域的数量和分布很大程度上受到时局的左右，一般来说，但汉王朝国力强盛时，为了加强对西域的控制往往会扩大屯田的规模；但当汉王朝国内社会动荡、国力衰退之际，屯田规模亦会随之缩小甚至裁撤。加之西域特殊的地理与自然环境，也大大影响了屯田规模的扩大与分布地域的扩展，故此类主体在传播汉文化是具有阶段性与地域性的特点。自西汉武帝首开西域屯田一直到东汉末，西域的屯田虽时盛时衰，但也连续不断，因此其在汉文化传播方面所起的作用仍具有深远性而不容忽视。

二 纳质与和亲

汉文化在西域传播的另一个主体便是西域各国贵族阶层向两汉中央王朝派遣的质子以及两汉王朝遣往西域的和亲公主。

见于史籍记载的西域诸国遣子入侍之事，最早始自楼兰，时在武帝元封年间赵破奴虏楼兰王后，据《西域传》载，"楼兰降服贡献，匈奴闻，发兵击之。于是楼兰遣一子质匈奴，一子质汉"②。太初年间，李广利伐大宛，降其国，后又纳其质，《史记·大宛列传》记载："立毋寡弟蝉封为宛王，而遣其子入质于汉。"③自此而后，西域诸国纷纷遣子入侍，渐成定制。《西域传》在武帝轮台诏中回忆征和四年开陵侯击车师之事时提到"前开陵侯击车师时，危须、尉犁、楼兰六国子弟在京师者皆先归，发畜食迎汉军，又自发兵，凡数万人，王各自将，共围车师，降其王"④，

---

① 《后汉书》卷47《班梁列传》，第1581页。
② 《汉书》卷96上《西域传》，第3877页。
③ 同上书，第3895页。
④ 《汉书》卷96下《西域传》，第3913页。

可见，武帝之时，遣子入侍者已有多国，纳质已为常例。都护建后，西域诸国内属，诸国与汉之君臣关系已然确立，遣子入侍，成为诸国表示臣属的应有之义务。

两汉之际，由于王莽的乱政，中原与西域的联系曾一度中断，至东汉建立后，西域重新恢复了向汉王朝纳质。据《后汉书》记载："建武中，（西域诸国）皆遣使求内属……永平十六年（73）于寘诸国皆遣子入侍。西域自绝六十五载，乃复通焉"①。此后，有关西域诸国入侍的记载不绝于书，如"永平十六年（73），班超于是召鄯善王广……晓告抚慰，遂纳子为质"②。"永平十七年（74）……西域诸国遣子来侍。"③"永平十七年（74），（耿）恭至部，移檄乌孙，示汉威德，大昆弥以下皆欢喜，遣使献名马，及奉宣帝时所赐公主博具，愿遣子入侍。恭乃发使赍金帛，迎其侍子。"④"建初八年（83）……（班）超即遣（李）邑将乌孙侍子还京师。"⑤"永元二年（90）……（车师）前后王各遣子奉贡入侍，并赐印绶金帛。"⑥"永元六年（94）……西域都护班超大破焉耆、尉犁，斩其王。自是西域降服，纳质者五十余国。"⑦"顺帝永建二年（127）（班）勇复击降焉耆。于是龟兹、疏勒、于寘、莎车等十七国皆来服从。"⑧"永建五年（130）……春正月，疏勒王臣磐遣侍子与大宛、莎车使者俱诣阙贡献。""永建六年（131）……十月丁酉，于寘王遣侍子贡献……十二月，于寘王放前遣侍子诣阙贡献。"⑨

终两汉之世，只要中央王朝的国力稍强，西域诸国便"纳质内属"、"遣子入侍"，并呈一种普遍性、长期性的存在。这一制度之于汉代的西域治理发挥着重要影响和作用，入侍者本身在其国内就有着重要地位，作为质子，他们长期生活于汉廷的政治中心，参与汉廷的官方和民间活动，

---

① 《后汉书》卷88《西域传》，第2909页。
② 《后汉书》卷47《班梁列传》，第1573页。
③ 《后汉书》卷2《明帝纪》，第121页。
④ 《后汉书》卷19《耿弇列传》，第720页。
⑤ 《后汉书》卷47《班梁列传》，第1577—1579页。
⑥ 《后汉书》卷88《西域传》，第2929页。
⑦ 《后汉书》卷4《和帝纪》，第179页。
⑧ 《后汉书》卷88《西域传》，第2912页。
⑨ 《后汉书》卷6《顺帝纪》，第257—258页。

对中原的礼制、风俗耳濡目染，了解既深，熏陶既重，其汉化程度亦深，归国后多积极从事汉文化的传播与汉化改革。如西汉时龟兹王绛宾"乐汉衣服制度"，于西汉宣帝元康元年（前65），携其夫人弟史入朝奉献，并留居一年有余。归国后，"治宫室，作檄道周卫，出入传呼，撞钟鼓，如汉家仪"。但绛宾的改革较为理想化，没有考虑到本国的实际，而被人讥为"驴非驴，马非马，若龟兹王，所谓骡也"①。虽然如此，绛宾还是顶住了压力，将改革持续下去，不仅开西域汉化风气之先，而且也使龟兹成为最早接受汉文化的地区之一。

　　两汉之际中原大乱，无暇顾及西域，该地再度沦为匈奴的势力范围，西域诸国多陷于匈奴，只有莎车王延不肯投降，率领傍国拥护故都护吏士及其家属千余人，抵御匈奴的侵袭。莎车国之所以作此选择，与莎车王延的质侍经历有关。莎车王延年少时曾长期为质于汉，熟悉汉廷的典章制度，史载其"长于京师，慕乐中国，亦复参其典法"②，归国后便模仿汉朝制度，在其国内"建立了一套中原官仪"③，实施汉化改革。莎车的改革，不仅使莎车国迅速强盛，而且其对汉的向心力远较于他国为强。莎车王延去世后，其子康即位，延续了前王延的政策，在匈奴"略有西域"的情况下，依然忠于汉室，常遣使河西，"问中国动静，自陈思慕汉家"。

　　龟兹王白霸，也曾长期为质于汉，深受汉文化影响，被班超拥立为龟兹王，其即位后不仅在东汉王朝地支持下，迅速稳定了龟兹的局势，"疏通丝路，增加收入，抓紧本国固有的农业、畜牧业、手工业、园艺业以丰富本国市场，满足外商需求"，"在他执政的数十年里，龟兹的社会经济和文化得到了复苏和发展，白氏家族的影响，也深入到社会各个阶层，白氏成为后来公认的龟兹王族"④。同时也能够一直勤于汉室，在西域诸国叛汉的危局下，龟兹依然坚定地支持东汉王朝。延平元年（106），汉遣梁慬率河西羌胡骑兵五千人驰援，并以段禧代任尚为都护，与骑都尉赵博屯守它乾城。梁慬以为它乾城太小，不利于固守，"乃谲说龟兹王白霸，欲入共保其城，白霸许之。吏人固谏，白霸不听，慬既入，遣将急迎禧、

---

① 《汉书》卷96下《西域传》，第3916—3917页。
② 《后汉书》卷88《西域传》，第2923页。
③ 《中国西北少数民族史》，第151页。
④ 《龟兹古国史》，第60页。

博，合军八九千人。龟兹吏人并叛其王，而与温宿、姑墨数万兵反，共围城。懂等出战，大破之。连兵数月，胡众败走，乘胜追击，凡斩首万余级，获生口数千人，骆驼畜产数万头，龟兹乃定"①。

可见，西域大国诸如龟兹、莎车之属多归心于汉，对中原的礼制文化十分倾慕，力图仿效，其他绿洲诸国势力远不及此，当更为倚重汉廷，对汉王朝的礼制文化的追求与趋赴更为热切当在情理之中。

两汉王朝与西域的和亲，也是汉文化深入西域腹地的一个有力途径。汉王朝与西域诸国的和亲，以乌孙最为典型。元封六年（前105），汉武帝封细君为公主，下嫁乌孙国王昆莫猎骄靡，以和乌孙结为兄弟之邦，共制匈奴。《汉书·西域传》记载，细君公主出嫁时，汉武帝"赐乘舆服御物，为备官属侍御数百人，赠送其盛"，同时又北益广田至眩雷为塞，辅弼公主。细君公主到达乌孙后，猎骄靡封她为右夫人，随从工匠为她建造了宫室。汉朝每隔一年派使者探视。细君亡后，汉武帝为了巩固与乌孙的联盟，于太初四年（前101）又将解忧公主嫁给乌孙昆莫之孙岑陬。前文提到元封年间，随细君公主出嫁的随从多达"数百人"，而解忧公主出嫁，其所带随从亦不少于此数。宣帝时，汉与乌孙筹备第三次和亲，汉王朝为此"置官署侍御百余从"，可见送婚使团规模十分庞大，当入驻乌孙后，其所发挥的政治与文化影响力不容小觑。此外，汉朝还与西域其他国家和亲，如元凤四年（前77），朝廷赐楼兰王尉屠耆"以宫女为夫人，备车骑、辎重，垂相将军率百官送至横门外"，虽未言明赐以随从，但如此高规格的礼遇，必然会赐以若干随从。元康元年（前65）朝廷赐给龟兹王夫人、解优长女弟史"车骑、旗鼓、歌吹数十人"。而1995年在尼雅3号墓中出土了男女主人合盖的全新锦被，其锦纹间穿插有"王侯合昏千秋万岁宜子孙"的吉祥用语，② 这类文字本是汉王朝工房为政治婚姻准备的专用织物，尼雅汉时属精绝，似乎汉与精绝这类西域小国也存在着和亲。可见当时汉王朝与西域地区的和亲十分普遍，伴随这些和亲"公主"的随从或多或少都是应该有一些的，尽管这些随从人员不会太多，但这些人大部分留在了西域，是在西域汉人中占有一定比例的。

---

① 《后汉书》卷47《班梁列传》，第1591页。
② 《西域考古文存》，第331页。

三 西域东来人员

汉朝为了加强与西域诸国的政治联系,一方面,汉朝大量派遣使节,通使诸国,据《史记·大宛列传》记载:"因益发使抵安息、奄蔡、黎轩、条枝、身毒国。使者相望于道。诸使外国一辈大者数百,少者百余人,人所赍操大放博望侯时。其后益习而衰少焉。汉率一岁中使多者十余,少者五六辈,远者八九岁,近者数岁而反。"[①] 另一方面,对于来汉的西域诸国使节,汉王朝不仅命沿途驿站和传舍为之提供食宿车辆,提供必要的保护和接待,在西北所出敦煌悬泉汉简中就有大量接待西域使节的记录,今兹以表列如下:

表 4.1　　　　　敦煌悬泉汉简所见西域东来人物表

序号	国别	东来人员构成	事迹	简牍出土编号	备注
1	乌孙、莎车	王使者4人贵人17人	献橐佗六匹	Ⅰ 0309③:20	《敦煌悬泉汉简释粹》
2	大月氏、大宛、疎(疏)勒、于阗、莎车、渠勒、精绝、扜弥	王使者18人贵人□		Ⅰ 0309③:97	《敦煌悬泉汉简释粹》
3	乌孙	大昆弥使者3人	出粟二斗四升以食	Ⅴ 1611③:118	《敦煌悬泉汉简释粹》
4	乌孙	小昆弥使者知适等3人	人一食,食四升	Ⅴ 1509②:4	《敦煌悬泉汉简释粹》

---

① 《史记》卷123《大宛列传》,第3170页。

续表

序号	国别	东来人员构成	事迹	简牍出土编号	备注
5	康居	康居王使者杨佰刀、副扁阗，苏薤王使者姑墨、副沙囷、即贵人为匿等	为王奉献橐佗入敦煌关，县次购食至酒泉昆归官，太守与杨佰刀等杂平直肥瘦。①	Ⅱ 0216 ②：877—883	《敦煌悬泉汉简释粹》
6	鄯善	鄯善王副使者卢匿等	守属孟敞送自来鄯善王副使者卢匿等	Ⅰ0116②：15	《敦煌悬泉汉简释粹》
7	大月氏	自来使者	守属周生广送自来大月氏使者	Ⅱ0214①：126	《敦煌悬泉汉简释粹》
8	鄯善、山国	鄯善王副使姑巍、山（国）王副使鸟不䏶	守属田忠送自来鄯善王副使姑巍、山（国）王副使鸟不䏶，奉献诣行在所，为驾一乘传。	Ⅱ0214②：78	《敦煌悬泉汉简释粹》该简纪年为鸿嘉三年正月壬辰，

① 这是一份完整的康居使者简册，记述的内容是康居使者状告其进献的方物被酒泉地方官员估值不实。原简文详见于《敦煌汉简释粹》所载《康居王使者册》（Ⅱ0216②：877—883），第118—119页。

第四章 文化软实力在汉代西域边疆管理中的实践

续表

序号	国别	东来人员构成	事迹	简牍出土编号	备注
9	大宛	使者侯陵	遣卒史赵平，送自来大宛使者侯陵奉献	Ⅱ0114④：57	《敦煌悬泉汉简释粹》该简纪年为建平五年十一月庚申
10	康居诸国	客	诏传□吏甘使送康居诸国客，斥候盖典副，羌……为驾一封軺传	Ⅱ0114④：277	《敦煌悬泉汉简释粹》该简纪年为黄龙元年六月壬申
11	精绝诸国	客470人	送精绝王诸国客	Ⅱ0115①：114	《敦煌悬泉汉简释粹》
12	于阗诸国	客	使送于阗王诸国客	Ⅱ0215④：36	《敦煌悬泉汉简释粹》该简纪年为永光五年七月癸卯朔丁巳
13	乌孙	小昆弥使	守属高博送自来乌孙小昆弥使	Ⅰ0110②：33	《敦煌悬泉汉简释粹》
14	乌孙大昆弥、大月氏		出粟四升八斗，以食守属唐霸所送乌孙大昆弥、大月氏所……	Ⅴ1712⑤：1	《敦煌悬泉汉简释粹》

续表

序号	国别	东来人员构成	事迹	简牍出土编号	备注
15	乌孙	大昆弥使者	出粟三石，马十匹，送大昆弥使者	Ⅴ1812②：58	《敦煌悬泉汉简释粹》该简纪年为阳朔四年二月戊申
16	乌孙	昆弥使者	出鞫各二，左部骑士高谊里，送昆弥使者	Ⅰ0114①：70	《敦煌悬泉汉简释粹》该简纪年为建平五年二月
17	乌孙	昆弥	给食传马二匹，迎昆弥	Ⅱ0114④：53	《敦煌悬泉汉简释粹》该简纪年为建平五年闰月
18	乌孙	归义侯侍子	候旦受送乌孙归义侯侍子	Ⅰ0116：S.14	《敦煌悬泉汉简释粹》该简纪年为元始二年二月己亥
19	车师、乌孙诸国	客	使云中太守安国、故□未夫仓龙□卫司马苏□武强，使送车师王、乌孙诸国客	Ⅱ0113③：122	《敦煌悬泉汉简释粹》该简纪年为五凤四年六月丙寅
20	乌孙	贵姑代	出米四升、肉二斤、酒半斗，以食乌孙贵姑代一食	Ⅱ0314②：355	《敦煌悬泉汉简释粹》

续表

序号	国别	东来人员构成	事迹	简牍出土编号	备注
21	姑墨、危须、乌垒诸国	右大将副使屈戒子、左都尉副使胡奴殊子、贵人病籍子、□□□□□□子、姑墨副使少卿子、贵人子王子、危须副使顷□出子、左大将使者妻跗力子、乌垒使者驹多子、……子、侍子贵人屋贝卿子、子云、容、□偿、足危、长生、始成子、乌黑子、黑犯子、日……日中		Ⅴ1410③∶57	《敦煌悬泉汉简释粹》
22	乌孙	大昆弥副使者薄游、左大将掾使敞单	遣守属单彭,送自来乌孙大昆弥副使者薄游、左大将掾使敞单,皆奉献诣行在所,以令为驾一乘传,凡二人	Ⅱ0214②∶385	《敦煌悬泉汉简释粹》该简纪年为鸿嘉三年三月癸酉

续表

序号	国别	东来人员构成	事迹	简牍出土编号	备注
23	乌孙	右大将副使多巾鞮、王孙		Ⅴ1311③:28	《敦煌悬泉汉简释粹》
24	大月氏	双靡翖侯使者万若、上副使苏赣	使大月氏副右将军长史柏圣忠，将大月氏双靡翖侯使者万若、上副使苏赣皆奉献言事	Ⅴ92DXT1210③:132	《从悬泉汉简中的使者看西域与内地的关系》① 该简纪年为永光元年四月壬寅朔壬寅
25	大月氏、乌孙等国	大月氏休密翖侯、□□□国贵人□□□□□弥勒弥□……乌孙客	遣守候李□送自来大月氏休密翖侯。□□□国贵人□□□□□弥勒弥□……乌孙国客奉献	Ⅱ90DXT0216②:702	《从悬泉汉简中的使者看西域与内地的关系》该简纪年为建昭二年三月癸巳朔辛丑、三月戊申
26	鄯善	鄯善王王赐妻使者2人	食鄯善王王赐妻使者犬苏者等二人	Ⅰ90DXT0116②:41	《从悬泉汉简中的使者看西域与内地的关系》

---

① 刘春雨：《从悬泉汉简中的使者看西域与内地的关系》，《中州学刊》2013年第6期，第125—126页。

第四章 文化软实力在汉代西域边疆管理中的实践

续表

序号	国别	东来人员构成	事迹	简牍出土编号	备注
27	疏勒	王妻使者10人	食踈勒王王妻使者呼留竭等十人献事已罢归	ⅤT1310③：170	《从悬泉汉简中的使者看西域与内地的关系》
28	莎车	王夫人使者6人	莎车王夫人使者渠代等六人来□□毕……	ⅡT0309③：228	《从悬泉汉简中的使者看西域与内地的关系》
29	☑焉耆、危须等国	耆王大母副使者贪訾王母副，☑甚副使者陛莎危须王副使者，☑氏男子番□费	奉献	ⅡT0216③：41	《从悬泉汉简中的使者看西域与内地的关系》该简纪年为甘露三年三月乙酉朔庚子
30	于阗	王太子使者	守属梁霜送于阗王大子使者未都犍特言事	ⅡT0215③：131	《从悬泉汉简中的使者看西域与内地的关系》
31	乌孙	右大将夫人使者		87—89DXC：26	《从悬泉汉简中的使者看西域与内地的关系》

通过上表所列简牍，可以看到，西汉与西域大多数国家均有外交往来，不仅包括乌孙、莎车、大宛、疏勒、于阗、莎车、渠勒、精绝、扜弥等内属诸国，还有葱岭以西的大月氏、康居等国。这些简牍记录了汉王朝迎送西域诸国使节的情况，这些使节构成十分复杂，既有国王派遣的使者、副使，又包括乌孙昆弥和车师王这样的高级贵族，使者主体的多样化，反映了西域与汉朝的交往是积极主动的，也说明汉朝对西域实行的民族政策赢得了西域各族各阶层人民的拥护，西域同汉朝的关系是深入和友好的。其中第5简是一份完整的康居使者简册，弥补了传世文献对西汉与康居交往记载的不足。第6简到第20简则表明，汉朝在对待诸如国王、公主、质子等高级使者，往往还要负责迎来送往和提供更高等级的接待。

　　除了这些由各国国王派遣的使者外，值得关注的一点是这些国家的属国、臣僚以及王妻、王母、王太子等也有向汉朝派遣使者的行为。如表中第26—31号简牍，反映的是各国的王妻和王母向汉朝派遣使者的情况，这些王妻应该多为汉室和亲的公主或宫女，如第37号简中提到的"鄯善王王赐妻"，张德芳先生就认为"这个王妻，很可能就是汉朝的宫女。这枚汉简虽文字简单，却透露了汉朝与鄯善以宫女和亲后的历史信息。"[①]第27、28、29、31号简牍中提到的"疏勒王王妻""莎车王夫人""（焉）耆王大母""右大将军夫人"虽事迹不详，但大致上应该也是出身于汉室和亲的女子，这说明和亲在增进汉与西域王室的情感联系的同时，也承担着监视其所在国的任务，其地位与作用相当于汉朝在诸国的常驻使节。

　　西域各国的使者，不仅肩负政治上的任务，而且往往借向汉廷"奉献"之名，行商贸之实。如《汉书·西域传》载罽宾"奉献者皆行贾贱人，欲通货市买，以献为名"，"罽宾实利赏赐贾市，其使数年而一至云"[②]，《后汉书·西域传》还有"商胡贩客，日款于塞下"[③]的记载，上述简文中也有西域使节"奉献""献橐佗"的记录，似乎并不是单纯的政治需要，很可能兼有来汉贸易的企图。而这类贸易，一方面繁荣了西域地区的丝路经济；另一方面也促进了汉与西域间的文化交流，壮大了汉文化

---

① 张德芳：《从悬泉汉简看楼兰（鄯善）同汉朝的关系》，《西域研究》2009年第4期，第8页。
② 《汉书》卷96上《西域传》，第3886—3887页。
③ 《后汉书》卷88《西域传》，第2931页。

传播的主体。

第四节 汉代文化软实力在西域施用的历史影响

汉代文化软实力在西域施用，对该地区的政治、经济、文化、民族关系、中西交流等多个方面产生深远影响，下文即作一简单分析。

（一）政治上，汉文化的西传，增强了西域地区对汉王朝的文化认同，进一步促进了西域诸国对汉王朝的国家认同，有效巩固了汉王朝对西域的统治。自匈奴日逐王于神爵二年（前60）降汉，汉廷于乌垒设置西域都护以后，西域地区便被正式纳入中原王朝的行政版图。但由于西域地区远离中原王朝的核心地带，各城邦国家散处大漠之中，民族构成复杂，文化多元，且与内地汉文化有较大的差异性，是以西域诸国虽内附于汉王朝，但对汉王朝缺乏国家认同。随着汉王朝文化软实力方略在西域的实施，尤其是汉语言文字与文化礼仪制度的西传，不仅使西域诸国见识到汉文化的博大精深，改变西域地区落后的政治与文化面貌，而且大大加深诸国对汉文化的认同，西域不少上层人士多有仰慕中原典章制度和礼仪者，如龟兹王绛宾就曾将汉朝的礼仪制度移植到国内。史载他"乐汉衣服制度，归其国，治宫室，作徼道周卫，出入传呼，撞钟鼓，如汉家仪"；汉元帝时，莎车王曾作为侍子长期居住长安。归国继位后，参照汉朝典章制度制定了莎车的政治制度。伴随着中原典章礼仪西传的还有汉语语文，这从考古发掘的汉文木简数量多且内容丰富以及"汉龟二体钱"在西域的使用可见一斑。而且受汉文化影响，还出现了西域国王取汉名的现象。有史可查的便有前文提到的莎车王贤、疏勒王忠。随着中原的典章制度开始为西域诸国所接受。西域五十余国"自译长、城长、君、监、吏、大禄、百长、千长、都尉、且渠、当户、将相至侯、王，皆佩汉印绶，凡三百七十六人"，参与到汉朝的管理运行体制之中，进而深化了其对汉王朝的国家认同。

（二）经济上，中原先进的生产技术和生产工具传入西域，促进了西域地区的经济发展。首先是水利灌溉技术的传入，西域大部分地区处于干旱少雨的状态，水利资源的开发对发展农牧业起到很重要的作用。中原地区先进的水利技术如凿井术的传入，为西域地区开发水利资源提供了保障。其次，是牛耕和铁器的传入。通过对已刊布的考古资料分析发现，西域地区的犁耕技术始于西汉，约至魏晋时期，已在西域屯田地区广为推广。[①] 前文所引出土的简牍以及壁画中也有试行推广牛耕之事的记载，说明西域各地犁耕技术与我国内地的牛耕技术已处在一个水平之上。而铁器的传入，对西域地区的影响不在牛耕之下。关于这一点，在前文中亦有详细论述，这里不再赘述。总之，这一时期西域农业与手工业的迅速发展，无疑是受到了中原先进生产工具和技术西传的推动和影响。

（三）文化上，中原地区的礼乐制度、文字、舞蹈音乐以及建筑艺术等大量传入西域，对西域的精神文化产生了极大的影响。不仅改变了西域地区落后的社会文化面貌，而且在密切中西经济文化交流方面也发挥了不可忽视的作用。由于自然和社会条件的限制，亚欧大陆历史上最杰出的古代文明，几乎是相对独立发生与发展的，特别是中华文明与古希腊、古罗马文明，它们分别位于亚欧大陆东西两端，基本处于彼此隔绝的状态。在当时那个海路尚不畅通、依靠陆路交通的时代，亚欧文明相互接触和交流的最现实的渠道，是通过中亚草原地区的"丝绸之路"。而在我国境内的"丝绸之路"，即是沿着广阔的西北地区向西拓展的。这一地区一度为匈奴所隔断，直到汉代统一西域之后，情况才发生好转。"丝路"开始变得更为畅通，东西古代文明因之发生了更为密切的交往与接触，中国社会开始走向世界。是以总体上来看，汉代对西域的开发推动了中西经济文化交流，并在中外文明交流中发挥了举足轻重而又不可替换的作用。一方面，大量外族人员的频繁东来，再将西方的"宝物"，如珊瑚、象牙、苜蓿大量传入中原同时，也将西方的语言、文学、艺术等带入中原，尤其是佛教之东传，对中国传统文化产生了极为显著而深远的影响，两汉的社会、经济、文化也因之呈现出一种前所未有的外向性和包容性；另一方面，中西交通和经济文化往来的空前繁荣，对中亚、西亚地方的社会、文化的变革发挥了重大作用，而汉代社会的高度文明与开放，对当时亚欧世界的政治影响，发挥了其他国家和地区无法比拟的作用。

综上，汉王朝对西域积极实施以文化软实力为核心的治边方略，在很大程度上维持了广大西北地区政治局面的长期稳定以及社会经济的高速的

---

① 《汉晋西域与祖国文明》，第 23—42 页。

发展。不仅传播了中原地区先进的文化和生产技术，促进了汉人和西域各民族间的交往和融合，而且有效巩固了汉朝对西域的统治，这一切构成了汉朝政府加强对西域控制的最有力保障，同时也为东西方之间的经济文化交流提供了基础，成就了汉朝多民族统一王朝的盛世。

结　语

近20年来，对汉代西域问题的研究一直是秦汉史重点研究课题。各种论著不断涌现，进一步推动了相关研究的深入。同时，新出土的各种简牍资料，也给西域问题的研究提供了大量崭新的素材。但美中不足的是学术界对汉代西域问题的研究仍多集中于汉与西域的关系史和民族史的研究，对汉代在西域治理理论与实践的研究则明显滞后，且已有的著作也多以单篇论文的形式出现，鲜有研究专著发表。就目前学术界已取得的研究成果而言，其中不乏一些精辟的论述，但仍多有不足：

1. 对两汉西域地区治理理论与民族政策问题作了探讨，但对两汉中央针对西域地区民族政策的特殊性以及与其他民族地区的比较研究方面尚存不足。对西域都护的重要性探讨较多，而对其在整个西域地区的行政建置及其在汉代边疆管理体系中的地位等问题的探索仍有很大空间。

2. 对汉王朝在西域的屯田更多是从经济开发角度作了探讨，而对屯田的管理体制、制度本身的运作，以及从中体现出的中央与西域地方互动关系、屯田对整个西域边防建构等问题的研究仍存有不足，这与西域屯田制度的重要性不甚相称，还有待于研究的进一步拓展。

3. 对西域地区的经济开发和民族关系等方面研究较多，尽管涉及汉王朝在西域的军事活动，但对历次战争的性质、过程以及影响等问题有系统的研究尚未出现。对两汉西域战争史与军事史的研究，应该成为未来两汉西域史研究的一个重点。

4. 对一些传统问题的研究，诸如中西关系史与交通史等方面研究，虽然取得了较大的成绩，但存在的问题也不少：一是问题研究的观点与视角稍显陈旧，所用资料亦多为传世文献，对新出考古资料的应用较少，且多有一些观点相近的文章被发表在不同的刊物上，造成极大的浪费；二是学术界对其中一些问题的探讨，或囿于资料不足，或囿于缺乏新角度与新解释，往往显得不够深入，更多类似于宏观性或普及性的文章，缺乏对具体历史问题的微观性考察。可见，在今后对两汉西域史的研究中，应该在进行宏观性讨论的同时，加强对微观问题的考察；在加大使用新出资料的同时，注意发掘已有的旧材料，通过转换视角对其作出新的解释，将会成为今后两汉西域史研究的一个重点方向。

已有的研究成果为两汉西域问题的进一步研究奠定了坚实的基础，同时，也提出了严峻的挑战，问题的深化与拓展，期待研究视角的转化。两汉王朝对西域的治理实践，作为中国传统的治边实践的一个重要阶段，有其自身的特点：一是中国古代历代王朝几乎都存在着较为突出的边疆治理问题，尤其是秦汉时代尚处于古代的前期阶段，其治边的理论与实践，包含着诸多大胆的开拓与宝贵的创新，既奠定了中国传统治边基本方略的基础，又为后世提供了可资借鉴的经验教训以及具体的个案分析。二是两汉对西域的治理实践，蕴涵着极为丰富的内容，是经过长期而艰苦的探索方才逐步形成的，不仅对当时的边疆治理发挥了重要作用，而且对于今天我们处理诸多边疆问题亦有十分重要的借鉴意义。惜学术界至今对我国古代的治边理论与实践的研究还是相当薄弱，相关研究长期以来存在着重民族轻边疆的倾向，具体到对两汉西域治理问题的研究也不例外。因此，加强对汉代西域边疆治理理论与实践问题的研究，或许可以作为两汉西域史研究的一个重点方向加以深入探讨。

基于以上认识，笔者选择对汉代西域边政的建置与运行、两汉西域管理模式的演变、政策性波动与东汉中后期的西域经略、汉文化软实力在西域治理中的应用、汉代西域屯戍以及西域地方边防军事体系的建构这五个方面问题进行分析，以期在避免做重复研究的同时，扬长避短，得出一些更为具体的结论。综述如下：

一 汉代西域治边机构的建置与行政运行

（一）汉代西域行政主权的确立

汉王朝对西域的经营，经历了一个漫长的历史时期。张骞通西域之初，西汉经营西域的目的仅仅是为了解决匈奴问题。随着西汉势力在西域逐步深入，针对西域的地缘战略亦随之发生转变，开始试图在西域确立汉的行政主权，将西域地区纳入汉的统治秩序之下，并最终在神爵年间纳降匈奴日逐王，驱走匈奴势力，设置西域都护，实现了"内属"西域的战略企图。笔者重点论述了西汉王朝在西域地缘战略的发展和转变以及西域"内属"的实现问题。

（二）汉代西域治边机构的设置与行政运行

汉朝统一西域建置都护后，自宣帝神爵年间以降至王莽末年，采取多种措施乃至战争手段，极力维护西域地区的和平稳定，并多次粉碎西域地方分裂势力引发的边疆危机，西域边疆版图得到极大拓展。传统的边政体制已不能满足此时边疆控制的需要，为适应新形势下西域边疆的发展状况，汉朝在西域地区逐渐建立起了一套以都护为核心，"土流"结合的管理模式。其实质是通过西汉特设的"流官"管理机构与西域原有但得到汉廷承认的"土官"系统二套子系统，实现对西域管理体制的运转。故此，笔者在行文中先论述了以西域都护为核心的中枢行政机构的建置与运行，然后论述两汉对西域地方政权的行政建制与管理，认为汉代在西域的特殊管理模式，既是该时期当地政治局势的反映，又与该地区自然地理、社会经济与民族成分、风俗习惯以及军事形势息息相关。作为汉代统治疆域的一部分，两汉对西域的统治模式具有很大的地方特色，既是对边疆民族地区管理制度的创新，同时又是对内地传统政治制度的继承，体现了汉代政治制度的灵活性。

（三）两汉西域治理模式的变迁

自西汉宣帝神爵二年设立西域都护府，西域正式列入汉朝版图，成为中国统一的多民族国家领土不可分割的一部分。由于两汉的统治时强时弱，中央政府对西域地区的管辖也时强时弱。和内地地区不同，两汉在西域实行的是官署合一的行政体制，因官而设置、官员的职称亦是行政组织的名称。军事组织兼管行政，军事、行政组织合二为一、形成一体，这种管理制度亦被称为"都护制"。新莽时期由于王莽采取了错误的政策，一度导致汉在西域统治秩序的崩溃。东汉建立后，虽然恢复了都护的建置，但自安帝延光二年以班勇为西域长史起，汉朝便不再设置西域都护，而以西域长史为西域最高长官，长史府成为西域的军政中枢。认为两汉间西域行政模式的变迁，与两汉所面临的内外政治经济与军事格局有关，但最关键的原因还在于东汉综合国力的衰落，使其无力维持西汉时期在西域的政治格局，只是出于西域地缘位置的重要性，而勉力支撑，东汉王朝以西域长史代替西域都护治理西域的局面，就是这一情况的真实写照。

二 汉代西域屯戍问题

两汉在西域从事的屯田，是管理和经营西域的有效措施。其不仅在当时产生了重要的作用，而且对后世也有一定的借鉴意义。目前学界对汉王朝在西域的屯田更多是从经济开发角度作了探讨，而对屯田的管理体制、制度本身的运作，以及从中体现出的中央与西域地方互动关系、屯田对整个西域边防建构等问题的研究仍存有较大的不足，这与西域屯田制度的重要性很不相称，还有待于研究的进一步拓展。基于此，笔者重点就屯田组织管理体系、屯戍人员结构与管理、屯田与边防拓展这三个问题进行了探讨，以期在前人的研究基础上，得出一些更为具体的结论。

三 汉代治理西域的文化软实力方略

综合实力包括硬实力与软实力。其中硬实力是指支配性实力，是指一国以经济力量、军事力量和科技力量为核心的物质力量；软实力则是指文化与制度方面的影响力。中原王朝利用自身在政治制度、统治理念与文化传统方面的优势施之于治理西域边疆地区的实践，便构成了两汉王朝治理西域的文化软实力，继之以此作为巩固统治及向外拓展的利器。惜目前学界对汉代西域治理问题的研究，更多的关注于两汉经略西域的过程与西域都护等行政机构的设置以及两汉与西域的交通与经济文化的交流，很少注意到文化软实力在两汉治理西域实践中的应用。故此，笔者以专章详细论述了两汉文化软实力方略在治理西域实践中的应用。

汉代对西域地区的行政管理与职官建制，是边疆地方政治制度的重要内容。汉代在西域的特殊管理模式，既是该时期当地政治局势的反映，又与该地区自然地理、社会经济与民族成分、风俗习惯以及军事形势息息相关。作为汉代统治疆域的一部分，两汉对西域的统治模式具有很大的地方特色，既是对边疆民族地区管理制度的创新，同时又是对内地传统政治制度的继承，体现了汉代政治制度的灵活性。两汉在西域实施的这种多制度、多层次的治理模式，适应了西域诸国的政治、军事形势的需要与经济、文化发展的要求，对于巩固汉王朝在西域的统治，稳定西域乃至整个西北局势，都发挥了重要作用，在客观上也有利于西域经济与文化的进步，并对后世产生了巨大影响，后世历代对西域等边疆民族地区的行政管理也多因袭或借鉴汉代的经验。因此在此意义上可以说，汉代对西域治理模式的探索，是边疆政治制度发展史上的一个里程碑。

参考文献

一 古籍资料

（汉）司马迁：《史记（修订本）》，中华书局2014年版。

（汉）班固：《汉书》，中华书局1962年版。

（汉）荀悦：《汉纪》，中华书局2002年版。

（晋）陈寿撰：《三国志》，陈乃乾校点，中华书局1959年版。

（晋）袁宏：《后汉纪》，中华书局2002年版。

（南朝宋）范晔：《后汉书》，中华书局1962年版。

（梁）萧统编、（唐）李善注：《文选》，上海古籍出版社1986年版。

（北魏）郦道元著、陈桥驿校证：《水经注校证》，中华书局2007年版。

（北魏）杨衒之撰，周祖谟校释：《洛阳伽蓝记校释》，中华书局1965年版。

（唐）杜佑：《通典》，中华书局1988年版。

（唐）杜环撰：《经行记》，《中国西北文献丛书（第106册）》，兰州古籍出版社2003年版。

（唐）李吉甫：《元和郡县图志》，贺次君点校，中华书局1983年版。

（唐）李延寿：《北史》，中华书局1974年版。

（唐）魏徵、令狐德棻：《隋书》，中华书局1973年版。

（后晋）刘昫等：《旧唐书》，中华书局1975年版。

（宋）李昉编等：《太平御览》，夏剑钦校点，河北教育出版社1994年版。

（宋）欧阳修、宋祁：《新唐书》，中华书局1975年版。

（宋）司马光：《资治通鉴》，中华书局1956年版。

（宋）王钦若等：《册府元龟》，周勋初等校订，凤凰出版社 2006 年版。

（元）马端临：《文献通考》，中华书局 2011 年版。

（清）顾祖禹：《读史方舆纪要》，上海书店出版社 1998 年版。

（清）李光廷撰：《汉西域图考》，《中国西北文献丛书（第 102 册）》，兰州古籍出版社 2003 年版。

（清）吕调杨：《书地理志详释》，《廿五史补编》，中华书局 1935 年版。

（清）祁韵士辑：《西域释地》，《中国西北文献丛书（第 102 册）》兰州古籍出版社 2003 年版。

（清）齐召南：《西域诸水编》，《中国西北文献丛书（第 67 册）》，兰州古籍出版社 2003 年版。

（清）徐松：《汉书西域传补注》，中华书局 1985 年版。

（清）徐松著、朱玉麟整理：《西域水道记（外二种）》，中华书局 2005 年版。

（清）孙星衍辑：《汉官六种》，周天游点校，中华书局 1990 年版。

（清）王先谦：《汉书补注》，中华书局 1983 年版。

（清）王念孙：《读书杂志》，中国书店 1985 年版。

（清）吴卓信：《汉书地理志补注》，《廿五史补编》，中华书局 1935 年版。

（清）吴承志：《汉书地理志水道图说补正》，《廿五史补编》，中华书局 1935 年版。

（清）谢济世撰：《西北域记》，《中国西北文献丛书（第 79 册）》，兰州古籍出版社 2003 年版。

（清）徐崇立辑：《西域舆地三种汇刻》，《中国西北文献丛书（第 103 册）》，兰州古籍出版 2003 年版。

（清）严可均辑：《全上古三代秦汉三国六朝文》，中华书局 1958 年版。

（清）阮元校刻：《十三经注疏》，中华书局 1980 年版。

（清）杨守敬：《汉书地理志补校》，《廿五史补编》，中华书局 1935 年版。

二 考古资料

陈直：《居延汉简研究》，天津古籍出版社1986年版。

甘肃文物考古研究所：《居延汉简释粹》，兰州大学出版社1988年版。

甘肃文物考古研究所等：《居延新简——甲渠候官与第四隧》，文物出版社1990年版。

甘肃文物考古研究所：《敦煌汉简》，中华书局1991年版。

甘肃文物考古研究所等：《居延新简——甲渠候官》，中华书局1994年版。

甘肃文物考古研究所：《甘肃敦煌汉代悬泉遗址发掘简报》，《文物》2000年第5期。

黄文弼：《罗布淖尔汉简考释》，《黄文弼历史考古论集》，文物出版社1989年版。

胡平生、张德芳：《敦煌悬泉汉简释粹》，上海古籍出版社2001年版。

林梅村、李均明：《疏勒河流域出土汉简》，文物出版社1984年版。

林梅村：《秦汉魏晋出土文献—楼兰尼雅出土文书》，文物出版社1985年版。

林梅村：《汉道精绝国与尼雅遗址》，《文物》1996年第12期。

李均明、何双全：《散见简牍合辑》，文物出版社1990年版。

罗振玉、王国维：《流沙坠简》，中华书局1999年版。

马雍：《汉龟兹左将军刘平国作亭诵集释考订》，《西北史地文物丛考》，文物出版社1990年版。

山西文管会：《山西平陆枣园村壁画汉墓》，《考古》1959年第9期。

史树青：《谈新疆民丰尼雅遗址》，《文物》1962第7—8期。

吴礽骧：《敦煌马圈湾汉代烽燧遗址发掘报告·伍·简牍》，甘肃省文物考古研究所编：《敦煌汉简（下册）》，中华书局1991年版。

吴礽骧、李永良、马建华释校：《敦煌汉简释文》，甘肃人民出版社1991年版。

王樾：《略说尼雅发现的"仓颉篇"汉简》，《西域研究》1998年第4期。

魏坚主编:《额济纳汉简》,广西师范大学出版社 2005 年版。

谢桂华、李均明等:《居延汉简释文合校》,文物出版社 1987 年版。

新疆社会科学院:《尼雅考古资料》,新疆社会科学院考古研究所 1988 年版。

中国简牍集成编辑委员会:《中国简牍集成》,甘肃敦煌文艺出版社 2001 年版。

三 今人论著

(一) 国内著作

安作璋:《两汉与西域关系史》,齐鲁书社 1979 年版。

安介生:《历史民族地理(上)》,山东教育出版社 2007 年版。

陈澧:《汉书地理志水道图说》,《廿五史补编》,中华书局 1935 年版。

陈直:《汉书新证》,天津人民出版社 1979 年版。

辞海编辑委员会:《辞海》,上海辞书出版社 1979 年版。

陈力:《战略地理论》,解放军出版社 1990 年版。

陈梧桐等:《西汉军事史》,《中国军事通史》,军事科学出版社 1998 年版。

陈良伟:《丝绸之路河南道》,中国社会科学出版社 2002 年版。

陈世明、吴福环:《二十四史两汉时期西域史料校注》,新疆大学出版社 2003 年版。

岑仲勉:《汉书西域传地理校释》,中华书局 2004 年版。

陈序经:《匈奴史稿》,中国人民大学出版社 2007 年版。

陈苏镇:《〈春秋〉与"汉道":两汉政治与政治文化研究》,中华书局 2011 年版。

董良庆:《战略地理学》,国防大学出版社 2000 年版。

丁笃本:《丝绸之路古道研究》,新疆人民出版社 2010 年版。

方国瑜:《中国西南历史地理考释》,中华书局 1987 年版。

郭松义、张泽咸:《中国屯垦史》,文津出版社 1992 年版。

顾颉刚著:《西北考察日记》,《中国西北文献丛书(第 107 册)》,兰州古籍出版社 2003 年版。

谷苞：《西北通史》，兰州大学出版社2004年版。

顾颉刚、史念海：《中国疆域沿革史》，商务印书馆2004年版。

高荣：《先秦汉魏河西史略》，天津古籍出版社2007年版。

黄文弼：《西北史地论丛》，上海人民出版社1981年版。

黄文弼：《库鲁克塔格山中行》，《黄文弼蒙新考察日记（1927—1930）》，文物出版社1990年版。

侯丕勋：《历代经营西北边疆研究》，甘肃文化出版社1997年版。

侯丕勋、刘再聪：《西北边疆历史地理概论》，甘肃人民出版社2008年版。

黄朴民：《秦汉统一战略研究》，中国人民大学出版社2007年版。

郝树声、张德芳：《悬泉汉简研究》，甘肃文化出版社2009年版。

纪庸：《汉代对匈奴的防御战争》，新知识出版社1955年版。

金玉国：《中国战术史》，解放军出版社2008年版。

历史语言研究所：《历史语言研究所集刊》，台北：历史语言研究所1956年版。

劳榦：《劳榦学术论文集甲编》，台北：艺文印书馆1976年版。

林幹：《匈奴史》，内蒙古人民出版社1977年版。

刘义棠：《中国边疆民族史》，台北：中华书局1982年版。

刘光华：《汉代西北屯田研究》，兰州大学出版社1988年版。

刘光华：《中国古代西北历史资料辑录》，兰州大学出版社1988年版。

林剑鸣：《秦汉史》，上海人民出版社1989年版。

李明伟：《丝绸之路贸易史研究》，甘肃人民出版社1991年版。

李明伟：《丝绸之路与西北经济社会研究》，甘肃人民出版社1992年版。

吕一燃：《中国边疆史地论》，黑龙江教育出版社1991年版。

刘锡淦等：《龟兹古国史》，新疆大学出版社1992年版。

李大龙：《两汉时期的边政与边吏》，黑龙江教育出版社1995年版。

李大龙：《都护制度研究》，黑龙江教育出版社2003年版。

李大龙：《汉代中国边疆史》，黑龙江教育出版社2012年版。

李清凌：《西北经济史》，人民出版社1997年版。

林兢：《西北丛编》，《中国西北文献丛书（第122册）》，兰州古籍出版社 2003 年版。

李振宏：《居延汉简与汉代社会》，中华书局 2003 年版。

李孝聪：《中国区域历史地理》，北京大学出版社 2004 年版。

廖伯源：《使者与官制演变：秦汉皇帝使者考论》，文津出版社 2006 年版。

黎明钊编：《汉帝国的制度与社会秩序》，香港牛津大学出版社 2012 年版。

黎虎：《汉代外交体制研究》，商务印书馆 2014 年版。

马雍：《西北史地文物丛考》，文物出版社 1990 年版。

孟凡人：《楼兰新史》，光明日报出版社 1990 年版。

马大正、王嵘等主编：《西域考察与研究》，新疆人民出版社 1994 年版。

马大正：《中国边疆经略史》，中州古籍出版社 2000 年版。

马大正等：《新疆史鉴》，新疆人民出版社 2006 年版。

孟宪实：《汉唐文化与高昌历史》，齐鲁书社 2004 年版。

马长寿：《氐与羌》，广西师范大学出版社 2006 年版。

南京大学元史研究室编：《韩儒林文集》，江苏古籍出版社 1985 年版。

彭建英：《中国古代羁縻政策的演变》，中国社会科学出版社 2004 年版。

齐清顺、田卫疆：《中国历代中央王朝治理新疆政策研究》，新疆人民出版社 2004 年版。

邵台新：《汉代对西域的经营》，新北辅仁大学出版社 1984 年版。

苏北海：《西域历史地理》，新疆大学出版社 1988 年版。

苏北海：《两汉经营西域之借鉴》，新疆大学出版社 1938 年版。

史念海：《河山集》，陕西师范大学出版社 1991 年版。

宋杰：《先秦战略地理研究》，首都师范大学出版社 1999 年版。

石云涛：《二至六世纪丝绸之路的变迁》，文化艺术出版社 2007 年版。

谭宗义：《汉代国内陆路交通考》，香港：香港新亚研究所 1967 年版。

谭其骧：《中国历史地图集（第二册：秦·西汉·东汉时期)》，中国地图出版社 1982 年版。

台湾三军大学编：《中国历代战争史》，台北军事译文出版社 1983 年版。

唐长孺：《山居存稿》，中华书局 1989 年版。

田继周：《秦汉民族史》，四川民族出版社 1996 年版。

田余庆：《秦汉魏晋史探微（重订本）》，中华书局 2004 年版。

田澍、何玉红主编：《丝绸之路研究：交通与文化》，甘肃文化出版社 2013 年版。

王恢：《中国历史地理（上册）》，台北：学生书局 1976 年版。

吴平凡、朱英荣：《龟兹史料》，新疆大学出版社 1987 年版。

王子今：《秦汉交通史稿》，中央党校出版社 1994 年版。

王文楚：《古代交通地理丛考》，中华书局 1996 年版。

吴廷桢、郭厚安：《河西开发史研究》，甘肃教育出版社 1996 年版。

王素：《高昌史稿·统治篇》，文物出版社 1998 年版。

王素：《高昌史稿·交通编》，文物出版社 2000 年版。

王三北：《西北开发决策思想史（古代卷）》，甘肃人民出版社 2000 年版。

王宗维：《汉代丝绸之路的咽喉——河西路》，昆仑出版社 2001 年版。

吴礽骧：《河西汉塞调查与研究》，文物出版社 2005 年版。

王明列：《游牧者的选择——面对汉帝国的比亚游牧部族》，广西师范大学出版社 2008 年版。

王炳华：《西域考古文存》，兰州大学出版社 2009 年版。

王利器：《盐铁论校注（定本）》，中华书局 2010 年版。

王云度：《秦汉史编年》，凤凰出版社 2011 年版。

薛英群：《居延汉简通论》，甘肃教育出版社 1991 年版。

辛德勇：《古代交通与地理文献研究》，中华书局 1996 年版。

薛正昌：《夏历史文化地理》，宁夏人民出版社 2007 年版。

余嘉锡：《余嘉锡论学杂著》，中华书局 1963 年版。

姚大中：《古代北西中国》，台北三民书局印行 1981 年版。

杨建新、卢苇编著：《丝绸之路》，甘肃人民出版社 1981 年版。

杨建新:《中国西北少数民族史》,宁夏人民出版社1988年版。

王明哲、王炳华:《乌孙研究》,新疆人民出版社1983年版。

严耕望:《中国地方行政制度史(甲部):秦汉地方行政制度》,中研院历史语言研究所1989年版。

阎文儒、陈玉龙编:《向达先生纪念论文集》,新疆人民出版社1986年版。

余太山:《两汉魏晋南北朝与西域关系史研》,中国社会科学出版社1995年版。

余太山:《西域文化史》,中国友谊出版公司1995年版。

余太山主编:《西域通史》,中州古籍出版社1996年版。

余太山:《两汉魏晋南北朝正史西域传要注》中华书局2005年版。

余太山:《早期丝绸之路文献研究》,上海人民出版社2009年版。

曾问吾:《中国经营西域史》,商务印书馆1936年版。

张春树:《汉代边疆史论集》,台北食货出版社1977年版。

张春树:《古代屯田制度的原始与西汉河西、西域边塞上屯田制度之发展过程》,《屈万里先生七秩荣庆论文集》,台北联经出版事业公司1978年版。

张维华:《汉史论集》,齐鲁书社1980年版。

中国地图出版社:《汉代中外交通图》,中国地图出版社1980年版。

张波:《西北农牧史》,陕西科学技术出版社1990年版。

赵俪生:《古代西北屯田开发史》,甘肃文化出版社1994年版。

周伟洲:《民族史研究》,中州古籍出版社1995年版。

赵云田:《中国治边机构史》,中国藏学出版社2002年版。

《中国军事史》编写组:《中国历代战争年表(上)》,解放军出版社2002年版。

张灿辉:《两汉魏晋凉州政治史研究》,岳麓书社2008年版。

张平:《龟兹文明:龟兹史地考古研究》,中国人民大学出版社2010年版。

(二) 国内论文

陈安仁:《汉代对西域交通与中国文化之影响》,《东方杂志》1946年第42卷第2期。

岑仲勉:《历代西疆路程简述》,《西北论坛》1948年第1卷第6期。

陈连庆:《汉代兵制述略》,《史学集刊》1983年第2期。

陈连庆:《西汉与新莽时期的少数民族士兵》,《史学集刊》1984年第2期。

陈慧生:《两汉屯田和统一新疆的关系》,《秦汉史论丛(第三辑)》陕西人民出版社1986年版。

陈友冰:《先秦两汉羁縻考》,《安徽史学》2000年第1期。

陈晓鸣:《两汉边防兵制若干问题之比较——以西、北地区为中心》,《史学月刊》2001年第2期。

崔明德:《中国古代和亲与丝绸之路的拓展》,《中国边疆史地研究》2005年第2期。

丁谦:《汉书西域传地理考证一卷》,《浙江图书馆丛书》1915年第1期。

丁忠林:《汉代西域都护设置年代考》,《历史教学问题》1988年第3期。

俄琼卓玛:《汉代西域译长》,《西域研究》2006年第2期。

邰英:《汉代的西域交通》,《西北论衡》1940年第24期。

管东贵:《汉代屯田与开边》,《历史语言研究所集刊》第45本第1分,1973年。

高荣:《汉代对西北边疆的经营管理》,《中国边疆史地研究》1994年第4期。

高荣:《论两汉对羌民族政策与东汉羌族起义》,《广东社会科学》1998年第3期。

高荣:《汉代戊己校尉述论》,《西域研究》2000年第2期。

高荣:《论汉武帝"图制匈奴"战略与征伐大宛》,《西域研究》2009年第2期。

龚荫:《古代边疆民族地区屯垦开发概况》,《西南民族学院学报》1997年第1期。

韩儒林:《汉代西域屯田与车师伊吾的争夺》,《文史杂志》1941年第2卷第2期。

韩儒林:《汉代西域屯田与车师伊吾的争夺补记》,《文史杂志》1942

年第 2 卷第 4 期。

黄文弼：《古楼兰国历史及其在中西交通史上之地位》，《史学集刊》1947 年第 5 期，《西北史地论丛（第二辑）》，上海人民出版社 1985 年版。

黄文弼：《古楼兰国历史及其在中西交通上之地位（附图）》，《史学集刊》1947 年第 5 期。

黄文弼：《汉通西域后对西域之影响》，《中国西北科学考察团丛刊》1948 年，《西北史地论丛（第二辑）》，上海人民出版社 1985 年版。

胡四维著、耿升摘译：《汉代丝绸贸易考》，《中国史研究动态》1980 年第 11 期。

侯灿：《试论西域戊己校尉》，《新疆史学》1980 年第 1 期。

侯灿：《汉晋时期的西域戊己校尉》，《西北史地》1983 年第 3 期。

侯灿：《论楼兰城的发展及其衰废》，《中国社会科学》1984 年第 2 期。

哈建华：《有关西域都护建置的年代问题》，《历史教学》1983 年第 3 期。

何芳川：《试谈两汉时期西域诸国的国家形态》，《历史教学》1984 年第 8 期。

黄靖：《大月氏的西迁及其影响》，《新疆社会科学》1985 年第 2 期。

黄烈：《"守白力"、"守海"文书与通西域道路的变迁》，《中国古代民族史研究》，人民出版社 1987 年版。

黄今言：《汉代征兵制度中若干问题的考辨》，《江西师范大学学报》1989 年第 2 期。

黄今言：《说东汉在军制问题上的历史教训》，《南都学坛》1996 年第 2 期。

黄今言：《两汉边防战略思想的发展及其主要特征》，《中国边疆史地研究》2004 年第 1 期。

胡平生：《敦煌马圈湾汉简中关于西域史料的辨证》，大庭脩《汉简研究的现状与展望》，大阪：日本关西大学出版部 1992 年版。

洪涛：《关于乌孙研究的几个问题》，《中央民族大学学报》1994 年第 2 期。

洪涛：《西域都护府的建立及其历史地位》，《西域研究》1999 年第

3 期。

胡宏起：《汉代兵力论考》，《历史研究》1996 年第 3 期。

胡宏起：《汉代中国与中西亚诸国》，《南昌大学学报》2001 年第 1 期。

何双全：《西汉与乌孙交涉史新证——悬泉汉简所见西域关系史之一》，《国际简牍学会会刊》2002 年第 4 号，台北兰台出版社。

何双全：《汉与楼兰（鄯善）、车师（姑师）交涉史新证——悬泉汉简所见西域关系史之二》，《国际简牍学会会刊》2002 年第 4 号，台北兰台出版社。

郝树声：《浅谈李广利伐大宛的功过是非》，《甘肃社会科学》2002 年第 4 期。

郝树声：《汉简中的大宛和康居——丝绸之路与中西交往研究的新资料》，《中原文化研究》2015 年第 2 期。

何海龙：《从悬泉汉简谈西汉与乌孙的关系》，《求索》2006 年第 3 期。

侯晓星：《略论西汉武昭宣时期的西域民族政策》，《广西民族学院学报》2006 年第 6 期。

黄兆宏：《元狩二年霍去病西征路线考释——兼谈汉唐时期东段丝绸之路北道》，《兰州大学学报》2006 年第 6 期。

胡玉春：《南匈奴与东汉的政治关系及其社会变革》，《内蒙古社会科学》2007 年第 6 期。

贾应逸：《汉代西域都护府的由来——兼谈郑吉的历史功绩》，《新疆大学学报》1977 年第 1 期。

贾丛江：《西汉属部朝贡制度》，《西域研究》2003 年第 4 期。

贾丛江：《关于西汉时期西域汉人的几个问题》，《西域研究》2004 年第 4 期。

贾丛江：《西汉戊己校尉的名和实》，《中国边疆史地研究》2006 年第 4 期。

贾丛江：《西汉伊循职官考疑》，《西域研究》2008 年第 4 期。

劳幹：《两汉政府在西域的经营》，《新疆研究》1964 年。

黎虎：《解忧公主出塞的历史贡献》，《北京师范大学学报》1979 年第 4 期。

刘戈：《试论张骞通西域》，《新疆史学》1979 年第 1 期。

刘光华：《也谈汉代的乌孙》，《新疆大学学报》1981 年第 3 期。

林幹：《乌孙及其与西汉王朝的关系》，《新疆社会科学》1981 年第 4 期。

林幹：《匈奴诸王驻牧地考》，《匈奴史论文选集》，中华书局 1983 年版。

卢苇：《丝绸之路的出现和开通》，《西北史地》1981 年第 1 期。

刘锡淦：《关于西域都护与僮仆都尉问题的质疑》，《新疆大学学报》1983 年第 1 期。

刘锡淦等：《试论汉匈之争的初期战略及在西域的对抗》，《新疆大学学报》1985 年第 4 期。

刘光华：《段会宗在西域活动的年代背景及其评价》，《兰州大学学报》1983 年第 1 期。

刘光华：《张骞与西汉中期的"断匈奴右臂"的战略》，《西北民族研究》1988 年第 1 期。

刘光华：《关于西汉郅支城之战》，《西北第二民族学院学报》2005 年第 1 期。

李开元：《论汉伐大宛和汉朝的西方政策》，《西北史地》1985 年第 1 期。

李吉寅：《汉代西北民屯结构辨析》，《甘肃社会科学》1985 年第 1 期。

刘洪波：《关于西域都护的始置时间》，《中国史研究》1986 年第 3 期。

龙玉梅：《乌孙与西汉王朝关系述论》，《西北民族学院学报》1988 年第 4 期。

李大龙：《略论西汉时期张汤经营西域》，《民族研究》1989 年第 5 期。

李大龙：《西汉西域屯田与使者校尉考辨》，《西北史地》1989 年第 3 期。

李大龙：《西汉的郎官及其在治理西域中的作用》，《新疆社会科学》

1989年第6期。

李大龙:《西汉派往西域的使者述论》,《民族研究》1990年第6期。

李大龙:《西域都护略论》,《中国边疆史地研究》1991年第2期。

李大龙:《西域都护的设立不是乌孙和西汉关系转变的标志》,《西域研究》1993年第1期。

李大龙:《关于藩属体制的几个理论问题——对中国古代疆域理论发展的理论阐释》,《学习与探索》2007年第4期。

李大龙:《边吏与古代中国疆域的形成——以两汉为中心》,《云南师范大学学报》2008年第6期。

李大龙:《两汉王朝治理西域的经验与教训》,《北方民族大学学报》2010年第5期。

李大龙:《关于中国古代治边政策的几点思考——以"羁縻"为中心》,《史学集刊》2014年第4期。

林剑鸣:《西汉戊己校尉考》,《历史研究》1990年第2期。

李并成:《汉敦煌郡的乡、里、南境塞墙和烽隧系统考》,《敦煌研究》1993年第2期。

李并成:《河西走廊西部汉长城遗迹及其相关问题考》,《敦煌研究》1995年第2期。

李宝通:《汉楼兰屯戍源流述考》,甘肃文物考古研究所、西北师范大学历史系编:《简牍学研究(第一辑)》,甘肃人民出版社1996年版。

刘彦威:《西汉王朝的边疆经略》,《中国边疆史地研究》1997年第3期。

卢星、赵明:《论耿秉在汉灭北匈奴之战中的战略思想》,《江西社会科学》2001年第12期。

李炳泉:《西汉西域渠犁屯田考论》,《西域研究》2002年第1期。

李炳泉:《两汉戊己校尉建制考》,《史学月刊》2002年第6期。

李炳泉:《西汉西域伊循屯田考论》,《西域研究》2003年第2期。

李炳泉:《关于汉代西域都护的两个问题》,《民族研究》2003年第6期。

李炳泉:《西汉中垒校尉"外掌西域"新证》,《西域研究》2004年第3期。

李炳泉：《两汉"西域副校尉"略考》，《史学月刊》2008年第12期。

李炳泉：《甘延寿任西域使职年代考——兼及冯嫽在册封乌孙两昆弥事件中的活动》，《西域研究》2013年第3期。

刘国防：《汉西域都护的始置及其年代》，《西域研究》2002年第3期。

刘国防：《西汉比胥鞬屯田与戊己校尉的设置》，《西域研究》2006年第4期。

刘磐修：《汉代河西地区的开发》，《史学研究》2002年第11期。

梁安和：《西汉政府对西域的开发》，《西北大学学报》2006年第3期。

刘永强：《汉通西域时西域各国经济构成研究》，《甘肃社会科学》2007年第5期。

林永强：《汉朝对归附匈奴的军政管理措施考论》，《军事历史研究》2011年第3期。

刘春雨：《从悬泉汉简中的使者看西域与内地的关系》，《中州学刊》2013年第6期。

林梅村：《大月氏人的原始故乡——兼论西域三十六国之形成》，《西域研究》2013年第2期。

李锦绣：《汉唐经营西域目的比较》，《史林》2014年第4期。

孟池：《从新疆历史文物看汉代在西域的政治措施和经济建设》，《文物》1975年第7期。

马国荣：《汉代新疆与内地的经济文化联系》，《新疆史学》1979年第1期。

孟凡人：《车师后部史中若干问题的探讨》，《文史（第16辑）》中华书局1982年版。

莫任南：《匈奴对汉王朝的政策》，《中国边疆史地研究》1992年第4期。

莫任南：《论傅介子出使西域的历史功绩》，《湖南师范大学学报》1994年第5期。

马国荣：《浅谈汉代西域屯田》，《西域史论丛（第一辑）》新疆人民出版社 1985 年版。

马国荣:《汉朝中央政府对新疆的行政管理》,《新疆社会科学》1987 年第 3 期。

马国:《两汉新疆汉人的社会生活》,《新疆社科论坛》1997 年第 1 期。

马雍:《东汉〈曹全碑〉中有关西域的重要史料》,《西域史地文物丛考》,文物出版 1990 年版。

马雍:《从新疆历史文物看汉代在西域的政治措施和经济建设》,《西域史地文物丛考》,文物出版社 1990 年版。

苗普生:《匈奴日逐王考》,《新疆文物》1991 年第 3 期。

孟宪实:《西汉戊己校尉新论》,《广东社会科学》2004 年第 1 期。

马晓丽:《汉武帝民族关系思想的演变——以汉与匈奴的关系为例》,《齐鲁学刊》2007 年第 4 期。

马智全:《汉简所见西汉与车师的交往》,《鲁东大学学报》2011 年第 3 期。

马智全:《戊己校尉的设立及其属吏秩次论考》,《丝绸之路》2012 年第 6 期。

马智全:《论汉简所见汉代西域归义现象》,《中国边疆史地研究》2012 年第 4 期。

钮仲勋:《论汉代经营西域之战略形势》,《山西师范大学学报》1989 年第 1 期。

钮仲勋:《两汉时期新疆的水利开发》,《西域研究》1998 年第 2 期。

彭慧敏:《两汉在西域屯田论述》,《新疆大学学报》1985 年第 1 期。

钱伯泉:《西汉时期西域的人口和社会经济情况——〈汉书·西域传〉研究》,《新疆社会科学研究》1982 年第 24 期。

钱伯泉:《西域的羌族》,《西北史地》1984 年第 1 期。

秦卫星:《班超与西域》,《新疆大学学报》1983 年第 1 期。

裘锡圭:《读汉简札记》,中国社会科学院简帛研究中心编《简帛研究(第二辑)》,法律出版社 1996 年版。

任崇岳:《汉代和亲政策的几个问题》,《历史教学》1980 年第 5 期。

饶瑞符:《汉唐时代米兰屯田水利初探》,《水利史研究会成立大会论文集》，水利电力出版社，1994 年版。

饶宗颐、李均明：《新莽简辑证·天凤三年西域战役》，台北新文丰出版公司 1995 年版。

任克良：《"两汉"营龟兹及西域方略浅析》，《新疆地方志》2008 年第 3 期。

宋龙泉：《西汉经营西域之政策》，《中国边政》1967 年第 19 期。

宋龙泉：《前汉时西域经济概观》，《中国边政》1970 年第 32 期。

孙培良：《丝绸之路概述》，《陕西师范大学学报》1978 年第 3 期。

苏诚鉴：《谈〈史记·大宛列传〉叙大宛之役》，《历史研究》1979 年第 12 期。

苏北海：《论汉武帝征大宛》，《新疆师范大学学报》1983 年第 1 期。

苏北海：《楼兰古道对汉朝统一西域及丝路的重大贡献》，《西北史地》1996 年第 4 期。

苏治光：《东汉后期至北魏对西域的管辖》，《中国史研究》1984 年第 2 期。

宋肃瀛：《常惠和段会宗西域事迹考析》，《西北史地论丛（第二辑）》，上海人民出版社 1985 年版。

施丁：《汉代轮台屯田的上限问题》，《中国史研究》1994 年第 4 期。

孙毓棠：《汉代交通》，《孙毓棠学术论文集》，中华书局 1995 年版。

石少颖：《乌孙归汉与西汉外交》，《湖北大学学报》2006 年第 3 期。

孙占宇：《马圈湾汉简所见一次发生在车师的战争》，《敦煌学辑刊》2006 年第 3 期。

孙占宇：《敦煌汉简王莽征伐西域战争史料研究综述》，《西域研究》2006 年第 3 期。

申超：《汉代西域长史略论》，《中国边疆史地研究》2015 年第 1 期。

佟柱臣：《从考古材料看汉、唐对西域的管辖》，《社会科学战线》1981 年第 4 期。

田卫疆：《西汉至清代新疆军政管理机构沿革述略》，《新疆地方志》1995 年第 2 期。

田卫疆：《"西域"的概念及其内涵》，《西域研究》1998 年第 4 期。

唐国军：《论西汉王朝对匈奴的政策与其国力兴衰的关系》，《广西社会科学》1996年第2期。

陶新华：《汉代的"发兵"制度》，《史学月刊》2000年第2期。

同利军：《汉朝与匈奴战争述评》，《军事历史》，2009年第1期。

吴其昌：《两汉边政的借鉴》，《边疆论文集》1964年。

汪宁生：《汉晋西域与祖国文明》，《考古学报》1977年第1期。

王炳华、王明哲：《乌孙历史上几个重大问题的探讨》，《新疆社会科学》1982年第3期。

王炳华：《西汉以前新疆和中原地区历史关系考察》，《新疆大学学报》1984年第4期。

王炳华：《樿摭考—兼论汉代礼制在西域》，《西域研究》1999年第3期。

维衍：《西汉时期的西域都护府》，《文史知识》1983年第4期。

王明哲：《论汉代乌孙对伊犁河流域的开发——关于汉代乌孙族人口发展问题的研究》，《新疆社会科学》1983年第1期。

王宗维：《张骞出使西域的路线》，《西北大学学报》1984年第4期。

王宗维：《汉代河西与西域的相互关系》，《新疆社会科学》1985年第3期。

王宗维：《汉武帝的民族思想和政策》，《西北大学学报》1995年第1期。

王伯玉：《试谈汉武帝伐大宛》，《中亚研究资料》1984年第2期。

王治来：《历史上汉族人向西北边疆的迁徙》，《西北史地》1997年第1期。

吴礽骧：《敦煌悬泉遗址简牍整理简介》，《敦煌研究》1999年第4期。

吴晓军：《论西北地区生态环境的历史变迁》，《甘肃社会科学》1999年第4期。

王素：《悬泉汉简所见康居史料考释》，荣新江、李孝聪编：《中外关系史：新史料与新问题》科学出版社2004年版。

王素：《高昌戊己校尉的废置——高昌戊己校尉研究系列之三》，《吐鲁番学研究》2004年第2期。

王素：《高昌戊己校尉的设置——高昌戊己校尉研究系列之一》，《新疆师范大学学报》2005年第3期。

王素：《高昌戊己校尉的组织——高昌戊己校尉研究系列之二》，《中国历史文物》2005年第4期。

王素：《高昌戊己校尉的设置》，《新疆师范大学学报》2005年第3期。

汪桂海：《敦煌简牍所见汉朝与西域的关系》，武汉大学简帛中心编《简帛（第一辑）》，上海古籍出版社2006年版。

王勋：《东汉羌汉战争动因新探》，《中国边疆史地研究》2008年第2期。

王子今：《"西域"名义考》，《清华大学学报》2010年第3期。

王子今：《匈奴控制背景下的西域商贸》，《社会科学》2013年第2期。

王子今、乔松林：《"译人"与汉代西域民族关系》，《西域研究》2013年第1期。

王文光、尤伟琼：《从〈史记·大宛列传〉看汉王朝对西北民族的治理及对中亚、南亚民族的认识》，《学术探索》2013年第2期。

徐伯夫：《古代新疆与祖国内地的商业来往》，《新疆史学》1979年第1期。

邢义田：《汉代的以夷制夷论》，《中国史论文集（二）》，台北幼狮文化事业公司，1983年版。

晓克：《论新莽时期的汉匈关系》，《内蒙古社会科学》1991年第2期。

徐杰舜：《秦汉民族政策特点初论》，《贵州民族研究（季刊）》1992年第2期。

熊贵平：《以夷制夷方略及其在汉代形成和发展的原因探析》，《江西师范大学学报》2007年第6期。

薛宗正：《西汉的使者校尉与屯田校尉》，《新疆社会科学》2007年第5期。

谢彦明：《西汉中垒校尉职掌考辨》，《中南民族大学学报》2008年第1期。

绍鹉：《汉代西北边郡代管边外事务试析》，《西域研究》2015年第

2期。

姚鉴:《张骞通西域》,《历史教学》1954年第10期。

杨建新:《关于汉代乌孙的几个问题》,《新疆大学学报》1980年第2期。

岳庆平:《论汉武帝伐宛的原因及其目的》,《社会科学辑刊》1987年第1期。

余太山:《乌孙考》,《西北史地》1988年第1期。

余太山:《〈汉书·西域传〉所见塞种》,《新疆社会科学》1989年第1期。

余太山:《大夏和大月氏综考》,《中亚学刊(第3辑)》,中华书局1990年版。

余太山:《大宛和康居综考》,《西北民族研究》1991年第1期。

余太山:《关于鄯善都城的位置》,《西北史地》1991年第2期。

余太山:《安息与乌弋山离考》,《敦煌学辑刊》1991年第2期。

余太山:《罽宾考》,《西域研究》1992年第1期。

余太山:《张骞西使新考》,《西域研究》1993年第1期。

余太山:《东汉与西域关系述考述》,《西北民族研究》1993年第2期。

余太山:《西汉与西域关系述考述》,《西北民族研究》1994年第1—2期。

余太山:《两汉戊己校尉考》,《史林》1994年第1期。

余太山:《两汉魏晋南北朝时期西域的绿洲大国称霸现象》,《西北史地》1995年第4期。

余太山:《两汉西域都护考》,《学术集林》,上海远东出版社1995年版。

余太山:《两汉魏晋南北朝时期西域的绿洲大国称霸现象》,《西北史地》1995年第4期。

余太山:《〈史记·大宛列传〉与〈汉书·张骞李广利传〉、〈西域传〉的关系》,《学术集林(卷十一)》,上海远东出版社1997年版。

余太山:《两汉魏晋南北朝时期西域南北道绿洲诸国的"两属"现象——兼说贵霜史的一个问题》,《中国边疆史地研究》1997年第2期。

余太山：《两汉魏晋南北朝正史"西域传"所见西域族名、国名、王治名》，《庆祝杨向奎先生教研六十年论文集》，河北教育出版社 1998 年版。

余太山：《两汉魏晋南北朝正史西域传的里数》，《文史（第 47、48 辑）》1999 年第 2、3 期。

余太山：《汉晋正史西域传所见西域诸国的地望》，《欧亚学刊（第 2 辑）》，中华书局 2000 年版。

余太山：《〈魏略·西戎传〉要注》，《中国边疆史地研究》2006 年第 2 期。

殷晴：《汉唐西域民族政策述论》，《西北民族研究》1992 年第 1 期。

殷晴：《悬泉汉简和西域史事》，《西域研究》2002 年第 3 期。

殷晴：《汉代丝路南北道研究》，《新疆社会科学》2010 年第 1 期。

殷晴：《汉代西域人士的中原憧憬与国家归向——西域都护府建立后的态势与举措》，《西域研究》2013 年第 1 期。

杨永俊：《论两汉时期羌汉战争中的"羌中之利"》，《西北史地》1998 年第 3 期。

杨永俊：《对东汉"羌祸"的重新审视》，《西北史地》1999 年第 1 期。

杨永俊：《略论汉代陇右地方势力的兴起及其与羌胡的关系》，《敦煌学辑刊》2000 年第 2 期。

袁延胜：《也谈〈过长罗侯费用薄〉的史实》，《敦煌研究》2003 年第 1 期。

袁延胜：《悬泉汉简所见汉代乌孙的几个年代问题》，《西域研究》2005 年第 4 期。

于振波：《从籴粟记录看汉代对西北边塞的经营——读〈额济纳汉简〉札记》，《中国社会经济史研究》2006 年第 4 期。

张仲和：《张骞与西域》，《成大史学杂志》1930 年第 1—2 期。

张耀庚：《汉代西域之边患》，《新亚细亚》1934 年第 8 期。

张春树：《试论汉武帝时屯田仑头（轮台）的问题》，《大陆杂志》1947 年第 48 卷第 4 期。

张春树：《汉代丝绸之路的开拓与发展》，《食货》1985 年第 15 卷第

1、2 期。

张荣芳：《西汉屯田与丝绸之路》，《中国史研究》1983 年第 4 期。

赵汝清：《浅评李广利伐大宛在中西交通史上的作用》，《宁夏大学学报》1985 年第 2 期。

周振鹤：《西汉西域都护所辖诸国考》，《新疆大学学报》1985 年第 2 期。

翟宛华：《论西汉与乌孙的和亲》，《西北史地》1985 年第 4 期。

朱振杰：《"凿空"前西域和内地的联系》，《新疆社会科学》1986 年第 2 期。

张启深：《关于东汉兵制的几个问题》，《安徽史学》1987 年第 4 期。

张玉忠：《汉代以前车师人的社会经济生活》，《新疆社会科学》1987 年第 3 期。

张京华：《汉光武帝对西域属国的政策》，《理论学刊》1988 年第 5 期。

张正明：《和亲论》，《中国古代边疆政策研究》，中国社会科学出版社 1990 年版。

翟婉华：《西汉在西北的屯田及其经济效益》，《西北史地》1990 年第 4 期。

张启深：《论窦宪击北匈奴》，《安徽史学》1993 年第 3 期。

赵评春：《西汉玉门关、县及其长城建置时序考》，《中国历史地理论丛》1994 年第 2 期。

张玉强：《汉简文书传递制度述论》，《人文杂志》1994 年第 5 期。

张志坤：《张骞出使西域路线辨证》，《中国人民大学学报》1995 年第 3 期。

张俊民：《散见悬泉汉简》，《敦煌学辑刊》1997 年第 2 期。

张俊民：《元康五年过长罗侯费用薄》，《陇右文博》2000 年第 2 期。

张俊民：《"北胥鞬"应是"比胥鞬"》，《西域研究》2001 年第 1 期。

张俊民：《西汉楼兰、鄯善简牍资料钩沉》，《鲁东大学学报》2013 年第 4 期。

赵贞：《汉代戊己校尉阐释》，《敦煌研究》1999 年第 4 期。

张建中：《西汉前期的"汉人入匈"现象及分析》，《内蒙古大学学报》2000年第2期。

张德芳：《〈长罗侯费用薄〉及长罗侯与乌孙关系考略》，《文物》2000年第9期。

张德芳：《从悬泉汉简看两汉西域屯田及其意义》，《敦煌研究》2002年第2期。

张德芳：《悬泉汉简中若干西域资料考论》，荣新江、李孝聪编：《中外关系史：新史料与新问题》，科学出版社2004年版。

张德芳：《从悬泉汉简看楼兰（鄯善）同汉朝的关系》，《西域研究》2009年第4期。

张德芳：《郑吉"数出西域"考论》，《西域研究》2011年第2期。

张德芳：《西北汉简中的丝绸之路》，《中原文化研究》2014年第5期。

张德芳：《汉帝国在政治军事上对丝绸之路交通体系的支撑》，《甘肃社会科学》2015年第2期。

周泓：《从考古资料看汉唐两朝对古代新疆的管辖经营》，《新疆师范大学学报》2000年第10期。

张静：《略论班勇与西域的关系》，《新疆社科论坛》2001年第4期。

赵梅春：《王符的治边思想》，《中国边疆史地研究》2002年第2期。

朱宏斌：《两汉西域屯田及其在中西农业科技文化交流中的作用》，《中国农史》2003年第2期。

张运德：《两汉时期西域屯垦的基本特征》，《西域研究》2007年第3期。

张安福：《汉武帝经略西域的策略研究》，《史林》2009年第6期。

张倩：《汉武帝在西域的民族政策研究》，《民族论坛》2014年第5期。

朱绍侯：《两汉对匈奴西域西羌战争战略研究》，《史学月刊》2015年第5期。

四　国外论著

［法］伯希和等撰、冯承钧译：《西域南海史地考证译丛》，《中国西北文献丛书（第114册）》兰州古籍出版社2003年版。

［英］崔瑞德、鲁惟一编：《剑桥中国秦汉史》，中国社会科学出版社1992年版。

［日］大庭脩：《汉简研究》，广西师范大学出版社2001年版。

冀朝鼎著：《中国历史上的基本经济区与水利事业的发展》，朱诗鳌译，中国社会科学出版社1981年版。

胡四维著：《汉代丝绸贸易考》，耿升摘译，《中国史研究动态》1980年第11期。

［英］鲁惟一著：《汉代行政记录》，于振波、车令花译，广西师范大学出版社2001年版。

［法］鲁保罗著：《西域的历史与文明》，耿昇译，人民出版社2012年版。

［美］麦高文：《中亚古国史》，中华书局1958年版。

［英］斯坦因著，向达译：《西域考古记》，中华书局1936年版。

［英］斯坦因：《西域考古图记》，广西师范大学出版社2000年版。

［美］威尔伯·施拉姆、威廉·波特著：《传播学概论》，陈亮等译，新华出版社1984年版。

［日］松田寿男著：《古代天山历史地理研究》，陈俊谋译，中央民族学院出版社1987年版。

［日］桑原骘藏著：《张骞西征考》，杨鍊译，《中国西北文献丛书（第113册）》，兰州古籍出版社2003年版。

［日］伊濑仙太郎：《汉代的西域经营》，《史海》1954年第1期。

［日］伊濑仙太郎：《中国西域经营史研究》，东京：严南堂书店1981年版。

后　记

　　早在汉代之前，中原与西域之间便已有了交流，而真正发生密切的关系则始自张骞"凿空"西域之后。从汉武帝两次命张骞出使西域始到汉宣帝时期在西域地区设置官署进行经营管理，中原王朝建立了对西域的统治，双方的关系与交流日益密切。随着汉王朝对西域经营的深入，西域的面貌发生了很大变化。不仅中原与西域的交流开始并逐步加强，而且两汉政府为了加强同西域各国的联系，对西域进行了有效的管理，使西域各国在政治、经济、军事等各个方面都发生了巨大的变化。西汉对西域的经营在中国历史上开了先河，以后历代就是在两汉基础上加强对西域的经营，使西域就此一直成为中国领土的一部分，而西汉开始的对西域的经营为后代开发西域树立了典范。

　　由于西域幅员辽阔，少数民族众多，民族关系极其复杂，两汉政府对西域的管理不同于内地的"郡—县"制，而是在继续沿用西域各国原有的统治秩序的基础上，通过"配汉印绶"的方式来任命西域诸国的官吏，使之代表汉政府管理西域事务。同时，出于政治与军事等目的的需要，汉政府又设置了一系列相应的职官，以强化对西域地区的监督管理。通过不断的努力，汉代逐渐巩固和完善了对西域边疆的统治，为后来统治者继续统治西域奠定了基础。其治理边疆的经验与思想也为后世所继承和发展。因此，两汉对西域的经营与职官设置以及边政的研究是一个值得关注的问题。目前，学术界对两汉西域边政的研究，虽然成果丰富，但仍旧存在诸多缺憾，其缺憾主要表现为：两汉西域问题的研究，多侧重于对某一具体问题本身的探讨，缺乏系统性研究。且多集中于对两汉与西域的关系史方面的考察，而对两汉在西域地区的边政建设、屯田开发、边防管理体制以及汉文化传播等方面的研究较少且多以静态考察为主，缺乏横向与纵向的对比，对两汉西域地区边政的历史沿革、管理制度、内部建制、行政运行以及其在两汉边疆管理体系中的位置与意义等诸多方面的研究相对薄弱。此外，对两汉西域地区的屯田问题也尚有探讨的空间。

问题的深化与拓展，更多地期待研究视角的转化。西汉王朝对西域的治理实践，作为中国传统治边实践的一个重要阶段，有其自身的特点：一是中国古代历代王朝几乎都存在着较为突出的边疆治理问题，尤其是秦汉时代尚处于古代的前期阶段，其治边理论与实践，包含着诸多大胆的开拓与宝贵的创新，既奠定了中国传统治边基本方略的基础，又为后世提供了可资借鉴的经验教训以及具体的个案分析。二是西汉对西域的治理实践，蕴含着极为丰富的内容，是经过长期而艰苦的探索方才逐步形成的，不仅对当时的边疆治理发挥了重要作用，而且对于我们今天处理诸多边疆问题亦有着十分重要的意义。本书写作主旨便是加强对汉代西域边疆治理理论与实践问题的研究，并将之作为汉代西域史研究的一个重点方向加以深入探讨，弥补学术界对我国古代治边理论与实践研究的不足，改变长期以来该类研究重民族轻边疆的倾向。

本书是我初登秦汉史殿堂之作，尽管我尽力完成这一专著，但由于主客观原因，书中难免还会存在一些不足之处，希望各位读者方家不吝赐教指正！

李　楠
2019 年 10 月 24 日
于济南舜玉寓所